中国教育后勤蓝皮书（2023）

中国教育后勤协会 编著

中国财经出版传媒集团
中国财政经济出版社
·北京·

图书在版编目（CIP）数据

中国教育后勤蓝皮书.2023／中国教育后勤协会编著.——北京：中国财政经济出版社，2024.7
ISBN 978-7-5223-3200-0

Ⅰ.①中… Ⅱ.①中… Ⅲ.①学校管理－后勤管理－研究报告－中国－2023 Ⅳ.①G52

中国国家版本馆 CIP 数据核字（2024）第 110483 号

责任编辑：郁东敏　　　责任印制：党　辉
封面设计：中通世奥　　　责任校对：胡永立

中国教育后勤蓝皮书（2023）
ZHONGGUO JIAOYU HOUQIN LANPISHU（2023）

中国财政经济出版社 出版

URL：http://www.cfeph.cn
E-mail：cfeph@cfeph.cn

（版权所有　翻印必究）

社址：北京市海淀区阜成路甲 28 号　邮政编码：100142
营销中心电话：010-88191522
天猫网店：中国财政经济出版社旗舰店
网址：https://zgcjjcbs.tmall.com
北京密兴印刷有限公司印刷　各地新华书店经销
成品尺寸：185mm×260mm　16 开　23.75 印张　413 000 字
2024 年 7 月第 1 版　2024 年 7 月北京第 1 次印刷
定价：118.00 元
ISBN 978-7-5223-3200-0
（图书出现印装问题，本社负责调换，电话：010-88190548）
本社图书质量投诉电话：010-88190744
打击盗版举报热线：010-88191661　　QQ：2242791300

《中国教育后勤蓝皮书（2023）》编委会名单

主　　任：刘建平
副 主 任：牛维麟　王　芳
委　　员：（以姓氏笔画为序）
　　　　　卢胜利　田　备　李有增　李向成　李资远　李瑞阳
　　　　　杨定忠　杨海文　张志勇　张宏建　张柳华　周先意
　　　　　柳　娜　高聚慧　黎玖高

《中国教育后勤蓝皮书（2023）》编辑部名单

主　　　编：牛维麟
执行主编：黎玖高　曾繁文　张文平
副 主 编：（以姓氏笔画为序）
　　　　　王利民　王哲强　韦曙和　石　磊　卢彩晨　刘　宁
　　　　　刘　向　刘学祥　刘德明　李　熠　吴斗庆　沙德银
　　　　　宋大我　张西峰　陈　辉　陈　鹏　周建华　郑广天
　　　　　屈宇辉　郝蕴超　徐金强　高　庆　高常忠　黄在宇
执行副主编：黄粤涛　郭林文
责任编辑：王清埃　王太芹　宋　宇
执行编辑：王艳芳

序言
Preface

2022年,教育后勤领域所有同仁坚持以习近平新时代中国特色社会主义思想为指导,在党中央、国务院的坚强领导和教育部、民政部等的正确指导下,全面贯彻落实党的二十大精神,加快推进教育后勤高质量发展和实现中国式现代化,坚持守正创新、问题导向和系统观念,不断强化教育高质量发展的后勤保障体系建设。这一年,全国教育后勤同仁在数字化转型、安全生产、人才队伍建设、绿色低碳校园建设等工作中踔厉奋发、勇毅前行,取得了突出成绩和显著成效。

2022年,中国教育后勤协会在教育部、民政部等部门的指导下,以党的政治建设为统领,统筹推进党建和各项业务工作;以服务行业需求为导向,不断提升协会服务能力;以协会智库建设为重点,持续引领教育后勤发展新征程;以创新发展为动力,推动协会各项工作提质增效。在后续工作中,中国教育后勤协会将继续坚持以习近平新时代中国特色社会主义思想为指导,坚持主动作为、锐意进取,持续开展提升服务能力、加强规范管理、引领行业发展等重点工作,不断推动教育后勤事业再上新台阶。

2021年以来,《中国教育后勤蓝皮书(2021)》《中国教育后勤蓝皮书(2022)》的连续出版,在我国教育后勤领域引起了广泛关注,也收获了业界同仁的高度评价,在此对关注本系列丛书的读者致以诚挚的问候与衷心的感谢。新的一年,《中国教育后勤蓝皮书(2023)》持续梳理总结年度重点工作,围绕社会关注的热点、难点展开分析,助力教育后勤各项工作厘清重点、明确目标,推动各项工作向纵深推进。未来,《中国教育后勤蓝皮书》系列丛书将立足记录、梳理、分析等功能,坚持编撰工作的科学性、系统性、严谨性和前瞻性,以期为教育后勤各级部门提供行业发展和重大决策的支撑与参考，期待业界同仁及社会各界人士交流和指正。

在本书编撰过程中，中国教育后勤协会秘书处及各专业委员会、专家委员会、全国各省相关单位、全国各大高校、相关科研单位、行业企业提供了宝贵的帮助与建议，对此表示衷心感谢。最后，对参与撰稿、审稿等系列工作的业界同仁和工作人员致以诚挚的谢意，感谢诸位对本书的关注和陪伴。

中国教育后勤协会会长

刘建平

2023 年 12 月于北京

第一部分 年度报告

中国教育后勤蓝皮书年度总报告 ··· 3
- 一、中国教育后勤年度发展情况综述 ·· 3
- 二、中国教育后勤协会年度工作总结 ·· 10
- 三、重大事件 ·· 17
- 四、政策法规环境分析 ·· 25
- 五、行业观察与思考 ··· 37

第二部分 专题报告

专题报告一 机构风采 ··· 47
- 中国教育后勤协会伙食管理专业委员会年度工作总结 ···················· 47
- 中国教育后勤协会学生公寓管理专业委员会年度工作总结 ·············· 54
- 中国教育后勤协会物业管理专业委员会年度工作总结 ····················· 60
- 中国教育后勤协会能源管理专业委员会年度工作总结 ····················· 66
- 中国教育后勤协会商贸管理专业委员会年度工作总结 ····················· 72
- 中国教育后勤协会安全管理专业委员会年度工作总结 ····················· 88
- 中国教育后勤协会思想文化建设与人力资源管理专业委员会
  年度工作总结 ·· 95
- 中国教育后勤协会信息化建设专业委员会年度工作总结 ·················· 99
- 中国教育后勤协会房产管理专业委员会年度工作总结 ····················· 105

中国教育后勤协会建设与修缮专业委员会年度工作总结 …………… 109
中国教育后勤协会后勤研究院年度工作总结 …………………………… 115
中国教育后勤协会接待服务分会年度工作总结 ………………………… 120
中国教育后勤协会中小学后勤分会/校服管理专业委员会年度工作总结 …… 124
中国教育后勤协会专家委员会年度工作总结 …………………………… 133
中国教育后勤协会《高校后勤研究》杂志社年度工作总结 …………… 135
中国教育后勤协会新业态及快递工作委员会年度工作总结 …………… 142
中国教育后勤招标采购网站年度工作总结 ……………………………… 150
中国教育后勤协会校园假日联盟年度工作总结 ………………………… 158

专题报告二　区域风貌 …………………………………………… 161

北京市高等教育学会后勤研究分会年度专题工作报告 ………………… 161
湖北省高等学校后勤管理研究会年度专题工作报告 …………………… 170
山东省学校后勤协会年度专题工作报告 ………………………………… 178

专题报告三　校园气象 …………………………………………… 189

建美丽校园持续优品质，守后勤初心持续强服务
　　——上海交通大学后勤保障中心年度工作报告 …………………… 189
砥砺奋发聚合力　笃行实干启新程为学校世界一流大学建设提供有力保障
　　——中南大学后勤保障部年度工作报告 …………………………… 200
粮草先行　砥砺奋进
　　——江南大学后勤管理处年度工作报告 …………………………… 216
实干笃行建美丽校园　服务育人促质量提升
　　——兰州大学后勤保障部年度工作报告 …………………………… 224
厚植绿色发展理念　打造一流育人环境
　　——首都师范大学后勤保障部年度工作报告 ……………………… 232
战疫情　强保障　保运转　严作风　重育人创建师生满意后勤
　　——南昌大学后勤服务集团年度工作报告 ………………………… 242
以"五化一型"建设推动高质量发展，努力构建新型高效
　　完善后勤保障服务体系
　　——西南财经大学后勤服务年度工作报告 ………………………… 258

构建高效、阳光、智慧的后勤服务保障体系
　　——成都大学后勤处年度工作报告 ………………………… 266
以"三化"为主线，推进"六个后勤建设"构建与学校"名校民办"
　建设发展相适应的后勤保障体系
　　——浙江树人学院后勤服务保障年度工作报告 ………………… 276
精细管理　多元赋能　构建高质量后勤服务保障体系
　　——金华职业技术学院后勤管理与服务中心年度工作报告 …… 291

专题报告四　企业典范 …………………………………………… 303

国际综合设施管理的中国实践
　　——爱玛客服务高校年度工作报告 ……………………………… 303
专注智慧餐饮建设，助力教育数字化升级
　　——中浦慧联信息科技（上海）有限公司年度高校服务总结 … 312
快递为基，服务为本，打造校园美好生活
　　——近邻宝科技有限公司年度高校服务总结 …………………… 319
服务双措并举　摹绘新宇长路
　　——浙大新宇集团年度高校服务总结 …………………………… 331

专题报告五　行业之声 …………………………………………… 339

坚持立德树人，以后勤的高质量发展服务学校"双一流"建设 / 季益洪 …… 339
关于教育后勤高质量发展的思考 / 张永生 ………………………… 343
新质生产力视野下高校后勤高质量发展的路径探索 / 张胜群 …… 347
打造一流后勤服务保障体系，为建设新时代教育强国保驾护航 / 刘雄军 …… 351

专题报告六　荣誉体系 …………………………………………… 357

"2022年度最美后勤人"推举活动 ………………………………… 357
全国教育后勤系统"2022年度最美后勤人"名单 ………………… 361
第一批"后勤服务育人劳动教育示范基地"遴选活动 …………… 367
第一批"后勤服务育人劳动教育示范基地"名单 ………………… 368

01 第一部分
年度报告

中国教育后勤蓝皮书年度总报告

一、中国教育后勤年度发展情况综述

（一）教育后勤规模质量稳步提升

2022年，我国教育后勤事业在总量规模和质量成效上保持稳中向好的发展态势，师生数量进一步增加，校舍面积、教学设备配备量持续增长，全国各级各类学校的基础设施实现全面优化，九年义务教育巩固率、高中阶段毛入学率、高等教育毛入学率较上一年均有提升，教育教学质量同步提升。

整体来看，全国共有各级各类学校51.85万所，各级各类学历教育在校生2.93亿人，专任教师1 880.36万人。[①] 义务教育、高中教育、高等教育阶段的师生规模、校舍建筑面积、教学设施设备配备比例、入学率等指标均有上涨。

从义务教育阶段来看，全国共有义务教育阶段学校20.16万所。义务教育阶段招生3 432.77万人，在校生1.59亿人，专任教师1 065.46万人，九年义务教育巩固率95.5%。全国共有普通小学14.91万所，比上年减少5 162所，下降3.35%。小学共有校舍建筑面积88 961.80万平方米，比上年增加1 832.82万平方米。设施设备配备达标的学校比例情况分别为：体育运动场（馆）面积达标学校占比93.52%，体育器械配备达标学校占比97.07%，音乐器材配备达标学校占比96.81%，美术器材配备达标学校占比96.79%，数学自然实验仪器配备达标学校占比96.62%，各项比例比上年均有提高。全国共有初中5.25万所（含职业初中8所），比上年减少391所，下降0.74%。初中共有校舍建筑面积78 648.35万平方米，比上年增加3 054.65万平方米。设施设备配备达标的学校比例情况分别为：体育运动场（馆）面积达标学校占比95.68%，体育器械配备达标学校占比98.08%，音乐器材配备达标学校占

[①] 中华人民共和国教育部官方网站2022年全国教育事业发展统计公报。

比97.88%，美术器材配备达标学校占比97.88%，理科实验仪器配备达标学校占比97.75%，各项比例比上年均有提高。①

从高中阶段教育来看，全国共有普通高中1.50万所，比上年增加441所，增长3.02%。高中阶段毛入学率91.6%，比上年提高0.2个百分点。普通高中招生947.54万人，比上年增加42.59万人，增长4.71%；在校生2 713.87万人，比上年增加108.85万人，增长4.18%；毕业生824.10万人，比上年增加43.88万人，增长5.62%。普通高中教育专任教师213.32万人；生师比12.72∶1；专任教师学历合格率99.03%。普通高中共有校舍建筑面积68 034.90万平方米，比上年增加3 672.80万平方米。普通高中设施设备配备达标的学校比例情况分别为：体育运动场（馆）面积达标学校占比94.46%，体育器械配备达标学校占比96.50%，音乐器材配备达标学校占比95.85%，美术器材配备达标学校占比96.05%，理科实验仪器配备达标学校占比96.18%，各项比例比上年均有提高（见图1）。②

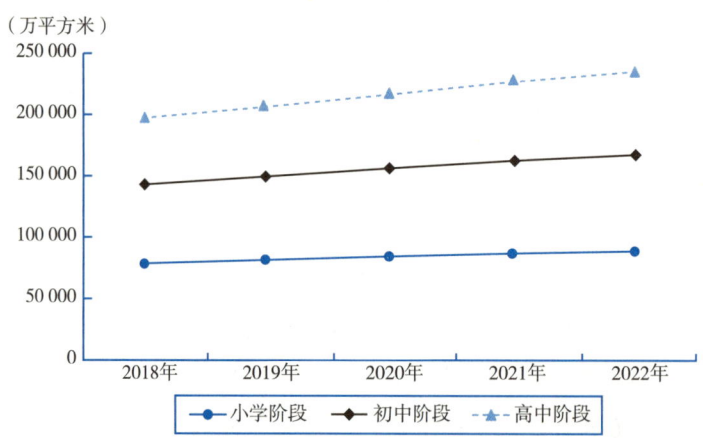

图1　我国近五年义务教育、高中教育学校校舍面积

从高等教育来看，全国共有高等学校3 013所。其中，普通本科学校1 239所（含独立学院164所），比上年增加1所；本科层次职业学校32所；高职（专科）学校1 489所，比上年增加3所；成人高等学校253所，比上年减少3所。另有培养研究生的科研机构234所。各种形式的高等教育在学总规模4 655万人，比上年增加225万人。高等教育毛入学率59.6%，比上年提高1.8个百分点。高等教育专任教师197.78万人，其中，普通本科学校131.58万人；本科层次职业学校2.78万人；

---

①② 中华人民共和国教育部官方网站2022年全国教育事业发展统计公报。

高职（专科）学校61.95万人；成人高等学校1.47万人。普通本科学校生师比17.65∶1，本科层次职业学校生师比18.31∶1，高职（专科）学校生师比19.69∶1。普通、职业高等学校共有校舍建筑面积113 080.55万平方米，比上年增加4 313.26万平方米，增长3.97%（见图2）。生均占地面积51.63平方米，生均校舍建筑面积25.21平方米，生均教学科研实习仪器设备值为17 527.82元。①

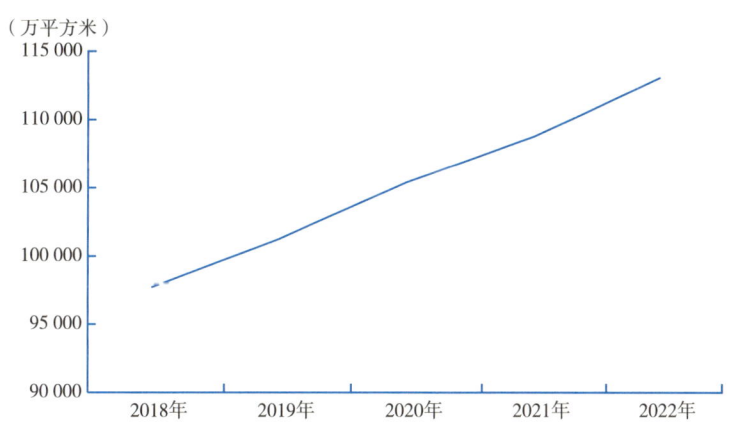

注：因统计口径调整，2021年、2022年数据为普通、职业高等学校共有校舍建筑面积。

图2　我国近五年普通高等学校校舍总建筑面积

（二）宏观政策明晰发展方向

一年来，教育部深入贯彻落实教育工作总体要求，以习近平新时代中国特色社会主义思想为指导，深入学习贯彻党的十九大和十九届历次全会精神，认真贯彻落实习近平总书记关于教育的重要论述，深刻认识"两个确立"的决定性意义，增强"四个意识"、坚定"四个自信"、做到"两个维护"，坚持和加强党对教育工作的全面领导，全面贯彻党的教育方针，落实立德树人根本任务，加快教育高质量发展，推进教育现代化、建设教育强国、办好人民满意的教育。在此基础上，教育部单独发布或联合其他部委出台了多项政策，针对人才体系建设、数字化建设、绿色低碳校园建设等重要工作提出指导性意见。

在人才体系建设方面，教育部印发《关于加强和改进新时代高等学校人才队伍建设的意见》，进一步明确高校在人才引进等工作中的把关程序和要求，提出要通过一系列改革举措，高校教师发展支持体系更加健全，管理评价制度更加科学，待遇

---

① 中华人民共和国教育部官方网站2022年全国教育事业发展统计公报。

保障机制更加完善，教师队伍治理体系和治理能力实现现代化，建设一支政治素质过硬、业务能力精湛、育人水平高超的高素质专业化创新型高校教师队伍。《关于加强基础学科人才培养的意见》提出要实施基础学科专业、课程、教材、实践条件等专项建设行动，积极探索拔尖创新人才早期发现和选拔培养机制，加大强基计划实施力度，支持实施本硕博一体化人才培养改革。研制《关于加强碳达峰碳中和人才培养体系建设行动方案》，提出面向碳达峰碳中和目标，把习近平生态文明思想贯穿高等教育人才培养体系全过程和各方面，加强绿色低碳教育，推动专业转型升级，加快急需紧缺人才培养，深化产教融合协同育人，提升人才培养和科技攻关能力，为实现碳达峰碳中和目标提供坚强的人才保障和智力支持。在数字化建设方面，教育部办公厅印发《国家智慧教育平台数字教育资源内容审核规范（试行）》，明确智慧教育平台上线资源的管理职责、审核要求和监督评价，保障数字教育资源的内容安全；教育部办公厅、工业和信息化部办公厅印发《提高高等学校网络管理和服务质量的通知》，提出高等学校应加强对校园网络的统筹管理，建立由网信职能部门牵头，基建、后勤、资产、学工等多部门协同配合的工作机制，共同提升校园网络质量。

在安全生产方面，国家市场监督管理总局办公厅联合教育部办公厅、国家卫生健康委办公厅、公安部办公厅印发《关于做好2022年秋季学校食品安全工作的通知》，要求督促学校加强对食堂及承包者或委托经营者的日常管理，严格落实食品安全校长（园长）负责制和学校相关负责人陪餐制度。在绿色低碳校园建设方面，教育部印发关于《绿色低碳发展国民教育体系建设实施方案》的通知，要求把绿色低碳发展理念全面融入国民教育体系各个层次和各个领域，培养践行绿色低碳理念、适应绿色低碳社会、引领绿色低碳发展的新一代青少年，发挥好教育系统人才培养、科学研究、社会服务、文化传承的功能；并提出把绿色低碳要求融入国民教育各学段课程教材、加强教师绿色低碳发展教育培训、把党中央关于碳达峰碳中和的决策部署纳入高等学校思政工作体系、加强绿色低碳相关专业学科建设等主要任务。

（三）教育后勤数字化战略不断深化

一年来，全国教育后勤领域坚持强化需求牵引，深化融合、创新赋能、应用驱动，积极发展"互联网+教育"，推进教育新型基础设施建设，建设国家智慧教育公共服务平台，创新数字资源供给模式，丰富数字教育资源和服务供给，加快推进教育数字转型和后勤智能升级。

在政策方面，教育部办公厅印发《国家智慧教育平台数字教育资源内容审核规范（试行）》，明确智慧教育平台上线资源的管理职责、审核要求和监督评价，保障数字教育资源的内容安全。教育部办公厅、工业和信息化部办公厅印发《提高高等学校网络管理和服务质量的通知》，提出高等学校应加强对校园网络的统筹管理，建立由网信职能部门牵头，基建、后勤、资产、学工等多部门协同配合的工作机制，明确职责分工，加强与基础电信企业的沟通协调，形成重大事项协商机制，明确各自工作职责，共同提升校园网络质量。

在实践方面，为加快推进国家教育数字化战略行动，全面提升教育系统干部信息化素养与教育信息化治理能力，2022年3月15—17日，教育部举办了第一期教育数字化能力提升专题培训班，102位来自教育部机关司局和直属单位的主要负责同志和分管负责同志参加了本次培训。时任教育部副部长宋德民在开班仪式上指出，教育部党组高度重视、大力推动国家教育数字化战略行动，各级干部要牢牢把握"应用为王、服务至上，标准支撑、安全保障，示范引领、成熟先上"工作要求，围绕师生和社会需求，建好数字基座，建强"三大支柱"，打造"五级体系"，加紧建设国家级教育数字化平台。

部分省市以数据驱动、智慧赋能持续深化教育"放管服"改革，进一步提升服务质量和效率；通过电子证照调用，优化统一入学报名、学生资助免申即享、应届毕业生落户、校车审批等高频服务事项，实现让数据多跑路、群众少跑腿；创新建设模式，鼓励各区教育局统筹建设区级数字基座和教育应用管理平台，鼓励社会力量参与，支持学校采取购买服务等方式建设数字校园，不断提高支撑信息化教育教学的运维和保障能力。部分高校加快以数字化推动业务融合，建立部门协同治理体系，上线财资一体化平台，打通招标、合同、资产、财务、预算等业务系统，实现相关业务工作全流程衔接，并建成智能决策驾驶舱，涵盖科学研究、师资队伍、财务管理、事项预警等主题，实现数据指标可视化呈现，为学校各项事业高质量发展提供重要参考和有力支持。

（四）深化校园安全生产建设工作

2022年，全国教育后勤领域各级各类部门高度重视校园安全工作，以多种形式强化底线思维，压实安全责任，常态化对师生开展安全教育，持续开展安全演练，强化责任意识，全力筑牢校园安全防线。

在政策出台方面，市场监管总局办公厅联合教育部办公厅、国家卫生健康委办公厅、公安部办公厅印发《关于做好 2022 年秋季学校食品安全工作的通知》，部署各地有关部门全面做好秋季学校食品安全各项工作，全力守住校园食品安全底线，要求督促学校加强对食堂及承包者或委托经营者的日常管理，严格落实食品安全校长（园长）负责制和学校相关负责人陪餐制度，同时要进一步强化宣传教育，推进校园食安社会共治。持续推进校外供餐单位和学校食堂"互联网＋明厨亮灶"等智慧监管模式提质扩面。

教育部办公厅发布《关于开展加强高校实验室安全专项行动的通知》，要求全国各级各类高校全面落实《教育部关于加强高校实验室安全工作的意见》和《教育系统安全专项整治三年行动实施方案》，进一步做好高校实验室安全工作，切实盯紧安全薄弱环节，补齐安全管理短板，强化安全风险防控和隐患排查治理，全面落实责任体系建设，坚决防范遏制安全事故发生，维护师生生命安全，保障校园安全稳定。

部分高校成立了校园安全工作专家咨询委员会，针对校园安全问题的不同类型设立不同专委会，开展研究、咨询、培训、评估、指导及引领服务等工作，发挥智囊和参谋作用，帮助学校及时扫清盲点、弥补漏洞，逐步升级校园安全防线。部分高校健全安全生产工作机制，制定岁末年初各项安全防范措施，认真开展自检自查及定期检查，抓好"回头看"，扎实做好年底前、寒假中、开学前各项安全工作。

（五）强化教育后勤人才队伍建设

教育部发布《2022 年工作要点》指出，要建设高素质专业化干部队伍，加快培养、引进国家急需的高层次紧缺人才，积极参与建设国家战略人才力量，着力集聚一批战略科学家、学术领军人才和高水平创新团队，培养一大批具有国际竞争力的优秀青年人才。在一年的工作中，教育后勤领域就人才队伍的优化和建设作出了多项积极尝试。

2022 年 6 月，教育部召开《新时代基础教育强师计划》落实工作部署会。会议要求，要深度推进落实基础教育强师计划的有效举措，各地各校要明确落实的主要工作举措及时间表、路线图，要加强体系建设，努力构建现代教师教育体系；要积极参与教师队伍建设试点改革，形成可复制可推广的经验；要深化评价改革，更好发挥评价指挥棒作用；要加强多方协同，整合内外资源，确保强师计划各项举措落地落实。教育部印发《关于加强基础学科人才培养的意见》，实施基础学科专业、课程、教材、实践条件等专项建设行动。《关于加强和改进新时代高等学校人才队伍建设的意见》提出要建设一支政治素质过硬、业务能力精湛、育人水平高超的高素质专业化创新型高校教师队伍。《加强碳达峰碳中和高等教育人才培养体系建设工作方案》提出要鼓励高校加强碳达峰碳中和领域高素质师资队伍建设，实施机制灵活的碳中和人才政策，加大精准引进力度，完善内部收入分配激励机制，形成规模合理、梯次配置的师资体系。

部分高校深入贯彻落实《深化新时代教育评价改革总体方案》，在各类评估中落实师德师风第一标准，充分体现教学质量、教学奖励、精品教材、学生培养等方面成效，作好对教师教学科研工作的全面评估；推进实施"引进人才安居工程"，挖掘住房资源，改造教师公寓，为高层次人才提供住房保障。

（六）扎实推进绿色低碳校园建设

一年来，围绕教育部《2022年工作要点》中提出的"推进绿色低碳发展系统纳入国民教育体系"，我国教育后勤各级各类有关部门作出诸多积极尝试，在建设绿色低碳校园、杜绝粮食浪费、推进碳中和发展等方面均有显著成效。

2022年10月，教育部印发关于《绿色低碳发展国民教育体系建设实施方案》的通知，要求把绿色低碳发展理念全面融入国民教育体系各个层次和各个领域，培养践行绿色低碳理念、适应绿色低碳社会、引领绿色低碳发展的新一代青少年，发挥好教育系统人才培养、科学研究、社会服务、文化传承的功能。并提出把绿色低碳要求融入国民教育各学段课程教材、加强教师绿色低碳发展教育培训、把党中央关于碳达峰碳中和的决策部署纳入高等学校思政工作体系、加强绿色低碳相关专业学科建设等主要任务。

中国教育后勤协会能源管理专业委员会在节能低碳领域持续深耕，一年以来开展多项工作，在安徽合肥举办"中国教育节能（2022年度）发展论坛"，会上提出要以"双碳"为目标，通过体制机制创新、科技迭代升级，促进美丽、绿色、低碳、节能校园建设，打造节约型校园，推动高校节能事业高质量发展。另外，配合北京市教委开展北京市绿色学校创建达标验收工作，承办年度"部委直属高校能耗统计数据会审"，持续推动中央国家机关各部门、各单位直属高等学校节约能源资源工作，提高能耗统计水平，为节能减排工作提供可靠数据支撑，助力实现"碳达峰碳中和"。

此外，部分高校立足自身科研优势，将碳达峰碳中和工作纳入学校发展规划和校园建设规划，制定高校碳中和规划项目，采取有效行动降低教学科研的生均能耗和碳排放，积极使用新能源，加速后勤和交通电气化改造，建设智慧能源管理和碳排放管理系统。同时，通过强化内部管理，扎实推行物资循环使用，降本增效，为建设节约型"双碳"校园贡献力量。校园建设中，以"积极推动节约型校园建设，打造绿色生态体系"为目标，在确保安全、保证工作质量的前提下，对仍有使用价值的废旧物资延长使用年限，实现投入和物资消耗最小化、效益最大化。

（七）教育后勤理论研究成果丰硕

2022年，以中国教育后勤协会为代表的教育后勤有关机构在深入贯彻落实教育部工作重点的前提下，致力于做好理论研究工作，在节能低碳、安全生产、后勤资源整合、提升服务水平等方面开展了包括行业报告撰写、工作动态报送、行业指数发布、平台开发运行等多项工作，在积累理论研究成果的同时，充分展现了自身的智库服务能力，为国家相关部门制定政策文件提供来自行业第一线的数据支撑和理论参考，为提升自身咨政辅政能力积蓄内在力量。

一年来，中国教育后勤协会的多个职能机构在教育部的指导下完成了《绿色低碳发展国民教育体系建设实施方案》《教育系统"制止餐饮浪费　培养节约习惯"行动方案》《高校宿舍资源紧张问题存在的安全稳定风险及应对举措》《全国教育系统安全检查工作方案实施细则》等报告和文件的编撰工作，定期报送了《中国教育后勤协会伙食管理专业委员会关于加强粮食安全工作的有关情况》，并与国家节能中心共同举办"讲好节能故事"微视频、摄影及征文作品征集活动、"2022年度高校能源与碳资产管理（第一期）高级研修班"等行业活动；中国教育后勤协会后勤研究院充分发挥智库优势，发布了"百所高校后勤服务软实力——动态竞争力指数"，客观评价了高校后勤服务的软实力，为具有中国特色的教育后勤服务体系标准建设提供重要依据；常态化开展每年度的"中国教育后勤蓝皮书"编撰工作，系统总结年度教育后勤领域的发展重点和要点；研究开发了"全国教育后勤大数据运行平台"，已完成开发和内部测试工作，进入用户测试阶段；在理论研究方面，开展"中国特色高等教育后勤管理模式研究""高校后勤危机管理案例研究""新时代高校'双碳后勤'建设路径研究""新时代高校后勤人才培养与评价体系建设研究"等重点课题研究，持续强化自己理论研究能力和科研成果积淀。

二、中国教育后勤协会年度工作总结

2022年，中国教育后勤协会在中央和国家机关工委、民政部和教育部的指导下，在协会理事会的领导和监事会的监督下，在全体会员单位、各分支机构的共同努力下，坚持围绕中心服务大局，贯彻落实协会发展战略，提升咨政辅政能力，促进品牌建设，于危机中育先机，于变局中开新局，治理能力和水平取得新突破、新提高，为加快建设与高质量教育体系相匹配的高质量教育后勤服务保障体系作出了不懈努力。

（一）以党的政治建设为统领，统筹推进协会各项工作

1. 始终把政治建设摆在首位

协会始终坚持和加强党对教育后勤工作的全面领导，坚持不懈用习近平新时代中国特色社会主义思想凝心铸魂。深刻领悟"两个确立"的决定性意义，增强"四个意识"、坚定"四个自信"、做到"两个维护"。加强工作统筹，把提升党建工作质量与贯彻党中央决策部署、完成重点任务、做好本职工作结合起来，确保党建和业务工作同频共振、相得益彰。

2. 持续强化思想理论武装

协会把党的创新理论贯穿到教育后勤体系各领域全过程。一年来，协会党支部推动建立常态化长效化制度机制，深入学习贯彻习近平总书记重要讲话精神；按上级党委要求，发布《中国教育后勤协会党支部关于落实学习〈习近平谈治国理政〉（第四卷）工作的通知》，制订学习计划，按部就班开展学习；迎接党的二十大胜利召开，并开展学习宣传贯彻党的二十大精神专项活动，共组织专题学习6次、相关主题培训2期，发放了《党的二十大报告辅导读本》、党的二十大报告——《高举中国特色社会主义伟大旗帜　为全面建设社会主义现代化国家而团结奋斗》以及《中国共产党章程》等书籍材料，带动协会全体党员、工作人员读原著、学原文、悟原理，吃透精神实质，持续强化思想理论武装。

3. 扎实推进党组织建设

党的二十大报告对基层党组织建设提出明确要求，"增强党组织政治功能和组织功能"。基层党组织作为党的执政根基，只有政治上坚强有力，才能切实发挥出战斗堡垒作用。协会党支部深入践行新时代党的组织路线，以过硬党组织建设，推动党建引领协会工作有效提升。2022年4月12日，中国教育后勤协会党支部接到中央和国家机关行业协会商会党委《关于传达党建工作质量攻坚行动座谈会精神的通知》，启动党建工作质量攻坚行动相关工作。5月13日，中国教育后勤协会党支部根据上级党委的部署，完成协会党支部党建工作自查的相关工作。10月17日，协会党支部

组织召开党员大会，传达了中央和国家机关行业协会商会党委《关于同意召开中国教育后勤协会党支部党员大会进行换届选举的通知》精神，完成协会党支部换届工作，由协会主要领导担任协会党支部书记。

（二）以服务行业需求为导向，不断提升协会服务能力

1. 发挥咨政辅政职能，为政府相关部门提供决策支持

协会与国家节能中心等单位共同举办第五届"讲好节能故事"微视频、摄影及征文作品征集活动；与国家节能中心联合举办"2022年度高校能源与碳资产管理（第一期）高级研修班"。其中，能源管理专业委员会（以下简称能专会）整理收集全国高校在全国节能宣传周期间开展活动的方案报道及记录，汇编提交至教育部发展规划司；聚焦碳达峰碳中和目标，完成教育部委托的《绿色低碳发展国民教育体系建设实施方案》编撰工作。伙食管理专业委员会（以下简称伙专会）配合教育部出台《教育系统"制止餐饮浪费 培养节约习惯"行动方案》；推动全国教育系统开展"美好'食'光"校园系列活动；根据教育部发展规划司工作要求，结合国家粮食安全日，报送《中国教育后勤协会伙食管理专业委员会关于加强粮食安全工作的有关情况》；学生公寓管理专业委员会（以下简称寓专会）接受教育部的委托，根据行业调研情况完成《高校宿舍资源紧张问题存在的安全稳定风险及应对举措》报告；安全管理专业委员会（以下简称安专会）按照教育部发展规划司要求，落实全国教育系统安全检查相关工作，组织会员单位学习《中华人民共和国安全生产法》《安全生产事故应急条例》，草拟《全国教育系统安全检查工作方案实施细则》，组织由协会会长、副会长任组长的专家组赴北京、上海、湖北等十个省市开展校园安全抽查工作，形成工作总结向发展规划司汇报。

2. 建设完善协会荣誉体系，增强后勤人员身份认同感

协会在全国范围内开展了以"不忘立德树人初心·牢记服务育人使命"为主题的"2021年度最美后勤人"推举活动，通过多种渠道和方式展现全国教育后勤战线上"敬业美、匠心美、乐群美"三个维度的最美人物和服务团队。最终推举出高校后勤领域徐金梅等50位个人、北京大学万柳学区管理服务团队等30个团体、中小学后勤领域解巨钊等20位个人与团队，获得"2021年度最美后勤人"称号。协会在2020年度"感动人物"和2021年度"最美后勤人"推举活动基础上，逐步健全教育后勤荣誉体系，大力展现教育后勤人先进事迹，弘扬后勤人优秀品质，获得了行业的高度认同，有力激发了后勤人的责任感、使命感和职业自豪感。

3. 服务教育后勤战线，转变工作模式提供线上交流平台

为适应疫情防控常态化的要求，协会秘书处和各分支机构及时调整活动开展方式，创新工作模式，在线举办"校园商业管理与服务标准化云讲堂""高校学生公寓管理云课堂""2022年全国教育后勤宣传工作云分享会"；线上开展全国教育后勤信息宣传业务培训班、《中小学食堂管理服务规范》团体标准调研等活动，通过"云课堂"、视频直播、视频会议的方式，为相关业务领域的会员单位搭建线上交流平台。为总结、推广高校后勤疫情防控工作中的先进做法和典型经验，协会向各分支机构征集学校后勤各业务领域开展疫情防控工作的典型案例，促进交流、凝聚智慧、传播正能量，赢得会员单位的热烈欢迎和积极参与。

4. 创新会员服务模式，开发互动互信合作新平台

按照协会定位和覆盖范围，一年来，会员部组建工作专班，积极拓展渠道，规范发展服务于校园的社会企业会员，根据会员名录，整理、查询、补充142家空白企业会员单位名录信息，完成名录中398家企业会员信息核查及第一轮联络工作，经工作专班的沟通与联络，实时在官网更新企业会员名录。通过网络智能终端，优化会员入会审批、会费缴纳、会员证发放等流程。组建工作专班开发企业会员单位云端展示平台，通过平台展示会员企业资质、服务案例、服务产品等方面的内容，同时与前期开发的全国教育后勤大数据平台相融合，建立协会会员信息库及学校后勤运行的动态数据库。通过创新服务模式，丰富服务内容，开发服务平台，不断提升服务会员的能力和水平。

（三）推进协会智库建设，持续引领教育后勤发展新征程

1. 整合教育后勤领域的专家资源，强化后勤研究院的智力支撑

2022年4月，后勤研究院启动了学术委员会组建工作。经过半年筹备，中国教育后勤协会后勤研究院学术委员会成立。研究院通过整合行业内外的专家资源，聘请来自高校和科研院所的专家学者、后勤一线管理人员担任学术委员，为推动行业发展提供强大的智力支持。为扩大研究院的学术影响力，中国教育后勤协会后勤研究院与上海现代高校智慧后勤研究院、北京京能碳资产管理有限公司、深圳友宝科斯科技有限公司签署战略合作协议，合作开展行业评价、"双碳"课题、大数据平台开发工作。

2. 把握形势，汇聚资源，持续发挥研究院智库创新优势

一年来，中国教育后勤协会后勤研究院围绕国家相关战略，开展了多方面的工

作，取得了阶段性成果。2022年6月20日，"百所高校后勤服务软实力——动态竞争力指数"正式发布，《光明日报》《中国教育报》《中国青年报》等中央媒体对此迅速转载，受到高校后勤领域广泛关注。指数的研究发布，客观评价了高校后勤服务的软实力，树立高校后勤服务领域标杆，起到示范引领作用，为具有中国特色的教育后勤服务体系标准建设提供重要依据。2022年，研究院以现有的指数研究成果为基础，启动"民办院校后勤服务竞争力指数"研究。6月，出版《中国教育后勤蓝皮书（2020）》，启动《中国教育后勤蓝皮书（2021）》编制工作。研究开发"全国教育后勤大数据运行平台"，平台已完成开发和内部测试工作，进入用户测试阶段。围绕国家重大战略部署和教育后勤实际开展专题研究，目前正在开展"中国特色高等教育后勤管理模式研究""高校后勤危机管理案例研究""新时代高校'双碳后勤'建设路径研究""新时代高校后勤人才培养与评价体系建设研究"等重点课题研究。

（四）以发展创新为动力，推动协会各项工作提质增效

1. 对标高标准，聚焦创新，逐步夯实协会内部建设

对标"教育、科技、人才是全面建设社会主义现代化国家的基础性、战略性支撑"，以高质量发展为目标，逐步夯实协会文化建设、组织建设、制度建设、人才队伍建设。深入研究新形势下行业组织运行的政策、法律法规调整变化、风险边界和防范措施，组织力量对有关协会"三重一大"、财务管理、会员管理、会议管理等方面的制度进行梳理、修订和完善，实现协会各项工作有法可依、有章可循；协会如期完成2021年度年检、分支机构专项自查等工作。协会加强与地方后勤社团组织的沟通与交流，暑期在哈尔滨召开"2022年度全国教育后勤社团组织秘书长工作会议"。根据工作职能、工作重点和中长期工作规划，协会逐步完善各部门人员配置，明确工作任务和岗位分工，在此基础上进一步建立健全用人机制。

2. 回应行业呼声，主动作为，完善协会组织体系建设

按照协会年初发布的2022年工作要点，一年来，协会加快推进"民办院校后勤分会"筹建工作，于7月30日在哈尔滨召开了中国教育后勤协会民办院校后勤分会筹备工作会议，来自全国各地的二十余所民办院校代表参加会议，希望协会能够搭建民办院校后勤管理者沟通交流和资源共享的平台，提升民办院校的后勤管理水平，此次会议有力推进了民办院校后勤分会的组建工作。会后，筹备工作小组积极开展工作，完成了各省民办院校会员代表及理事候选人的推荐、主要负责人的遴选、成

立大会的相关文件起草，计划于2023年上半年召开分会成立大会。成立民办院校后勤分会是协会加强自身建设，实现教育领域全覆盖发展战略的需要；也有利于政府主管部门针对教育后勤行业组织特点开展相关工作，为政府、学校、企业搭建交流沟通的渠道，针对民办高校特点和诉求开展活动。

3. **关注热点，统筹把控，精准规范开展行业培训活动**

2022年，协会秘书处设立培训部作为秘书处的职能部门，按照"统筹把控，分级管理"模式，规范管理协会的培训活动。面向全国学校后勤领域管理干部、骨干员工、服务学校后勤企业，开展管理干部能力提升、多业务领域专业技能等方面分级、分类、专业化培训。如"第六期全国高校后勤信息化建设高级研修班""2022年全国高校后勤管理干部创新管理高级研修班""2022年度'高校能源与碳资产管理'（第一期）高级研修班""全国教育后勤信息宣传业务培训班（第一期、第二期）""高校后勤留学生管理培训班""高校学生公寓云课堂"线上培训、"高校后勤招标采购第七期高级研讨班"等。目前，培训部正面向会员单位和个人开展推荐入选中国教育后勤协会培训专家库工作，完善培训师资队伍建设，提升培训水平。

4. **紧贴需求，提升效能，加快推进标准化工作落地**

协会以问题为导向，在充分调研基础上，制定教育后勤领域团体标准规划，按照急用先行的原则，确定行业团体标准的立项编制。依托后勤研究院和协会及分支机构专家资源，先后出台《高等学校学生公寓星级管理服务评价规范（试行）》《高等学校餐饮服务单位反食品浪费工作指南》《高等学校智慧餐饮建设规范》《质量分级及"领跑者"评价要求校服》四项团体标准；开展《高等学校学生食堂星级管理评价规范》团体标准调研工作；根据校园快递的发展趋势和会员单位的需求，对已经出台的《校园快递服务站建设与服务规范》进行修订。

5. **贯穿主线，创新形式，打造引领宣传舆论阵地**

一年来，协会通过官网、微信公众号平台，扎实做好协会宣传工作，积极创新宣传形式，发挥宣传工作的引领推动作用。持续建设《你好，后勤》品牌，本年度发布5期；开设党的二十大专题报道栏目，发布支部学习系列报道2篇，推送相关报道70多篇；优化《教育后勤参考》内刊栏目设置；专栏推送"最美后勤人""讲好节能故事"10次，提升宣传质量，讲好后勤故事；展示后勤工作动态，转发教育部等教育相关要闻通知70多篇，发布协会及分支机构新闻动态26篇，发布地方协会新闻动态60多篇；研究开展年度十大行业新闻评选、优秀会员单位微信公众号展示等活动；支持分支机构、各地方教育后勤行业组织和会员单位的宣传媒体建设，加强联动，推进资源共享，提升行业外宣水平。

6. 聚焦问题，围绕关切，持续开展课题研究工作

2022年，协会通过课题选题征集，编制并发布了2022年度课题指南，整理了来自全国各高校、会员单位的200多份课题申报书，经过专家评审后，立项10个重点课题、86个一般课题，受到行业广泛关注。9月16日，协会立项的重点课题《高校后勤招标采购研究》阶段性汇报会在合肥召开，课题调研报告和《物业招标采购指南》《食堂招标采购指南》已基本形成。

7. 转变模式，聚焦主业，分支机构协同创新开展活动

各分支机构关注行业热点，协同创新，积极开展各项业务活动。伙专会通过各种媒体，宣传全国高校餐饮系统制止餐饮浪费工作开展情况和取得的成效；开展"教育系统餐饮保供直供平台"研究与建设工作；在"中国青春饭"微信公众号开设"制止餐饮浪费 弘扬勤俭节约精神——深入学习贯彻中国共产党第二十次全国代表大会精神"专栏，为高校餐饮单位提供学习交流党的二十大精神的平台。寓专会与安专会联合召开"2022年高校学生公寓消防安全工作交流会"；组织开展"高校学生公寓疫情防控工作典型案例征集活动"。物业管理专业委员会（以下简称物专会）在山东青岛召开"2022年度物专会主任秘书长工作会议"；在"中国校园物业管理"公众号设立"共颂二十大，匠心向未来"专栏，交流会员单位学习党的二十大精神的心得。能专会在安徽合肥举办"中国教育节能（2022年度）发展论坛"；配合北京市教委开展北京市绿色学校创建达标验收工作；承办一年一度的"部委直属高校能耗统计数据会审"。商贸管理专业委员会（以下简称商专会）制定《校园封闭管理期间商业服务场所新冠肺炎疫情防控工作指南（2022年修订版）》，为校园疫情防控工作提供技术指导。信息化建设专业委员会（以下简称信专会）开展全国高校后勤信息化建设优秀案例征集活动。思想文化建设与人力资源管理专业委员会（以下简称思专会）开展"高校后勤三全育人实践案例"征集活动。安全管理专业委员会（以下简称安专会）联合北京市红十字会开展学校后勤工作人员应急救护技能培训；深入实施《教育部办公厅关于实施全国健康学校建设计划的通知》，推进校园自动体外除颤仪（AED）配置工作。房产管理专业委员会（以下简称房专会）开展高校房产管理案例征集活动。建设与修缮专业委员会（以下简称修缮专委会）在哈尔滨组织召开主任秘书长会议和课题交流研讨会。中小学分会开展《中小学食堂管理服务规范》团体标准调研活动；组织编纂《中小学后勤年鉴》；开展全国星级标准校服生产基地创建工作。《高校后勤研究》杂志社组织召开"2022年高校后勤改

革发展暑期论坛暨杂志社理事单位年会"。专家委员会、《教育后勤参考》编辑部线上举办"2022 年全国教育后勤宣传工作云分享会""2022《教育后勤参考》理事单位年会";专家委员会组织专家线上召开"学习党的二十大精神 赋能后勤高质量发展"主题研讨会。新业态及快递工作委员会在昆明组织召开"2022 年度课题开题及相关工作座谈会"。

三、重大事件

2022 年我国教育后勤事业持续高质量发展,在筑牢安全屏障、深入推进教育数字化工作、深化教育高质量发展、教育国际化等方面取得重大突破。在此系统梳理本年度教育后勤相关领域重大事件,以展现我国教育后勤事业发展新面貌。

(一)扎实推进校园安全工作

1. 教育部发布《直播类在线教学平台安全保障要求》

为扎实推进国家教育数字化战略行动,完善教育信息化标准体系,保障直播教学正常开展,提升直播类在线教学平台的安全保障能力,教育部研究制定了《直播类在线教学平台安全保障要求》,规定了直播类在线教学平台的安全合规要求、安全功能要求及数据安全要求,并作为教育行业标准于 2022 年 12 月 9 日予以发布。《直播类在线教学平台安全保障要求》填补了国内直播类在线教学平台安全领域行业标准的空白,让直播类在线教学平台在"安全合规要求、安全功能要求、数据安全要求"方面有章可循,对直播类在线教学业务的健康发展具有里程碑式意义。

该要求规定,直播教学平台应委托专业等级保护测评机构定期开展测评,并提供网络安全等级保护测评报告。直播教学平台应具备完善的身份认证功能,应支持双因子认证、设备认证和实名认证。账号信息的注册、使用和管理应符合《互联网用户账号信息管理规定》的要求。直播教学平台应支持对违规账号实行权限限制;应支持直播教学活动管理者创建黑名单,并将特定用户拉入黑名单。直播教学平台应支持与用户提供的统一身份认证平台对接,实现用户身份的动态同步。该要求明确,直播教学平台应至少具备以下一键控制功能:一键暂停功能,一键禁止所有教学互动权限功能,且禁止后学生无法自主开启;一键关停功能,发生网课安全事件且不可控时,一键结束直播教学活动,在用户授权后同步。

2. 市场监管总局、教育部、公安部联合开展面向未成年人无底线营销食品专项治理工作

为了全面治理校园及周边、网络平台等面向未成年人无底线营销色情低俗食品现象，切实保护未成年人身心健康，2022年1月19日，国家市场监督管理总局、教育部、公安部发布《关于开展面向未成年人无底线营销食品专项治理工作的通知》。

该通知要求从两个层面落实主体责任。一是全面落实食品生产经营者主体责任。督促校园及周边的食品经营者进行全面自查，严禁采购、贮存和销售包装或标签标识具有色情、暴力、不良诱导形式或内容危害未成年人身心健康的食品，一旦发现立刻下架处理。二是压实电子商务平台管理责任。要求电子商务平台落实入网经营者资质核验登记义务，以无底线营销用语及行为为监测审查重点，及时清理相关宣传用语和违法广告，并向属地市场监管部门报告处理情况。

该通知明确6种违法违规行为，并对面向未成年人无底线营销的违法违规行为要综合运用登记注册、日常监管、执法稽查、信用监管等手段实施联合惩戒，严厉打击食品安全、不正当竞争、广告、商标、电子商务等领域的违法行为。属于严重违法失信情形的一律列入严重违法失信名单，涉嫌犯罪的一律由公安机关查处。

该通知强调，要加强对青少年的宣传教育和思想引导。学校要面向全体学生加强教育宣传，倡导学生养成健康的饮食习惯和消费理念，提高未成年人自觉识别、抵制无底线营销食品行为的能力，养成文明健康、绿色环保生活方式。

3. 各地组织丰富多彩的教育活动，确保将国家安全教育落到实处

2022年4月15日全民国家安全教育日之际，教育部和全国各地教育系统围绕国家安全教育主题，组织师生开展丰富多样的活动，确保国家安全教育落到实处。教育部围绕"树牢总体国家安全观，感悟新时代国家安全成就，为迎接党的二十大胜利召开营造良好氛围"主题，全面部署开展国家安全教育日主题活动，统筹安排国家安全教育学习宣传。在教育部指导下，全国各地教育系统围绕国家安全教育主题开展丰富的活动。

在北京，国务院学位委员会"国家安全学"学科评议组、北京师范大学举办"总体国家安全观与国家安全学科建设"学术研讨会，创新开展"高校国家安全教育教学风采展示"活动，联合公安部推出"反邪教警示教育进校园"线上专题活动，指导国家开放大学开设"国开大讲堂·国家安全教育公开课"等；甘肃各级各类学校通过国家安全教育课、推送主题宣传海报、短视频，开展"亮屏"行动，刊播宣传标语等形式，营造青少年自觉维护国家安全和社会安全的良好氛围；江西各地学校举办国家安全成就展、征文活动、演讲比赛、知识答题等宣传教育活动；石河子大学注重在日常教育中开展国防教育和爱国主义教育，开展"我爱我的祖国"系列教育实践活动、国家安全教育线上公开课、国家安全知识线上竞答等；成立军事理论教学与实践研究中心，每年完成全校 2 000 学时的国防理论课教学任务；辽宁各地各校建立常态化校园国家安全宣传教育体系，将安全教育融入日常学生思想政治教育。其中，大连艺术学院面向全校师生教授"同心凝聚全民力量，'艺'心守护国家安全"主题思政课，沈阳航空航天大学通过"线上＋线下"相结合的宣传教育形式推进国家安全教育进班级、进宿舍、进学生社区，沈阳城市学院将《国家安全法》有关知识和总体国家安全观融入日常教学等。

（二）深入推进教育数字化工作

1. 教育部举办第一期教育数字化能力提升专题培训班

为加快推进国家教育数字化战略行动，全面提升教育系统干部信息化素养与教育信息化治理能力，2022 年 3 月 15 日至 17 日，教育部举办第一期教育数字化能力提升专题培训班。时任教育部党组成员、副部长宋德民在开班式上强调，教育部党组高度重视、大力推动国家教育数字化战略行动，将其作为年度工作的重中之重抓紧抓好。教育系统干部要"跳出教育看教育"，深刻认识到数字化对经济社会发展的极端重要性，全身心投入数字化战略行动，要在政治站位上再提高、理解把握上再深化、工作目标上再聚焦，切实推进数字化战略行动深入实施。宋德民指出，要准确把握战略行动的重点任务，深入贯彻落实"联结为先、内容为本、合作为要"总体战略，牢牢把握"应用为王、服务至上、标准支撑、安全保障、示范引领、成熟先上"工作要求，围绕师生和社会需求，建好数字基座，建强"三大支柱"，打造"五级体系"，加紧建设国家级教育数字化平台。要牢牢抓住教育改革发展机遇期，以教育信息化推动教育现代化，顶层设计建好"四梁八柱"，信息共享实现"四通八达"，安全保障确保"四平八稳"。要学以增信、学以明向、学以致用，在教育方法、教育思想、教育理念和教育实践中引领并推动改革，打造中国品牌，树立世界标准，为建设教育强国作出实际贡献。

2. 教育部上线"国家中小学智慧教育平台"

为深入实施国家教育数字化战略行动，大力促进基础教育高质量发展，有效支撑"双减"和疫情期间"停课不停学"工作，教育部在原"国家中小学网络云平台"基础上改版升级了"国家中小学智慧教育平台"，并于 2022 年 3 月 1 日正式上线试运行。

目前，国家中小学智慧教育平台有专题教育、课程教学、课后服务、教师研修、家庭教育、教改实践经验等6个版块，资源数量比原来增加了1倍，为有效服务学生居家学习、服务教师线上教学、服务家长开展家庭教育提供支持。其中，专题教育版块提供了生命安全教育和心理健康教育资源，为中小学生居家学习期间心态调适、积极抗疫提供科学指导；课程教学资源现有19个版本450册次教材的课程教学资源共17 492条，以及67家出版单位的1 991册电子版教材，可供广大师生自主使用；课后服务版块包括科普教育、体育锻炼、文化艺术、经典阅读、研学实践、影视教育等，为丰富中小学生居家学习期间课余生活提供优质资源；家庭教育版块包括家庭教育观念、家庭教育方法和家庭教育指导等3类资源，可以有效服务广大家长提高家庭教育能力，提升中小学生居家学习质量。

据统计，2022年3月1—14日，国家中小学智慧教育平台日均浏览次数高达1 687万，资源质量得到社会广泛认可。

3. 中国语言文字数字（网络）博物馆建设正式启动

2022年5月，教育部语用司召开中国语言文字数字（网络）博物馆（以下简称数字博物馆）建设启动会。

数字博物馆是落实《国务院办公厅关于全面加强新时代语言文字工作的意见》、推进国家教育数字化战略行动的创新举措，是语言文字事业高质量发展的具有标志性意义的重要项目。会议强调，要按照"应用为王、服务社会，长期规划、成果导向，科学建设、创新驱动"的建设思路和"共建共享，安全运行"的总原则开展数字博物馆建设。要坚持统筹集成，创新路径，按照"1＋N"联合体的建设模式，统筹利用各共建单位已建或在建博物馆的海量资源成果优势，建成共建共享的总平台。要坚持优中选优，组建"国家队"，以数字博物馆建设为支点，打造数字化时代我国语言文字领域教育、研究、传播的第一方阵。要坚持安全第一，规范先行，严格技术标准和工作标准，防范可能出现的资源、信息、成果、产权等相关风险隐患。

会议要求，要强化协同合作，广集众智，将数字博物馆建成语言文字资源信息的整合平台、服务国家通用语言文字推广的学习平台、集聚相关领域学术资源的研究平台、彰显我国语言文字工作成果的展示平台，为提升教育质量、铸牢中华民族共同体意识、提高国家文化软实力作出应有贡献。

4. 教育部开展人工智能助推教师队伍建设试点工作集中调研

2022年6月30日，教育部在北京大学开展人工智能助推教师队伍建设试点工作集中调研。北京大学、华东师范大学、华中师范大学、东北大学、北京市海淀区、上海市宝山区、安徽省蚌埠市、江苏省南京市江北新区、宁夏回族自治区银川市兴庆区分别介绍了应用人工智能技术推进教师教学与教研新模式、教师综合评价改革等方面的经验和取得的成效。103家试点单位进行分组研讨，交流了试点工作经验、问题及下一步工作重点。

调研活动充分肯定了试点单位改革探索取得的成效，进一步深化了人工智能助推教师队伍建设试点工作对推动教育数字化转型、推进教育评价改革、创新教师教育模式、提升教师队伍治理水平、助力乡村教育振兴重要意义的认识，明确了聚焦教育重点难点、加强与社会各方合作、强化成果的应用转化、重视跟踪评估、强化典型引领带动等工作要求，推进人工智能与教师队伍建设深度融合，推动教师教育理念和教学方法的深刻变革，建设高素质专业化创新型教师队伍。

5. 2022世界慕课与在线教育大会召开

2022年12月8—9日，2022世界慕课与在线教育大会在线上召开，大会以"教育数字化引领未来"为主题，由世界慕课与在线教育联盟和联合国教科文组织教育信息技术研究所联合主办。

会上，中国教育部介绍了中国慕课与在线教育发展成就。慕课发展十年来，中国在线教育日新月异，中国慕课数量已经达到6.19万门，注册用户超过3.7亿人。十年间，慕课数量增加了上万倍，注册用户增加了上百万倍。以慕课为牵引，中国推动高校持续深化教育教学改革，在全国高校掀起了一场学习革命，正在改变教师的教、学生的学、学校的管和教育的形态。实施"慕课西部行"计划，积极扩大优质资源开放共享，促进更有质量的公平。特别是2022年教育部启动实施了教育数字化战略行动，利用丰富的慕课资源，建设上线了全球最大的国家高等教育智慧教育平台。平台与教学支持服务平台联合提供课程全过程服务，上线以来，访问总量达292亿次，选课学习接近5亿人次，已经成为中国高等教育提高质量、推进公平、改进方法、变革模式、深化合作的关键抓手。会议提出了四点中国倡议：一是加快资源开放共享，推进教育公平；二是深化技术应用，重塑高等教育形态；三是完善标准规范，推动在线教育创新健康发展；四是扩大开放合作，构建全球教育共同体。

会上，世界慕课与在线教育联盟主席、清华大学校长王希勤发布《无限的可能——世界高等教育数字化发展报告》。报告由来自全球72所高校、机构的200余位专家共同编写，汇聚了世界各国和国际组织高等教育数字化的经验成就，共分为"全球在行动""变革与挑战""共同向未来"三部分。报告凝练了全球教育数字化九大行动共识、三大变革趋势、四大变革内容，针对当前面临的挑战提出了六大倡议。报告创造性提出了高等教育数字化发展"转化、转型、智慧"三阶段论，创新性构建了"世界高等教育数字化发展指数"，为世界各国准确观测和把握世界高等教育数字化发展进程和态势，衡量其高等教育数字化发展水平提供重要参考。

（三）深化教育高质量发展

1. 教育部举行"教育变革峰会"国家层面磋商会

2022年5月27日，教育部召开全球"教育变革峰会"中国国家层面磋商会。来自中央和地方政府部门及教育、学术、企业、媒体等行业代表围绕疫后教育复苏、推动教育变革、保障教育投入和加快实施可持续发展目标等主题提出意见建议。

时任教育部副部长田学军参会指出，世界百年未有之大变局叠加新冠疫情，给全球如期实现2030年可持续发展议程教育目标带来严峻挑战，迫切需要准确识变、科学应变、主动求变，推动全球教育变革。

田学军表示，中国共产党和中国政府始终高度重视教育事业，以习近平同志为核心的党中央把教育作为国之大计、党之大计，推动我国教育事业取得历史性成就、发生历史性变革，开启了加快推进教育现代化、建设教育强国的新征程。我国将积极参与本次峰会，用国际通用话语讲好中国教育故事，与世界分享中国教育发展的成功经验，积极倡导和推动教育国际合作与交流，为全球教育治理贡献中国智慧、中国方案、中国力量。

2. 中共中央宣传部、教育部联合印发《面向2035高校哲学社会科学高质量发展行动计划》

中共中央宣传部、教育部联合印发《面向2035高校哲学社会科学高质量发展行动计划》，围绕贯彻落实习近平总书记关于哲学社会科学工作的重要论述，贯彻落实党中央关于加快构建中国特色哲学社会科学的重大决策部署，充分发挥高校作为我国哲学社会科学"五路大军"中的重要力量作用，不断推进知识创新、理论创新、方法创新，构建中国自主的知识体系，更好回答中国之问、世界之问、人民之问、时代之问，更好彰显中国之路、中国之治、中国之理，对高校哲学社会科学事业高质量发展作出中长期规划。

该行动计划要求，高校哲学社会科学工作要以习近平新时代中国特色社会主义思想为指导，深刻领悟"两个确立"的决定性意义，增强"四个意识"、坚定"四个自信"、做到"两个维护"，牢记"国之大者"，坚持自信自强、守正创新，坚持百花齐放、百家争鸣，以育人育才为中心、体系构建为主线、能力提升为重点，深化改革为动力，全面落实"立足中国、借鉴国外，挖掘历史、把握当代，关怀人类、面向未来"的总体思路，充分体现继承性、民族性、原创性、时代性、系统性、专业性，推动新发展阶段高校哲学社会科学高质量发展，为提升国家综合国力和国际竞争力、全面建设社会主义现代化国家、构建人类命运共同体提供重要战略支撑。

该行动计划明确，高校哲学社会科学工作必须坚持党的全面领导，为加快构建中国特色哲学社会科学提供根本保证；坚持立德树人，培养德智体美劳全面发展的社会主义建设者和接班人；坚持系统观念，加强前瞻性思考、全局性谋划、战略性布局、整体性推进；坚持服务需求，提升科研活动的时代性、理论性、实践性；坚持交流互鉴，加强中国话语和中国叙事体系建设。

3. 教育部等三部门联合举办新时代教育高质量发展专题研讨班

2022年7月18日至22日，中央组织部、中央党校（国家行政学院）、教育部联合举办新时代教育高质量发展专题研讨班。教育部党组书记、部长怀进鹏在会上指出，习近平总书记关于教育的重要论述，从根本上回答了中国特色社会主义教育发展的一系列方向性、根本性、全局性、战略性的重大问题，为中国特色社会主义教育事业指明了前进方向，为新时代教育改革发展提供了根本遵循。要深学细悟笃行，不断提高政治判断力、政治领悟力、政治执行力，努力掌握精神实质、核心要义，切实增强推进教育高质量发展的信心决心。

怀进鹏部长强调，要坚定不移解决制约教育高质量发展的重点难点问题，坚决扛起推进教育高质量发展的政治责任。要全面落实立德树人根本任务，促进学生德智体美劳全面发展，培养堪当民族复兴重任的时代新人。要巩固发展更加公平、更高质量的基础教育，着力发展适应新技术和产业变革需要的职业教育，着力发展引领国家战略实施的高等教育，全面支撑实现共同富裕、建成世界重要人才中心和创新高地。要抓好教育评价改革落实落地，以教育评价改革为牵引全面深化教育领域综合改革，以改革激活力、增动力。要深入实施国家教育数字化战略行动，把数字资源的静态势能转化为教育改革的强大动能，以此来支撑引领教育现代化，打造全球教育版图的中国特色、中国范式。

本次专题研讨班培训对象为各省区市党委政府、新疆生产建设兵团分管负责同志，中央和国家机关有关部委负责同志以及各省级教育行政部门主要负责同志。研讨班聚焦学习贯彻习近平总书记关于教育的重要论述和教育高质量发展这一主题，邀请中央纪委国家监委、中央组织部、中央宣传部、教育部等多位部委领导及相关领域知名专家授课，采取案例分享、座谈交流、分组研讨等多种形式，搭建沟通交流的平台，教学相长、以学带干、同题共答，汇聚起加快推动新时代教育高质量发展的工作合力。

4. 加快建设教育强国研讨会成功召开

2022年11月16日，中央教育工作领导小组秘书组组长，教育部党组书记、部长怀进鹏主持召开研讨会，就贯彻落实党的二十大精神，有力有效推动新时代教育工作，加快建设教育强国听取意见建议。与会同志紧紧围绕学习贯彻落实党的二十大精神，聚焦党的二十大提出的新时代新征程的使命任务，聚焦全面建设社会主义现代化国家对教育提出的新要求，聚焦加快建设教育强国，提出今后一个时期应重点推进工作和研究问题的意见建议，并进行深入交流研讨。

怀进鹏部长强调，党的二十大科学谋划了当前和今后一个时期党和国家事业发展的目标任务，是党团结带领全国各族人民夺取新时代中国特色社会主义新胜利的政治宣言和行动纲领。要坚持以习近平新时代中国特色社会主义思想为指导，切实提高政治站位，在已有工作基础上，持续深入学习贯彻党的二十大精神，深刻理解并把握好教育、科技、人才在党和国家未来发展中的重大作用，审时度势，正视问题，乘势而上，坚持自信自立自强，加快建设中国特色、世界水平的教育强国。要立足中华民族伟大复兴战略全局和世界百年未有之大变局，着眼长远需求和当下紧迫问题，牢牢抓住用好战略发展关键窗口期，坚持守正创新、锐意进取，全面贯彻党的教育方针，落实立德树人根本任务，加快建设高质量教育体系，全面提高人才自主培养质量，推进职普融通、产教融合、科教融汇，加快一流大学和一流学科建设，优化高素质教师队伍建设机制，纵深推进教育数字化发展，深化教育国际交流与合作，着力发挥教育对经济社会发展的溢出效应，努力开辟发展新领域新赛道，不断塑造发展新动能新优势。

（四）教育国际化取得重大进展

1. 2022年"一带一路"青年创意与遗产论坛成功举办

2022年12月15日，2022年"一带一路"青年创意与遗产论坛以线上线下结合方式举办。时任教育部副部长田学军发表致辞，联合国教科文组织社会与人文科学助理总干事加布里埃拉·拉莫斯、时任长沙市市长郑建新和时任南京市市长夏心旻分别致辞。

田学军指出，当前，世界之变、时代之变、历史之变正以前所未有方式展开。

"一带一路"倡议是在古代丝绸之路深厚历史启发下，顺应世界发展大势，促进各国人民共同发展繁荣，推动构建人类命运共同体的中国方案。民心相通是"一带一路"倡议落地的前提与基础，青年交往是促进民心相通的重要途径。本次论坛以"青年创意推动跨文化对话和应对全球挑战"为主题，充分体现了面对严峻复杂挑战青年的独特重要角色。

田学军表示，广大青年要更加积极地投身到跨文化对话、遗产保护和传承事业中，勇敢担当推动文明交流互鉴的中流砥柱，让丝路精神薪火相传。要把握数字化、网络化、智能化发展机遇，让创新创意为"一带一路"未来发展蓄能加速。要继续利用青年论坛平台，讲好"一带一路"故事，共同为实现2030年可持续发展目标、构建人类命运共同体作出贡献。

2. 2022高等教育国际论坛年会成功举办

2022年11月26日，2022高等教育国际论坛年会在武汉以线上线下相结合的方式举行。时任教育部副部长孙尧，时任湖北省政府党组成员、副省长、中国工程院院士邵新宇，中国科协副主席、华中科技大学校长、中国工程院院士尤政出席论坛并致辞。中国高等教育学会会长，教育部原党组副书记、副部长杜玉波出席论坛并作主旨报告。

会议指出，本次论坛以"人类命运共同体与高等教育可持续发展"为主题，既是深入贯彻落实党的二十大精神的生动体现，也是世界高等教育领域共同关注的重大话题。中国高等教育坚持可持续发展，要紧紧围绕人才培养这个重要任务，用习近平新时代中国特色社会主义思想铸魂育人，引导广大学生把爱国情、强国志、报国行自觉融入全面建设社会主义现代化国家的奋斗之中，成长为能够担当民族复兴大任的时代新人。

会议强调，要主动服务国家重大战略需求，积极承担具有战略性全局性前瞻性的重大项目、关键核心技术攻坚，发挥学科优势、人才优势，加强有组织科研，助力科技自立自强。要持续深化高等教育对外开放，坚持全方位、宽领域、多层次、更加主动地高水平对外开放，加强与世界一流大学、科研机构交流合作，深度参与全球教育治理，深化与联合国教科文组织等多边机构合作，向全球高等教育可持续发展贡献中国智慧。

四、政策法规环境分析

据不完全统计，2022年中共中央、国务院及各个部委公开发布的政策类、制度规范类、事务通知类等文件中，与教育后勤行业发展密切相关的文件共有73份，其中发文主体主要包括中共中央、国务院、教育部、宣传部、司法部、人力资源和社会保障部等。依据我国现行学校教育的类别结构而言，其中面向基础教育的政策文件有8份，面向职业教育的政策文件有6份，面向高等教育的政策文件有11份，其余政策法规文件可视为对整个教育系统或社会发展的宏观指导。按照主题类别来看，涉及学校自身管理与建设的，共计13份；涉及课程培训与教育的，共计11份；涉及教育信息化建设的，共计9份；涉及安全生产的，共计8份；涉及人才体系建设的，共计11份；其余主题类型包括思想政治教育、体育健康、大学生创新创业等（见图3）。

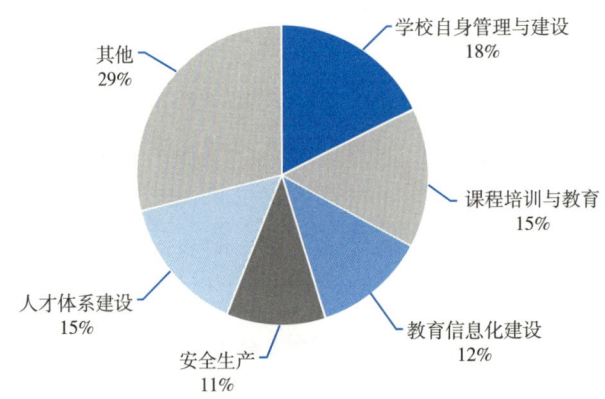

图3　2022年涉及教育后勤事业的中央及部委文件的主题类型及数量情况

（一）教育信息化建设

2022年，我国教育后勤持续领域推进信息化建设，围绕教学课程设置、教学设置优化、学生素质提升等方面，发布具有针对性的政策，深化数字化、信息化建设发展。

1.《教育部等五部门关于加强普通高等学校在线开放课程教学管理的若干意见》（以下简称《意见》）

为规范普通高等学校（以下简称高校）在线开放课程教学管理，维护在线开放课程教学秩序，根据《中华人民共和国高等教育法》《中华人民共和国网络安全法》《普通高等学校学生管理规定》《网络交易监督管理办法》等法律法规，现就加强高校用以认定学分的在线开放课程教学管理提出以下意见。

《意见》提出，高校要切实履行在线开放课程教学管理责任。高校是在线开放课程教学管理的责任主体，要制定本校在线开放课程教学管理办法，规范课程选用、教学、评价、督导和学分认定等管理制度，将在线开放课程纳入日常教学管理，做到线上与线下课程同管理、同要求。强化课程选用管理，实行严格的意识形态审查、内容审查和质量监督，确保课程正确的政治方向和价值导向，符合科学性、适用性要求。不得选用内容陈旧、服务质量差的在线开放课程。对选用的在线开放课程要配备课程责任教师，全面负责课程教学服务与管理，加强学生诚信教育，健全学生违纪行为认定与处理办法。严格考核评价管理，根据课程教学实际，严格学习过程和考试监管，在考试中通过人脸识别、双机位等技术手段强化考试监督。不得将在线开放课程考试完全交由在线课程平台等第三方负责。

《意见》强调，高校要加强对在线开放课程教师的管理。高校在线开放课程主讲教师及教学团队应按照教学大纲要求，实施完整的教学活动，并及时更新课程内容，做好在线服务，确保上线课程质量。选课高校责任教师应当配合在线开放课程主讲教师及教学团队的教学活动，加强学习组织和课业辅导，强化课程考核监督管理。对造成教学事故的在线开放课程教师或选课高校责任教师，由其所在高校根据教师管理相关法律法规和教学事故处理办法等给予相应处分。

《意见》要求，要健全课程平台监管制度。建立课程学习过程监管机制。国务院教育行政部门委托第三方机构建设高校在线开放课程教学管理与服务平台，对在线开放课程教学过程实施大数据监测。提供学分课程的平台必须向高校在线开放课程教学管理与服务平台提供开放用户身份数据，开放课程访问数据、学习行为数据以及相关运行数据，便于教育行政部门对课程质量和教学过程进行全程监督。国务院教育行政部门根据监测情况，及时对异常学习行为集中的高校、平台进行通报。建立课程平台"黑白名单"制度。国务院教育行政部门每年对提供学分课程的平台进行备案审核，监管规范、课程质量高、管理服务好的平台进入"白名单"，并在国务院教育行政部门政务网站上公布，"刷课"问题频出、课程质量低劣、管理服务落后的平台列入"黑名单"。高校必须从列入"白名单"的平台上选用学分课程。

2.《教育部办公厅关于印发〈国家智慧教育平台数字教育资源内容审核规范（试行）〉的通知》（以下简称《通知》）

为加快推进国家教育数字化战略行动，保障数字教育资源内容安全，根据教育部网络安全和信息化领导小组会议精神，经部领导审定同意，现将《国家智慧教育平台数字教育资源内容审核规范（试行）》印发给你们，请遵照执行。

《通知》提出，按照"谁主管谁负责、谁上线谁负责"的原则，各级教育行政部门、学校等单位应建立数字教育资源内容审核责任体系，明确主管的智慧教育平台中承载各类数字教育资源内容审核的业务职能部门，做到管业务就要管审核，管资源上线就要管审核。业务职能部门应建立数字教育资源提供主体实名认证制度，并指导智慧教育平台运营单位与其签订资源使用的相关协议，确保平台上线的资源产权明晰，无侵犯他人知识产权、肖像权、隐私权、商业秘密及其他合法权益的情形。业务职能部门应指导智慧教育平台运营单位、数字教育资源内容审核实施单位加强对承担数字教育资源开发、汇聚、审核等工作的人员审查。

《通知》强调，数字教育资源内容审核应参照《互联网视听节目管理规定》《网络视听节目内容审核通则》《网络短视频内容审核标准细则》等标准规范，重点围绕政治性、科学性、适用性和规范性，采用机器审核和人工审核相结合的方式，加强线上审查和更新复查。政治性审核应保证数字教育资源的内容政治方向和价值取向正确，全面贯彻党的教育方针，落实立德树人根本任务，弘扬社会主义核心价值观和中华优秀传统文化，充分体现教育教学改革的先进理念，引导学习者树立正确的世界观、人生观和价值观，服务于培养德智体美劳全面发展的社会主义建设者和接班人。科学性审核应保证数字教育资源的内容真实、准确地反映客观事实，符合科学和事物发展的客观规律。

3. 《教育部办公厅关于印发〈国家智慧教育公共服务平台接入管理规范（试行）〉的通知》

按照国家教育数字化战略行动的统一部署，为加快推进教育数字化转型，促进教育高质量发展，加强对接入国家智慧教育公共服务平台（以下简称国家智慧教育门户）的各级平台的管理，形成以国家智慧教育门户为核心的国家智慧教育平台体系，教育部办公厅制定该规范。

国家智慧教育平台体系包括国家、省、市、县、学校五级的智慧教育平台。本规范适用于各级教育行政部门及所属单位、各级各类学校组织建设的，接入国家智慧教育门户的平台。教育部网络安全和信息化领导小组办公室（以下简称教育部网信办）统筹国家智慧教育门户接入工作，负责教育部直属机关和部属高校的平台接入。省级教育行政部门负责统筹本地区智慧教育平台接入工作。教育部相关业务司局根据国家智慧教育门户板块分工，制定业务审核办法，具体承担对接入平台的业务审核工作。教育部教育技术与资源发展中心（中央电化教育馆）（以下简称教育部资源中心）和教育部教育管理信息中心（以下简称教育部信息中心）分别为平台接入和运行监测工作提供技术支撑。

该规范明确了总则、接入要求、接入流程等在内的管理要求，并强调了教育部网信办建立平台运行监测机制，获取平台运行的动态数据，对接入平台的访问情况、使用情况、用户情况等进行分析，定期通报各平台的应用情况，并向平台主管单位开放运行监测的数据，为平台完善功能、优化体验提供参考。

4.《教育部办公厅关于开展信息技术支撑学生综合素质评价试点工作的通知》（以下简称《通知》）

为深入学习贯彻党的二十大精神，落实《深化新时代教育评价改革总体方案》工作部署，加快实施国家教育数字化战略行动，利用信息化手段完善以发展素质教育为导向的中小学生综合素质评价体系，提高教育评价的科学性、专业性、客观性，促进学生全面发展，经研究，决定遴选一批积极性高、条件具备的区域，开展信息技术支撑学生综合素质评价试点工作。

《通知》提出，在中小学生综合素质评价基础较好、常态化开展信息化教学应用的区域中，遴选 30 个左右的区域开展试点工作。用 5 年左右的时间，形成百万级规模中小学生综合素质发展基础数据库，创新评价工具，利用人工智能、大数据等现代信息技术，探索开展学生各年级学习成长情况全过程纵向评价、德智体美劳全要素横向评价，主要包括思想品德、学业水平、身心健康、艺术素养、劳动与社会实践等五个方面，形成数据驱动的学生综合素质评价解决方案，客观总结我国中小学生综合素质发展的规律，确保评价正确方向，完善评价内容，强化技术支撑，促进学生德智体美劳全面发展。

此外，《通知》还明确了包括申报条件、申报程序、有关要求等在内的申报细则。

（二）强化人才体系建设

围绕 2022 年教育部发布的年度工作重点，一年以来多项人才建设方面的政策不断出台，从技能优化、素质提升、教学改革等多方面明确工作重点，为下一步教育后勤人才体系建设指明方向。

1. 中共中央办公厅、国务院办公厅印发《关于加强新时代高技能人才队伍建设的意见》

2022 年 10 月，中共中央办公厅、国务院办公厅印发了《关于加强新时代高技能人才队伍建设的意见》，要求以习近平新时代中国特色社会主义思想为指导，深入贯彻党的十九大和十九届历次全会精神，全面贯彻习近平总书记关于做好新时代人才工作的重要思想，坚持党管人才，立足新发展阶段、贯彻新发展理念、构建新发展格局，推动高质量发展，深入实施新时代人才强国战略，以服务发展、稳定就业为导向，大力弘扬劳模精神、劳动精神、工匠精神，全面实施"技能中国行动"，健全技能人才培养、使用、评价、激励制度，构建党委领导、政府主导、政策支持、企业主体、社会参与的高技能人才工作体系，打造一支爱党报国、敬业奉献、技艺精湛、素质优良、规模宏大、结构合理的高技能人才队伍。

该意见提出，到"十四五"时期末，高技能人才制度政策更加健全、培养体系更加完善、岗位使用更加合理、评价机制更加科学、激励保障更加有力，尊重技能尊重劳动的社会氛围更加浓厚，技能人才规模不断壮大、素质稳步提升、结构持续优化、收入稳定增加，技能人才占就业人员的比例达到30%以上，高技能人才占技能人才的比例达到1/3，东部省份高技能人才占技能人才的比例达到35%。力争到2035年，技能人才规模持续壮大、素质大幅提高，高技能人才数量、结构与基本实现社会主义现代化的要求相适应。

同时，该意见还明确了包括加大高技能人才培养力度、完善技能导向的使用制度、建立技能人才职业技能等级制度和多元化评价机制、建立高技能人才表彰激励机制等在内的重点任务。

2.《教育部等八部门关于印发〈新时代基础教育强师计划〉的通知》

为贯彻落实《中共中央 国务院关于全面深化新时代教师队伍建设改革的意见》，按照《中华人民共和国国民经济和社会发展第十四个五年规划和2035年远景目标纲要》要求，着力推动教师教育振兴发展，努力造就新时代高素质专业化创新型中小学（含幼儿园、特殊教育，下同）教师队伍，为加快实现基础教育现代化提供强有力的师资保障，教育部协同八部门制订了该计划。

该通知提出，到2025年，建成一批国家师范教育基地，形成一批可复制可推广的教师队伍建设改革经验，培养一批硕士层次中小学教师和教育领军人才。完善以部属师范大学示范、地方师范院校为主体的农村教师培养支持服务体系，为中西部欠发达地区定向培养一批优秀中小学教师。师范生生源质量稳步提高，欠发达地区中小学教师紧缺情况逐渐缓解，教师培训实现专业化、标准化，教师发展保障有力，教师队伍管理服务水平显著提升。

到2035年，适应教育现代化和建成教育强国要求，构建开放、协同、联动的高水平教师教育体系，建立完善的教师专业发展机制，形成招生、培养、就业、发展一体化的教师人才造就模式，教师数量和质量基本满足基础教育发展需求，教师队伍区域分布、学段分布、学历水平、学缘结构、年龄结构趋于合理，教师思想政治素质、师德修养、教育教学能力和信息技术应用能力建设显著加强，教师队伍整体素质和教育教学水平明显提升，尊师重教蔚然成风。

该通知指出，要实施高素质教师人才培育计划。持续实施卓越教师培养计划。推动本科和教育硕士研究生阶段整体设计、分段考核、连续培养的一体化卓越中学教师培养模式改革，推进高素质复合型硕士层次高中教师培养试点。完善国家教师管理服务信息化平台，精准到人，为教师队伍建设提供信息化决策和便捷化服务支撑。加强信息系统安全防护，确保教师信息安全。深入实施人工智能助推教师队伍建设试点行动，探索人工智能助推教师管理优化、教师教育改革、教育教学方法创新、教育精准帮扶的新路径和新模式，总结试点经验，提炼创新模式，逐步在全国推广使用，进一步挖掘和发挥教师在人工智能与教育融合中的作用。

3.《教育部办公厅关于开展职业教育教师队伍能力提升行动的通知》

为深入贯彻习近平总书记关于职业教育的重要指示精神，落实《中华人民共和国职业教育法》《中共中央 国务院关于全面深化新时代教师队伍建设改革的意见》，不断加强职业教育教师队伍建设，教育部决定开展职业教育教师队伍能力提升行动。

该通知提出，要完善职教教师标准框架，结合职业分类大典修订，修订完善中等职业学校教师、校长职业标准，研制高等职业学校教师职业标准，逐步建立层次分明，覆盖公共课、专业课、实习实践等各类课程的教师职业标准体系。研制新时代职业院校"双师型"教师标准。研制职业学校教师培训学时学分管理办法，加快推进教师培训工作规范化建设。

该通知强调，要健全职教教师培训体系。实施"职教国培"示范项目。利用中央部门预算资金，设立"职教国培"示范培训项目，开展培训团队研修、校长培训和教师培训，发挥高端引领和示范带动作用。做好国家乡村振兴重点帮扶县中职学校教育人才"组团式"帮扶工作。调整国家级职业院校校长培训基地布局。推动教师紧盯行业企业开展科学研究、课程开发和实践教学，服务企业技术升级和产品研发。推动职教教师数字化学习平台建设。在国家职业教育智慧教育平台开辟教师学习研修板块，面向所有老师共享共用。发挥国家级项目承担单位、"双高"计划建设单位等引领带动作用，分层次、分专业建设教师培训优质资源。结合"职教国培"示范项目、职教创新团队、名师（名匠）名校长培育等项目建设，开设研修专栏，逐步实现项目申报、组织、评价等一体化建设。

4. 《教育部办公厅发布关于进一步加强全国职业院校教师教学创新团队建设的通知》

为贯彻落实中共中央办公厅、国务院办公厅印发《关于推动现代职业教育高质量发展的意见》《国务院关于印发国家职业教育改革实施方案的通知》要求，根据《教育部关于印发〈全国职业院校教师教学创新团队建设方案〉的通知》（教师函〔2019〕4号）部署安排，现就进一步加强全国职业院校教师教学创新团队（以下简称创新团队）建设有关事宜通知如下。

该通知指出，创新团队建设是加快职业教育和"双师型"教师队伍高质量发展的有力抓手和重要举措，要按照"政府统筹与分级创建相结合、学校自主建设与校际校企协同发展相结合、个人成长与团队发展相结合、团队建设与教学创新相结合"的原则，突出示范引领、建优扶强、协同创新、促进改革，结合当地经济社会发展、产业特点和学校骨干专业（群），因地制宜做好省级、校级创新团队整体规划和建设布局，与国家级创新团队协同发展、组网融通，着力打造一批德技双馨、创新协作、结构合理的创新团队，形成"双师"团队建设范式，为全面提高复合型技术技能人才培养质量提供强有力的师资支撑。要重点围绕师德师风、"三全育人"、教学标准、职业技能等级标准、课程体系重构、课程开发技术、模块化教学设计实施等内容，突出创新团队自身建设和共同体协作的方法路径，通过全程伴随式培训和指导帮带，全方位提高创新团队教师能力素质。

该通知强调，创新团队建设要加强校际协同和校企深度合作，促进"双元"育人。要按照专业领域，由若干创新团队立项院校、创新团队培训基地，以及科研院所、稳定的合作企业和产教融合实训基地共同组建协作共同体，建立协同工作机制，制定工作章程，成立组织机构，明确成员分工，加强人员交流、研究合作、资源共享，在团队建设、师资培养、教学改革等方面协同创新。应充分发挥国家级创新团队立项院校协作共同体的示范引领和辐射带动作用，积极吸纳相同专业领域的省级、校级创新团队参与，形成该专业领域的创新团队协作网络，促进资源优化配置，推动专业教学改革。

（三）学科建设与安全生产

2022年，教育部立足教育强国计划，出台了与义务教育、高等教育相关的多项政策，全面优化学科体系，充分发挥具有中国特色的育人优势。此外，将安全生产作为教育后勤工作的重点，年内陆续发布多项政策，从培训、校园建设等多方面保障校园安全与师生健康。

1. 中共中央宣传部、教育部联合印发《面向 2035 高校哲学社会科学高质量发展行动计划》

中共中央宣传部、教育部联合印发《面向 2035 高校哲学社会科学高质量发展行动计划》（以下简称《行动计划》），围绕贯彻落实习近平总书记关于哲学社会科学工作的重要论述，贯彻落实党中央关于加快构建中国特色哲学社会科学的重大决策部署，充分发挥高校作为我国哲学社会科学"五路大军"中的重要力量作用，不断推进知识创新、理论创新、方法创新，构建中国自主的知识体系，更好回答中国之问、世界之问、人民之问、时代之问，更好彰显中国之路、中国之治、中国之理，对高校哲学社会科学事业高质量发展作出中长期规划。

《行动计划》明确，高校哲学社会科学工作必须坚持党的全面领导，为加快构建中国特色哲学社会科学提供根本保证；坚持立德树人，培养德智体美劳全面发展的社会主义建设者和接班人；坚持系统观念，加强前瞻性思考、全局性谋划、战略性布局、整体性推进；坚持服务需求，提升科研活动的时代性、理论性、实践性；坚持交流互鉴，加强中国话语和中国叙事体系建设。

《行动计划》强调，要以育人育才为中心，坚持马克思主义指导地位，旗帜鲜明地讲清楚习近平新时代中国特色社会主义思想是当代中国马克思主义、21 世纪马克思主义，是中华文化和中国精神的时代精华，实现了马克思主义中国化新的飞跃；旗帜鲜明地用习近平新时代中国特色社会主义思想铸魂育人，加强马克思主义学科建设，推进思政课改革创新和课程思政建设，创新哲学社会科学人才培养模式，强化教材体系建设，推动中国特色案例建设，引领新时代社会文化风尚，更好发挥新时代高校哲学社会科学育人功能。

2. 《教育部关于印发义务教育课程方案和课程标准（2022 年版）的通知》

为贯彻落实党的十八大、十九大精神，落实全国教育大会部署，全面落实立德树人根本任务，进一步深化课程改革，教育部新修订并印发了义务教育课程方案和语文等 16 个课程标准印发，于 2022 年秋季学期开始执行。

文件指出，各地要统筹谋划、系统推进义务教育课程方案和课程标准（2022 年版）落地实施。有计划、有步骤地组织开展培训，多种形式强化课程改革理念和改革总体要求的研修交流，实现校长、教师及教科研人员、教育行政人员全覆盖。加强课程实施管理与指导，制定省级义务教育课程实施办法并报教育部，明确学校课程实施的工作要求。要大力推进教学改革，转变育人方式，切实提高育人质量。加大条件保障力度，保证课程有效实施。

3.《教育部办公厅关于开展2022年教育系统"安全生产月"活动的通知》

为深入贯彻落实习近平总书记关于安全生产重要论述，推动教育系统安全专项整治三年行动巩固提升，根据《国务院安委会办公室　应急管理部关于开展2022年全国"安全生产月"活动的通知》（安委办〔2022〕7号）《教育系统安全专项整治三年行动实施方案》要求，决定在教育系统开展2022年"安全生产月"活动。

文件要求，各地各校要持续深入学习贯彻习近平总书记关于安全生产重要论述，集中学习《生命重于泰山》电视专题片，通过专题研讨、集中宣讲、培训辅导等多种形式，切实把学习成果转化为推动安全发展的工作实效。认真组织学习宣传安全生产十五条措施，深刻领会安全生产十五条措施的重要意义、突出特点、部署安排、具体要求等，各地教育行政部门"一把手"带头讲安全，校长专题讲安全，一线工作者互动讲安全，开展安全生产"公开课""大家谈""班组会"等学习活动，推动贯彻落实安全生产十五条措施，全力抓好校园安全防范工作，坚决稳控安全形势，为党的二十大胜利召开创造良好安全环境。

文件强调，2022年6月至12月，各地要结合工作实际和区域特点，采取多种形式组织开展"安全生产万里行"专题行、区域行、网上行等活动，宣传推广各地好的经验做法，畅通监督渠道，开展警示教育，组织观看安全生产警示教育片、专题展。深化教育系统安全专项整治三年行动，围绕校园安全重点领域，报道各地各校排查治理进展成效。结合安全生产大检查、安全生产考核巡查、明察暗访，鼓励社会公众举报安全生产重大隐患和违法行为，发挥媒体监督作用，集中曝光突出问题。2022年6月16日前后，各地各校要结合地区和学校实际，创新开展师生喜闻乐见、形式多样、线上线下相结合的安全宣传活动。积极组织师生职工参与"主播讲安全""专家远程会诊""美好生活从安全开始话题征集""新安法知多少""救援技能趣味测试"等活动。

（四）建设绿色低碳校园

建设绿色节能校园是近两年我国教育后勤事业发展的重点之一，教育部从人才培养、理念建设、宏观发展等方面出台相应政策，引导学校在实现高质量发展的基础上，关注践行绿色低碳学习方式，助力实现碳达峰碳中和。

1.《教育部关于印发〈加强碳达峰碳中和高等教育人才培养体系建设工作方案〉的通知》

为贯彻《中共中央　国务院关于完整准确全面贯彻新发展理念做好碳达峰碳中

和工作的意见》和《国务院关于印发2030年前碳达峰行动方案的通知》（国发〔2021〕23号）精神，推进高等教育高质量体系建设，提高碳达峰碳中和相关专业人才培养质量，教育部于4月印发了该通知。

该通知强调，以习近平新时代中国特色社会主义思想为指导，深入贯彻新时代人才强国战略部署，面向碳达峰碳中和目标，把习近平生态文明思想贯穿高等教育人才培养体系全过程和各方面，加强绿色低碳教育，推动专业转型升级，加快急需紧缺人才培养，深化产教融合协同育人，提升人才培养和科技攻关能力，加强师资队伍建设，推进国际交流与合作，为实现碳达峰碳中和目标提供坚强的人才保障和智力支持。

该通知提出了包括加强绿色低碳教育、打造高水平科技攻关平台、加快紧缺人才培养、促进传统专业转型升级、深化产教融合协同育人等在内的九项重点任务。支持有关高校、开放大学加强与部门、企业、社会机构合作，共同开发非学历继续教育培训项目，多渠道扩大终身教育资源，满足经济社会发展和学习者对碳达峰碳中和领域知识能力的终身学习需求。推动高校参与或组建碳达峰碳中和相关国家实验室、全国重点实验室和国家技术创新中心，引导高等学校建设一批高水平国家科研平台，加强气候变化成因及影响、生态系统碳汇等基础理论和方法研究。推动高校组建碳中和领域关键核心技术集成攻关大平台。组建一批重点攻关团队，围绕化石能源绿色开发、低碳利用、减污降碳等碳减排关键技术，新型太阳能、风能、地热能、海洋能、生物质能、核能及储能技术等碳零排关键技术，二氧化碳捕集、利用、封存等碳负排关键技术攻关。鼓励高校实施碳中和交叉学科人才培养专项计划，大力支持跨学院、跨学科组建科研和人才培养团队，以大团队、大平台、大项目支撑高质量本科生和研究生多层次培养。

2.《教育部关于印发〈绿色低碳发展国民教育体系建设实施方案〉的通知》

为深入贯彻落实习近平总书记关于碳达峰碳中和工作的重要讲话和重要指示批示精神，认真落实党中央、国务院决策部署，落实《中共中央 国务院关于完整准确全面贯彻新发展理念做好碳达峰碳中和工作的意见》和《国务院关于印发2030年前碳达峰行动方案的通知》要求，把绿色低碳发展纳入国民教育体系，教育部印发《绿色低碳发展国民教育体系建设实施方案》。

该方案提出，要以习近平新时代中国特色社会主义思想为指导，全面贯彻党的二十大精神，深入贯彻习近平生态文明思想，立足新发展阶段，完整、准确、全面贯彻新发展理念，构建新发展格局，聚焦绿色低碳发展融入国民教育体系各个层次的切入点和关键环节，采取有针对性的举措，构建特色鲜明、上下衔接、内容丰富的绿色低碳发展国民教育体系，引导青少年牢固树立绿色低碳发展理念，为实现碳达峰碳中和目标奠定坚实思想和行动基础。

该方案强调，到2025年，绿色低碳生活理念与绿色低碳发展规范在大中小学普及传播，绿色低碳理念进入大中小学教育体系；有关高校初步构建起碳达峰碳中和相关学科专业体系，科技创新能力和创新人才培养水平明显提升。到2030年，实现学生绿色低碳生活方式及行为习惯的系统养成与发展，形成较为完善的多层次绿色低碳理念育人体系并贯通青少年成长全过程，形成一批具有国际影响力和权威性的碳达峰碳中和一流学科专业和研究机构（见表1）。

该方案提出，要完善校园能源管理工作体系，鼓励各地各校开展校园能耗调研，建立校园能耗监测体系，对校园能耗数据进行实时跟踪和精准分析，针对校园能源消耗和师生学习工作需求，建立涵盖节约用电、用水、用气，以及倡导绿色出行等全方位的校园能源管理工作体系。加快推进移动互联网、云计算、物联网、大数据等现代信息技术在校园教学、科研、基建、后勤、社会服务等方面的应用，实现高校后勤领域能源管理的智能化与动态化，助推学校绿色发展提质增效、转型升级。

表1　绿色低碳发展国民教育体系建设实施方案主要内容

序号	主要内容	具体要求
1	将绿色低碳发展融入教育教学	把绿色低碳要求融入国民教育各学段课程教材。将习近平生态文明思想、习近平总书记关于碳达峰碳中和重要论述精神充分融入国民教育中，开展形式多样的资源环境国情教育和碳达峰碳中和知识普及工作。针对不同年龄阶段青少年心理特点和接受能力，系统规划、科学设计教学内容，改进教育方式，鼓励开发地方和校本课程教材 加强教师绿色低碳发展教育培训。各级教育行政部门和师范院校、教师继续教育学院要结合实际在师范生课程体系、校长培训和教师培训课程体系中加入碳达峰碳中和最新知识、绿色低碳发展最新要求、教育领域职责与使命等内容，推动教师队伍率先树立绿色低碳理念，提升传播绿色低碳知识能力 把党中央关于碳达峰碳中和的决策部署纳入高等学校思政工作体系。发挥课堂主渠道作用，将绿色低碳发展有关内容有机融入高校思想政治理论课 加强绿色低碳相关专业学科建设。根据国家碳达峰碳中和工作需要，鼓励有条件、有基础的高等学校、职业院校加强相关领域的学科、专业建设，创新人才培养模式，支持具备条件和实力的高等学校加快低碳相关学科专业建设 将践行绿色低碳作为教育活动重要内容。创新绿色低碳教育形式，充分利用智慧教育平台开发优质教育资源，普及有关知识、开展线上活动。以全国节能宣传周等主题宣传节点为契机，组织各类生活实践活动，组织大学生通过实地参观、社会调研等形式，走进厂矿企业、乡村社区了解碳达峰碳中和工作进展

续表

序号	主要内容	具体要求
2	以绿色低碳发展引领提升教育服务贡献力	支持高等学校开展碳达峰碳中和科研攻关。加强碳达峰碳中和相关领域的相关国家级创新平台的培育，组建一批攻关团队，加快绿色低碳相关领域基础理论研究和关键共性技术新突破。优化高校相关领域创新平台布局，推进前沿科学中心、关键核心技术集成攻关大平台建设，构建全链条攻关体系。支持高校联合科技企业建立技术研发中心等科研机构，构建碳达峰碳中和相关技术发展产学研全链条创新网络，围绕绿色低碳领域共性需求和难点问题，开展绿色低碳技术联合攻关，并促进科技成果转移转化，服务经济社会高质量发展 支持高等学校开展碳达峰碳中和领域政策研究和社会服务。引导高校发挥人才优势，组织专业力量，围绕碳达峰碳中和开展前沿理论和政策研究，为碳达峰碳中和工作提供政策咨询服务。协助有关行政管理部门做好重要政策、评估相关工作，积极参与碳达峰碳中和有关各类规划和标准研制、项目评审论证等，支持和保障重点工作、重点项目推进实施
3	将绿色低碳发展融入校园建设	完善校园能源管理工作体系。鼓励各地各校开展校园能耗调研，建立校园能耗监测体系，对校园能耗数据进行实时跟踪和精准分析，针对校园能源消耗和师生学习工作需求，建立涵盖节约各类资源，以及倡导绿色出行等全方位的校园能源管理工作体系。加快推进移动云计算等现代信息技术在校园各类工作方面的应用，实现高校后勤领域能源管理的智能化与动态化，助推学校绿色发展提质增效、转型升级 在新校区建设和既有校区改造中优先采用节能减排新技术产品和服务。在校园建设与管理领域广泛运用先进的节能新能源技术产品和服务。有序逐步降低传统化石能源应用比例，提高绿色清洁能源的应用比例，从源头上减少碳排放。加快推进低碳建筑规模化发展，提升学校新建建筑节能水平
4	保障措施	加强组织领导。各级教育行政部门要高度重视绿色低碳发展国民教育体系建设，以服务碳达峰碳中和重大战略决策为目标，统筹各类资源、加大探索力度，结合本地实际和绿色学校创建工作，制定工作方案。充分发挥教育系统人才智力优势，加快绿色低碳发展国民教育体系建设工作 推动协同保障。加大绿色低碳发展国民教育体系建设工作领导，加大各部门协作力度，形成协同推进绿色低碳发展国民教育体系建设工作机制。对绿色低碳发展国民教育体系建设工作重要项目予以资金和政策保障，稳步推进绿色低碳进校园工作 强化宣传引导。各地要多措并举、积极倡导绿色低碳发展理念，及时宣传绿色低碳发展国民教育体系建设工作进展，总结推广各级各类学校的经验做法，加强先进典型的正面宣传，发挥榜样示范作用，达到良好宣传实效，引导教育系统师生形成简约适度生活方式，营造绿色低碳良好社会氛围

五、行业观察与思考

（一）新时代的高校教育后勤高质量发展道路

党的十九届五中全会通过的关于"十四五"规划和2035年远景目标的建议，明确了"建设高质量教育体系"的政策导向和重点要求。高质量后勤保障体系是高质量教育体系的重要组成部分，深刻认识"十四五"高校后勤改革发展面临的新形势、新变化、新机遇和新挑战，系统梳理影响高校后勤高质量发展的深层次矛盾和现实困难与问题，整体把握高校后勤改革发展大局，明确与"十四五"总体要求相契合的高校后勤改革发展总目标、路线图，对谋划建设与高质量教育体系相匹配的高质量后勤保障体系至关重要。

在管理理念更新方面，现代高校后勤从传统后勤理念的窠臼跳脱出来，与先进的国际管理经验接轨，成为综合利用管理科学、建筑科学、经济学、行为科学和工程技术等多种学科理论，将人、空间与流程相结合，对高校师生的教学、科研和生活环境进行有效的规划和控制，保持高品质的活动空间，实现学校的战略目标和业务计划要求的一项活动。这一全新理念的导入，使我国高校后勤能从更高维度、更广视野去规划和实施各项工作，瞄准高质量、实现高水平。

国家"双碳"目标的提出，给了能源使用和消耗量巨大的高校后勤部门机遇和挑战。如何既能满足高校师生对美好校园生活的向往需求，又能实现校园的绿色低碳运行，这就需要校方从建设绿色建筑、推动建筑全生命周期管理、实行校园能耗管理等方面着手，打造绿色后勤，让绿色校园的理念在广大师生心中扎根，让绿色后勤建设为学校、社会带来良好的经济效益和社会效益。要改变"重建轻管"的基建后勤运行方式，让创新、协调、绿色、开放、共享的新发展理念在高校校园蔚然成风。

以数字化为特征的智慧校园建设已成为一些高校后勤内涵式发展的重要变革方向，物联网技术的充分应用，让师生的吃住行、教学、科研、行政等各项需要后勤保障的工作都有了更为科学、便捷、高效的管理和服务手段，师生对后勤的获得感将更加丰盈。在智慧后勤构建的板块里，信息公告、报修服务、教室（实验室）管理、班车信息、能源监管、设备运行状况、重点岗位监控等都有详尽的功能体现，极大地提升了后勤系统的办事效率和服务水平。

新时代背景下，高校实施后勤精细化管理模式，需要重视后勤管理工作理念的转变，树立后勤精细化管理理念，以工作理念推进工作行为、工作方式的转变，推进精细化管理模式在后勤管理中的有效运用，提升高校后勤管理工作效率。重视开展后勤精细化管理培训工作，将后勤管理精细化内容渗透到其中，立足于专业发展需要，制定精细化管理工作的培训方案，鼓励管理人员融入其中，以此提升管理人员工作效率。其次，身为后勤管理人员应具有学习意识，通过自我学习，不断地提升自身工作、业务能力，推进后勤精细化管理模式的实施。

(二) 推进绿色生态校园建设——四川省教育系统的探索与实践

近年来,绿色低碳校园的建设成为高校教育后勤工作中至关重要的一环,"碳达峰碳中和"有关政策的发布与落实,也彰显着国家层面在开展有关工作方面的决心和布局。在这一背景下,四川省教育系统从全局统筹、日常管理、科学引导等方面,大力提升师生的生态文明意识,培养节能节约习惯,交出了一份值得学习借鉴的答卷。

1. 着力推进能源资源节约

在统筹部署方面,制定《关于做好教育系统公共机构"十三五"节约能源资源工作的通知》,逐年对推动教育系统能源资源节约工作提出不同阶段的重点及要求。联合财政厅、省机关事务管理局等部门印发《关于加快推进省直部门能耗监管体系建设的通知》,推动省直部门(单位)实行能耗定额管理,提升能源资源管理信息化水平。印发《四川省教育系统公共机构重点用能单位节能管理工作实施方案》《关于进一步推进教育系统公共机构重点用能单位节能管理和能源管理体系建设的通知》,将成都理工大学等48所高校列入公共机构重点用能单位实行动态管理。[①]

在日常管理方面,各地各校将节约能源资源工作纳入中长期发展规划,大力推进既有建筑节能改造,对办公楼、教学楼、学生食堂、公寓、浴室等场所的用电、用水、燃气、电梯及污水处理等进行技术设备升级,推广应用高效节能灶具、节能节水餐饮设施设备。启动全省高校及厅属事业单位节能改造和监管平台建设,同时对重点部位的用能情况实行重点监测,实现了单位能耗和运行成本的较大幅度降低。四川农业大学等4所纳入"万家"重点用能单位考核的高校完成各年度用能双控计划,西南石油大学等6所高校实施以"三改一建"为主要内容的合同节水管理。将"厉行节约、制止餐饮浪费"纳入对各地各校"双随机、一公开"重点抽查范围。

在宣传教育方面,围绕各年度节能宣传周和低碳日主题,践行教育系统公共机构节能先行倡议,全省各级各类学校广泛开展主题活动。常态化推进"三节""三进"(节粮、节水、节电,进教材、进课堂、进头脑)活动,把节能教育与课堂教学、课外实践、培训实习相结合,提升师生节约能源资源意识。围绕粮食安全宣传周主题开展系列主题活动,积极参与"拒绝舌尖上的浪费 光盘打卡行动",举办

---

① 部分内容引用自"四川省教育系统'四强化四持续'推进绿色生态校园建设"。

"拒绝舌尖上的浪费"绘画视频作品征集活动。组织全省教育系统270万人在线收看公共机构反食品浪费政策宣贯"云课堂"活动，利用"四川教育网""四川电视台科教频道""四川院校后勤网"等平台，大力宣传先进典型事迹，推广节能节约先进经验，普及生态文明知识。

目前，电子科技大学等70所学校被评为国家级节约型公共机构示范单位；西南医科大学等63所学校被评为省级节约型公共机构示范单位；四川大学等6所学校被评为能效领跑者；2017—2020年度成功创建国家级、省级节约型公共机构示范单位和能效领跑者的学校共计113所；四川师范大学等11所高校被评为节能监管平台建设示范高校；成都西安路小学等42所中小学、幼儿园创建为"四川省环境友好型学校"，乐山师范学院等9所高校成功创建节水型高校。截至2021年底，全省30%以上的大中小学达到"四川省绿色学校"创建要求。

2. 推进校园生态环境保护

推进大规模绿化全川校园行动。认真贯彻落实省委"推进绿色发展，建设美丽四川"重大决策部署，持续推进大规模绿化全川校园行动，开展全民义务植树40周年系列活动。各级各类学校建立植树尽责和校园绿化工作长效机制，利用植树节、世界森林日、世界地球日等时间节点，举行形式多样的植树、护树等绿化活动，扎实推动校园绿化建设，积极扩大校园绿化面积。目前全省学校绿化率达98%，师生参加义务植树尽责率达90%以上。

推进校园生活垃圾分类。制定教育系统生活垃圾分类实施方案和年度工作计划，召开教育系统垃圾分类工作推进会。组建全省教育系统生活垃圾分类志愿者队伍，积极开展"五个一"活动，全面完成教育厅机关、直属事业单位及省属高校生活垃圾强制分类验收。全省教育系统生活垃圾分类知识普及率达100%，师生生活垃圾分类意识显著增强。

推进学校"厕所革命"。全省教育系统会同相关部门召开"厕所革命"工作座谈会，积极统筹推进全省学校"厕所革命"工作。近三年来，实施学校厕所"旱改水"工程，共投入资金1.5亿余元，建设厕所面积7.9万平方米，已改造并投入使用1 081个。各地各校制定《文明如厕公约》，成立"厕所文明督查小分队"，充分利用健康教育课、主题班会、校园广播等开展宣传教育和"厕所文明我参与""小手拉大手"等主题活动，"厕所革命"知晓率不断提高，有力推进学校"厕所革命"制度化、规范化、长效化。

推进河湖长制落地落实。各地各校落实水资源管理"双控"目标和最严格水资源管理制度，积极开展水平衡测试和供水管网改造。组织开展2021年"世界水日""中国水周"节约用水宣传和2021年高等学校节水达人评选，围绕节水主题开展节水快闪MV拍摄、公益讲座等活动。推荐四川农业大学、成都理工大学等高校4名专家作为省级河湖长制暗访督查专家库候选人。充分利用校园广播、宣传标语、手抄报等宣传节约用水知识，师生员工节水意识不断提升，节水习惯普遍养成，节水示范引领作用更加明显。

（三）"云餐厅"开创餐饮新模式——上海师范大学的智慧食堂建设实践

目前，我国高校智慧餐饮已经逐步从无人售餐、刷脸吃饭的1.0时代，进入实现具体场景餐饮全链条大数据整合的2.0时代。在这一过程中，部分学校浅尝辄止，未能真正贯彻智慧餐饮的核心目标，使用大数据、云计算等技术更好地服务师生；然后一些学校却能够立足学校特色和师生需求，将智慧餐饮做成学校后勤的"金字招牌"。上海师范大学的"云餐厅"即我国高校智慧食堂的实践样板之一。

上海师范大学的奉贤校区地处远郊，后勤管理人员了解到部分老师因通勤途中的堵车问题经常无法吃早饭，学生群体又因食堂就餐高峰排队时间长而不愿在食堂就餐。另外，招生改革后学校生源更加多样，食堂口味不能完全满足需求，外卖平台的竞争火爆，也让师生们更多选择了外卖。然而外卖食品卫生问题、外卖送餐车带来的安全隐患也令校方的管理难度大大增加。在这一背景下，校方主动破解了师生多样化需求和餐饮供给不平衡不充分之间的矛盾，以"互联网+餐饮"作为抓手，打造"云餐厅"，探索出新时代高校后勤服务育人的新模式。

1. 创新管理思维，优化服务体验

在建设"云餐厅"的过程中，学校创新了管理和服务模式，运用互联网思维和信息化技术手段，通过与社会资源合作，构建"云餐厅"的信息平台、建造"云餐厅"实体店、安装取餐柜，并落实学生自我服务的送餐志愿者和体验店服务员，从线上到线下都能看到大学生的身影，此举也被视为有助于锻炼学生自我管理、自我服务、自我教育的能力。同时，加强"云餐厅"各个环节的食品质量监管，也赋予了后勤餐饮服务新内涵。

据青年报报道，与"云餐厅"配套的智能取餐柜，除了消杀保洁制度外，还建立了严格废餐制度，实行超过90分钟就报废的严格机制，过时就不能开柜，餐食报废。同时，严格实行安全温度控制制度，冷餐餐柜的温度要达到4℃以下0℃以上，加热餐柜温度达到65℃~70℃；严格餐盒食品材料制度，采用5号PP塑料材质。送货员会根据师生们所下订单餐食的温度做好"分门别类"的摆柜。①

2. 严格把控食品安全性和多样化

为减少人员聚集和接触，上海师范大学食堂仅供应套餐，鼓励师生选择打包配送到宿舍楼。同时，校方兼顾师生需求，尽量做到饭菜轻重口味兼具、每餐少重样。师生只需提前一天通过手机等终端登录微信搜索"上海师大智慧校园——云餐厅"，即可在线选择就餐方式、菜品套餐、配送时段，并支付下单，从而实现人员分流。同时，为确保餐食安全，上海师范大学"云餐厅"严格实行饭菜质量管控、安全温度控制、消杀保洁、超时废餐和垃圾分类回收等制度。

上海师范大学"云餐厅"致力于扩大校内外优质餐饮产品供给，并以"开门办餐饮"的理念，邀请校内外优质品牌商户入驻，在"云餐厅"平台上线各种美食，甚至包括"网红"美食。此外，"云餐厅"还健全了淘汰制，根据"末位淘汰菜单"规定，一定时间内少人问津的餐品将从"云餐厅"下架，通过大数据分析，为师生提供健康就餐建议。

3. 就餐新场景打造育人新空间

上海师范大学"云餐厅"实体店从上午到晚上全时段开放，既是就餐的区域，也成了同学读书交友、休闲的场所。当前，"云餐厅"实体店以其时尚舒适的环境变成了师生互动的第二教室，为教师给学生答疑、讨论教学内容提供了新选择，成为教书育人的新空间；同时，变成了学生大学活动的中心，为学生组织文化活动、学习交流、看书阅览、体验生活等等提供特有的新空间，开办至今已举办过十余场文化讲座等活动。

上海师范大学副校长张峥嵘认为，奉贤校区的云餐厅为学生提供就餐、学习、交流、实践、共享等五位一体的育人空间，线下实体店将传统"仅是师生的就餐空间"的食堂升级为"集就餐、休闲、师生交流、看书、活动的多功能文化空间"。"云餐厅"为未来的高校食堂提供了新的注解，即多元集成、优质优品的第二育人空间，丰富了学生的品质生活体验。

（四）高校后勤社会化改革道路及案例探析

20世纪90年代末，中央开始大力推动高校后勤社会化改革，从此，我国高校现代后勤保障体系逐步建立起来。从高校后勤社会化改革的二十多年历程来看，以

---

① 部分内容引用自《中国青年报》"高校推出'云餐厅'，创新复学用餐新模式"。

"政府履行职责、市场提供服务、学校自主选择、行业规范自律、部门依法监管"为主要特征,以"公益性投入和市场化运营"为核心要点的现代后勤保障体系的建立,极大地推动了我国现代大学制度的建设,实现了政府职能的转变,理顺了政府和学校的关系。

首先,后勤社会化改革举措初步建立了新型大学体系,把后勤服务的功能从学校管理序列中剥离,促使高校建立起更加精干高效的监管体系,便于集中科研和管理资源从事教学科研活动,利于高校实现内涵式、跨越式发展。以苏州大学为例,苏大自2002年成立后勤集团,试水后勤管理与服务的甲乙方分离,到2004年苏大教服集团成立,实现了较为彻底的后勤社会化改革。目前,以苏大教服集团为主要服务主体的校园后勤服务供应商优质高效地承担起了现代后勤保障工作,苏州大学集中精力建设高水平大学,学科建设、人才培养、科研创新等各项工作均走在地方高校的前列。

其次,后勤社会化改革举措能够降低办学成本。在实行后勤社会化之前,属于学校正式编制的高校后勤服务人员的工资开支占比较高,学校合同制员工的收入相较社会企业也高出一些,加之其他隐性福利,学校后勤人员的薪资待遇相对优厚。而在后勤实行社会化改革后,学校管理部门可以有计划地将相关服务和工作交由外包公司、社会组织承担,由此这一部分的预算经费不仅可控而且显著降低,尤其是隐性成本、潜在风险基本消失,因而能够将学校的主要经费支出在科研、管理等方面。以厦门大学为例,根据业务特点和发展需求,精简机构、定岗定编,完善内部岗位晋升制度和激励机制,重视对干部的培养和储备,建设管理、技术、服务三类人才梯队,提高可持续发展能力。合理配置人才资源,实行"人尽其才、才尽其用、人事相宜"用人机制,加强管理、技术骨干的多岗位锻炼培养,激发队伍活力和创新力。拓宽教育培训渠道,加大支持力度,通过"职工夜校"、继续教育学历提升、校企合作培训等方式,提高职工的职业资格证书持有率。成立师徒传承示范点,打造"大师工作室",开展"师带徒·技传承""一日一师一菜"等活动,不断提升职工综合素养。

最后,后勤的社会化改革构建了后勤新机制。传统高校后勤采用行政化的运行考核机制,难以真正激发员工的生产积极性。在高校去行政化的呼声中,后勤首当其冲地迎来了改革和新生。以山东科技大学为例,学校以加快完善后勤管理体制机制和稳妥有序开放后勤服务市场为着力点,深化后勤管理改革,提高保障能力,满足多元化需求,强化风险防控,确保安全发展,为建设工科主导、特色鲜明的高水平应用研究型大学提供有力的后勤服务保障。坚持后勤行政管理与经营服务分开的原则，坚持后勤服务的公益性原则，坚持后勤社会化改革方向，坚持后勤管理改革的系统性、整体性、协调性原则。通过改革管理体制、转变运行机制、完善服务职能、强化监督管理、加强队伍建设，努力推动后勤保障更加有力，资源配置使用更加高效，考核评价更加科学，体制机制更加完善，国有资产保值增值，建立与"双一流"建设相适应的后勤服务保障体系。

02

第二部分
专题报告

专题报告一　　机构风采

中国教育后勤协会伙食管理专业委员会年度工作总结

中国教育后勤协会伙食管理专业委员会（以下简称"伙专会"）坚持以习近平新时代中国特色社会主义思想为指导，积极贯彻党中央决策部署，在协会的正确领导下，秉持"规范运行、搭建平台、提升水平、做好服务"的工作理念，积极推动教育后勤餐饮管理事业健康蓬勃发展。现将2022年工作开展情况总结如下：

一、机构建设

（一）学习、贯彻中国共产党第二十次全国代表大会精神

2022年10月16日，中国共产党第二十次全国代表大会隆重开幕，伙专会秘书处组织全体成员收看大会直播，各委员单位也以多种形式组织收看。

为了学习贯彻中国共产党第二十次全国代表大会精神，伙专会在"中国青春饭"微信公众号开设了"制止餐饮浪费　弘扬勤俭节约精神——深入学习贯彻中国共产党第二十次全国代表大会精神"专栏，引领全国高校餐饮单位学习大会精神，交流心得体会。

大会当日，伙专会秘书长宋大我，从"三个务必"、劳动教育、制止餐饮浪费三个方面畅谈了学习党的二十大报告的感想和体会。10月18日、24日，专栏先后推送了伙专会副主任杨玉亭、山西高校餐专会副主任兼秘书长孔剑平学习党的二十大报告的心得体会。

（二）持续加强组织建设工作

2022年，伙专会继续加强组织建设工作。秘书处使用"钉钉"软件开发伙专会委员信息管理系统，以信息化手段辅助领导审批变更人员信息，进一步规范了委员信息管理工作。

根据《中国教育后勤协会伙食管理专业委员会委员增补推荐表》《中国教育后勤协会伙食管理专业委员会人员变动申请表》和《中国教育后勤协会伙食管理专业委员会单位变更申请表》，严格落实委员增补、变更工作流程。同时，严格按照协会工作程序，为有需要的常务委员和委员单位出具任职证明。

二、能力提升

为系统推进高校食堂建设工作，不断满足广大师生对美好校园生活向往的需求，自2021年11月起，伙专会从基础设施、设备条件、服务能力、管理水平、技术力量和食品安全等方面启动编写《高等学校学生食堂星级管理评价规范》（以下简称《规范》）。

为高质量完成《规范》编写工作，2021年11月30日，伙专会秘书处向委员单位征集不同等级食堂标准，征求意见工作得到省级伙专会和有关委员单位的大力支持。目前，专家审查工作已经完成，年内报协会审批。

三、重点工作

（一）积极推进《高等学校餐饮服务单位反食品浪费工作指南》和《高等学校智慧餐饮建设规范》编写工作

2021年11月30日，国家发改委、商务部、国家市场监督管理总局、粮食和物资储备局联合发布了《"十四五"反食品浪费工作方案》（发改办环资〔2021〕949号）。2022年4月19日，国家发改委办公厅印发《粮食节约和反食品浪费近期工作要点的通知》（发改办环资〔2022〕345号），均明确指出要研究探索校园餐饮行业相关标准、技术规范和操作规程，制定出台《高校食堂反食品浪费工作指南》和《高校智慧食堂建设规范》。

受教育部委托，在协会标准化技术委员会的支持与帮助下，伙专会秘书处完成《高等学校餐饮服务单位反食品浪费工作指南》和《高等学校智慧餐饮建设规范》

立项工作。

2022 年 6 月 9 日，完成《高等学校餐饮服务单位反食品浪费工作指南》和《高等学校智慧餐饮建设规范》征求意见稿起草工作并公开征求意见；在有关专家、省级伙专会和部分院校、企业的大力支持下，高质量完成了征求意见工作。

11 月 23 日下午，根据团体标准制定发布的程序要求，伙专会组织召开《高等学校餐饮服务单位反食品浪费工作指南》和《高等学校智慧餐饮建设规范》团体标准审查会。会上审议、通过了两项团体标准的送审稿。

中国教育后勤协会常务副会长兼秘书长、标准化技术委员会主任牛维麟，伙食管理专业委员会副主任兼秘书长宋大我以及其他审查会专家组成员、中国教育后勤协会标准化技术委员会专家委员、伙食管理专业委员会主要负责人，共 10 人参加了视频会议。

（二）充分发挥平台优势，多角度助力各地各校抓好疫情防控工作

2022 年，面对新一轮疫情，伙专会继续发挥平台优势，配合各地各校餐饮部门做好疫情防控管理工作。

一是充分利用"中国青春饭"微信公众号和中国高校伙专会网站，发布疫情防控工作经验和取得的成绩。例如 2022 年 4 月 6 日，"中国青春饭"微信公众号报道了湖南大学后勤保障部在学校出现"封控、管控"的情况下，全力做好校园后勤保障工作情况；2022 年 5 月 3 日，伙专会网站转载了江苏省伙专会召开高校食堂保供稳价工作线上经验交流分享会，介绍了各高校在疫情防控、食堂保供稳价方面的工作举措。

二是伙专会秘书处积极发挥联络协调作用，迅速协助有关学校取得联系，并就疫情防控工作进行深入细致的了解，为进一步抓好疫情防控工作起到推动作用。

三是紧盯突发疫情背景下校园餐饮保供问题，在智慧餐饮视角下，通过"中国青春饭"微信公众号发布智慧化校园餐饮预订解决方案。

四是根据中国教育后勤协会《关于征集高校后勤疫情防控工作典型案例的通知》要求，于 2022 年 7 月 11 日向协会推荐报送高校疫情防控工作案例。

（三）制止餐饮浪费工作取得阶段性成效

2022 年 3 月，伙专会受邀参加北京电视台"第七届诚信北京 3·15 晚会——诚信之星在身边"节目录制工作，介绍了全国高校餐饮系统制止餐饮浪费工作开展情

况和取得的成效。

6月16日,央视网《联播+》特推出长图解,跟随习近平总书记一同厉行节约,抵制餐饮浪费。其中,伙专会配合教育部制定《教育系统"制止餐饮浪费 培养节约习惯"行动方案》,深度参与全国教育系统"美好'食'光"校园系列活动,被央视主流平台宣传报道。

7月4日,《中国粮食经济》杂志"全国粮食安全宣传教育基地"专栏向伙专会约稿,秘书处撰文《多一分智慧 少一分浪费——智慧食堂助力构建校园反食品浪费长效机制》,阐述了智慧食堂发展与建设历程,以大数据为支撑、以标准管理为发力点、以育人为根本点、以支付为闪光点,助力构建校园反餐饮浪费长效机制。

10月17日,根据教育部发展规划司工作要求,结合国家粮食安全日,伙专会报送了《中国教育后勤协会伙食管理专业委员会关于加强粮食安全工作的有关情况》,就伙专会贯彻落实制止餐饮浪费行为重要指示精神,持续推动校园粮食节约和粮食安全教育工作进行了汇报总结。

11月14日晚,BRTV财经频道播放了北京广播电视台对伙专会秘书长宋大我就《智慧餐饮 光盘行动》为题的采访。宋大我从吃出来的光盘——优质供给、称出来的光盘——称重就餐、管出来的光盘——标准化三个方面介绍了中国人民大学和伙专会在贯彻落实党的二十大精神、切实推进制止餐饮浪费工作的系列举措。

四、课题研究

一是根据《中国教育后勤协会关于征集2022年度课题选题建议的通知》,积极组织伙专会成员单位开展选题建议征集工作,上报选题建议22条。

二是围绕"教育系统餐饮保供直供平台"建设,联合互联网企业,以建设数字化管理系统,构建公平、公正、无专家化的运行机制为目标,联合开展平台研究与建设工作。

三是继续推进《高等学校学生食堂星级管理评价规范》团体标准编写工作。

五、项目建设

全国伙专会积极试点新科技,引导和推动全国高校和大型餐饮企业步入智慧食堂3.0时代。

目前，诸多高校计划或者正在开展智慧校园建设，已有多所高校相关项目落地应用。智慧餐饮作为智慧校园建设中的重要一环，已经从无人售餐、刷脸吃饭的 1.0 时代，进入实现具体场景餐饮全链条大数据整合的 2.0 时代，以"育人"为主线的智慧校园大数据平台将和社会平台互联，校外大数据将反哺校园餐饮运营，互联网社会的各种有效资源与校园餐饮全过程融会贯通的 3.0 时代已经来临。

2021 年 12 月，充满科技风和未来感装修风格，以"智慧"为内核管理模式的中国人民大学智慧餐厅投入运行。标志着中国人民大学正式朝智慧餐饮 3.0 时代迈去，实现以大数据赋能、构建减少餐饮浪费的长效机制。一方面，智慧食堂会将学校各食堂、餐厅的菜品种类和风味等基础信息录入系统，作为数据分析的基础；另一方面，智慧食堂将师生个人的餐饮消费习惯、消费记录和菜品销售数据导入系统，通过大数据分析得出每个食堂的热门档口、热门菜品等信息，基于实实在在的数据形成决策分析报告，助力食堂实现优质供给的同时，进一步推动减少餐饮浪费。

2022 年 10 月，一菜一价、按克计费、按需取餐、实时计费的智能称重就餐在中国人民大学东区食堂二层落地，在丰富师生就餐选择的同时，大大降低甚至是基本杜绝了就餐浪费。

其他相关资料见图 1、图 2。

图 1　高校餐饮高质量发展论坛

图 2　开办校园名厨培训班

六、活动及宣传

（一）积极筹备全国伙专会二届三次会议

2022 年 2 月 28 日，伙专会秘书处召开专题会议，推进全国伙专会二届三次会议筹备工作；3月1日，向会员单位发布《关于召开全国伙专会二届三次会议准备工作的通知》，要求省级伙专会、委员单位梳理上报人员变更情况，上报2021年工作总结等材料；4月下旬、10月中旬，积极做好会议准备工作（见图3）。

图3 举办第二届委员会第三次全体委员会议

（二）推荐高校参评"全国营养健康食堂"评选

2022年6月26日，伙专会与中国烹饪协会沟通，推荐了一批符合条件的高校食堂参评"全国营养健康食堂"，展现了高校食堂的良好形象。

（三）围绕餐饮安全，实时发布工作提示

2022年1月7日，重庆市武隆区凤山街道办事处食堂发生坍塌，疑似食堂燃气泄漏燃爆，造成重大人员伤亡。伙专会紧急起草并于8日通过"中国青春饭"微信公众号和伙专会官方网站发布《中国教育后勤协会伙食管理专业委员会关于进一步加强校园餐饮安全工作的通知》，指导各地各校开展安全自查工作；6月30日，"中国青春饭"微信公众号转发国家市场监督管理总局印发的《餐饮服务食品安全操作规范宣传册》，为各地各校加强食品安全知识学习提供便利。

（四）打造高质量新媒体展示平台

截至2022年12月6日，"全国伙专会"官网共发布信息237条，官微"中国青春饭"已更新文章162篇，官抖"中国青春饭"共发布视频114条，微博"高校餐饮"已更新信息256条，全方位展示"全国伙专会"日常工作开展情况和会员单位的工作成果（见图4）。

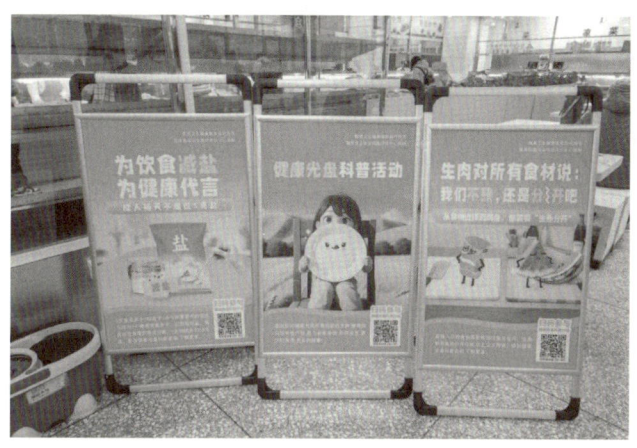

图 4　开展科普活动

（五）保持与中国烹饪协会的联系与交流

2022 年 4 月 6 日，向新当选的中国烹饪协会第七届理事会会长杨柳女士致贺信，希望双方继续加强合作，积极构建制止餐饮浪费长效机制，大力推进智慧餐饮建设，实现中国餐饮业高质量发展；5 月，伙专会秘书处应邀作为中国烹饪协会团体标准《预制菜》的评审专家，参与标准审定。

七、总结

2022 年 4 月 25 日上午，习近平总书记来到中国人民大学考察调研，强调"为谁培养人、培养什么人、怎样培养人"始终是教育的根本问题。要坚持党的领导，坚持马克思主义指导地位，坚持为党和人民事业服务，落实立德树人根本任务，传承红色基因，扎根中国大地办大学，走出一条建设中国特色、世界一流大学的新路。

人才培养是高等学校的中心工作，餐饮工作也应该服从和服务于这个中心。习近平总书记深入中国人民大学考察调研时的重要讲话精神，对于做好新时代背景下高校餐饮服务工作有了新的内涵和新的要求。

2022 年，伙专会积极贯彻落实党的二十大精神和习近平总书记在中国人民大学考察调研时的重要讲话精神，自觉运用党的百年奋斗历史经验，坚持党的领导，坚持马克思主义指导地位，着力在改革创新、推动高质量发展上争当表率，在立足新发展阶段、贯彻新发展理念、构建新发展格局上争作示范。2023 年，伙专会也继续全面贯彻落实党的二十大精神，在新征程扛起新使命谱写新篇章。

中国教育后勤协会学生公寓管理专业委员会年度工作总结

一、2022 年工作总结

过去一年，中国教育后勤协会学生公寓管理专业委员会（以下简称"寓专会"）在中国教育后勤协会的坚强领导下，在各省级寓专会、全体会员单位共同努力下，紧紧围绕中国特色教育后勤事业发展总目标，围绕"立德树人"根本任务，全面贯彻党的教育方针，以服务师生为宗旨，充分发挥行业协会的桥梁和纽带作用，积极制定行业标准、精准开展防疫指导、扎实推进专业培训、全面夯实组织建设、精心组织课题攻关，创新拓展宣传渠道，以实际行动进一步深化协会服务职能，提升行业发展水平，为全国高校学生公寓管理服务事业改革发展提供有力保障和支撑。

（一）标准创建

全国寓专会以学生公寓行业高质量发展为目标，不断强化团体标准研制能力。自 2020 年 8 月《高等学校学生公寓星级管理服务评价规范》编制工作启动以来，全国寓专会组织专业力量成立编写组，经过 2 年的精心编撰和三轮意见征集修改，现已完成终稿。2022 年 6 月，在杭州召开的《高等学校学生公寓星级管理服务评价规范》团体标准审查会上，10 余位行业资深专家对标准内容进行了逐条审核、深入研讨，最终通过评审（见图 1）。

2022 年 10 月 25 日，该标准正式对外发布（见图 2）。下一步，寓专会将积极推动标准的推广与实施，促进各地各校学生公寓标准化建设更加均衡发展，不断适应教育高质量发展的需求，持续提升新时代高校办学水平和育人质量。

图 1　《高等学校学生公寓星级管理服务评价规范》团体标准审查会

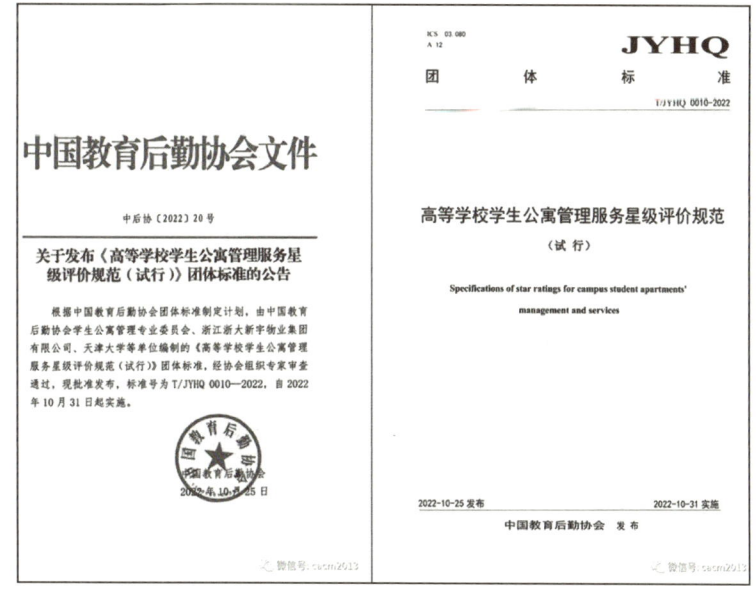

图 2　《高等学校学生公寓管理服务星级评价规范》发布

（二）课题研究

全国寓专会扎实做好公寓领域课题研究的组织和管理工作：持续跟进年度重点课题《高校学生公寓"一站式"学生社区管理服务模式建设》《2021 年高校学生公寓发展现状研究》等研究，把握课题研究的总体进度；2021 年 9 月—2022 年 6 月，根据协会要求，面向全国高校开展 2021 年度和 2022 年度课题选题建议征集工作，共征集选题建议 60 余个，成功立项课题 13 个，聚焦公寓党建教育开展、公寓空调运营模式研究、校园垃圾分类试点、劳动育人模式途径建设等内容，共同助力高校学生公寓行业改革创新；2022年8月-9月，受教育部发展规划司委托，对全国高校住宿资源情况进行了调研，向协会和教育部规划司提交调研报告，详细阐述了高校宿舍资源紧张问题存在的安全稳定风险和应对举措等，供相关教育行政部门决策参考。

（三）安全教育

为进一步筑牢高校公寓安全防线，2022年3月，在教育部发展规划司和协会秘书处的指导下，全国寓专会与安专会联合召开"2022年高校学生公寓消防安全工作交流会"（见图3）。教育部、协会领导、寓专会主任秘书长、各省级寓专会以及来自3 000余所高校的学生公寓同仁在线上汇聚一堂，认真学习党中央、国务院、应急管理部和教育部关于安全生产、应急管理、防灾减灾的决策部署，贯彻落实教育部有关高校学生公寓安全工作的指示精神，深入交流各地方、各高校有关学生公寓安全管理的经验做法，切实加强员工和学生的安全意识。2022年9月，寓专会三位主任秘书长作为公寓领域特派专家协助教育部开展全国教育系统安全抽查工作，有效防范化解各类风险，确保学生公寓长治久安。

图3　2022年高校学生公寓消防安全工作交流会

（四）交流培训

寓专会充分发挥行业服务的职能，完善高校公寓管理人才培养机制，满足公寓人对标准化、专业化、智能化等知识技能需求，组织开展了一系列行业培训活动：联合安全管理专业委员会在辽宁大连举办"高校后勤留学生管理培训班"，进一步加强高校后勤留学生公寓管理工作；成功举办第一期和第二期"高校学生公寓云课堂"

线上培训活动，分别邀请浙江大学、上海师范大学和东南大学、昆明理工大学等高校公寓管理专家围绕"学生公寓管理与服务工作解析""高校学生公寓'三全'育人工作探索与实践"等主题进行授课、经验介绍、案例分享，活动得到全国 1 500 余所高校参加，收看人数超 10 000 人次（见图4）。这些活动的举办为全国公寓人搭建了专业学习、深入研讨、共享提高的交流平台，形成了寓专会的特色培训品牌。

图 4　第二期高校学生公寓管理云课堂

（五）评优评先

2021 年 12 月，按照协会要求开展"2021 年度最美后勤人"推选工作，得到全国各地各校公寓同仁积极响应，共收集申报材料 71 份，通过学校自荐、省寓专会推举、协会秘书处多轮审议，共有 5 项公寓个人、6 项公寓团队成功入围"2021 年度最美后勤人"榜单，树立起一批行业表率和榜样，也展现了公寓人用心服务、勤劳勇敢、奋发有为的精神风貌。2022 年 7 月，寓专会组织开展"高校学生公寓疫情防控工作典型案例征集活动"，通过对先进群体、先进个人和典型事迹的收集、整理和宣传，充分发挥先进典型的示范引领作用，进一步凝聚起众志成城抗疫情、全力以赴促发展的强大精神力量。

（六）组织建设

寓专会坚持各项工作的规范自律与健康发展，不断加强自身组织建设，统筹做好各省级寓专会信息摸排和人事调整变更工作，及时对现任 389 名委员、116 名常委进行了梳理和调整，组建 2022 年寓专会主任秘书长工作群，构建全国各省级寓专会联络通工作机制，充分调动和发挥各地各校积极性，持续增强组织的向心力和凝聚力。2022年11月8日，全国寓专会二届三次主任秘书长会议在浙江杭州召开（见图5）。会议审议寓专会2022年度工作报告及2023年工作计划，通报全国寓专会人事调整等情况。全国寓专会将充分发挥行业组织桥梁纽带作用，加快形成与各省级寓专会相对接、覆盖全国公寓系统的工作沟通协作体系，推动学生公寓管理整体提升和服务水平的共同提高。

图5　中国教育后勤协会学生公寓管理专业委员会二届三次主任秘书长会

（七）宣传引领

全国寓专会发挥行业舆论导向作用，宣传工作质量实现大幅提升。自2022年以来，"高校学生公寓管理"微信公众号共发布各类型新闻报道100余篇，总阅读量超10万次，新增粉丝8 000余个，总关注人数突破1万人，较好地树立了行业社会形象。同时，寓专会积极深度挖掘和广泛宣传讲述行业故事，在微信公众号上开设了最美后勤人巡展等专题，分享各地各校经验做法，传播基层一线声音，持续为行业输送正能量。

二、2023年工作计划

（一）以标准创建为重点，促进公寓管理水平提升

为巩固标准化建设成果，进一步提高管理服务水平，寓专会将通过线上线下相结合的方式，面向全国高校开展《高等学校学生公寓星级管理服务评价规范》宣贯

和培训活动；同时，尝试先行试点，有计划地分区域、分省市开展学生公寓星级评价工作，创建一批星级学生公寓，也将通过"以评促建、以评促管、以评促改"的形式逐步在全国范围内推广实施评价标准，促进学生公寓管理全面发展，为实现高校学生公寓现代化提供有力支撑。

（二）以组织建设为保障，促进行业交流发展

根据工作需要和中国教育后勤协会的任务要求，寓专会届时将举办"全国寓专会二届四次主任秘书长会""全国寓专会（2022）年会暨二届三次常委会会议"等行业活动，并与安专会联合举办学生公寓安全发展论坛，切实加强与各分支机构、高校委员和企业会员间的紧密联系，充分发挥行业协会的桥梁和纽带作用。

（三）以服务育人为根本，探索新型育人路径

全国寓专会将根据自身的职能特点和工作实际，按照全员、全过程、全方位要求，立足公寓阵地，努力推动学生公寓工作者主动、自信地参与到人才培养的过程中去，以培养"德智体美劳"全面发展的社会主义建设者和接班人为目标，开展"学生社区党建引领""新时代劳动育人"等新型公寓育人实践路径探索，引导学生提高思想修养、坚定理想信念、厚植爱国情怀、培养奋斗精神、增长知识见识、增强综合素质，进一步彰显高校学生公寓工作的重要作用。

（四）以行业培训为抓手，推进公寓事业发展

根据工作需要和中国教育后勤协会的任务要求，寓专会顺应行业组织信息化、智能化发展的趋势，继续采用线上授课的方式，举办第三期"全国高校学生公寓管理云课堂"、学生公寓标准化建设培训班、高等学校星级公寓建设培训班等培训活动，扩大培训参与覆盖面，满足各地各校对学生公寓标准化、信息化、智能化知识技能的迫切需求，进一步提高人员队伍素质能力，适应学生公寓高质量发展任务要求。

（五）以宣传工作为先导，强化专业服务支撑

寓专会秘书处将继续加强日常宣传工作建设，依托微信公众平台，聚焦公寓一线，传播公寓人喜闻乐见的好故事、好声音，特别是做好2022年度最美公寓人和疫情防控工作典型案例的成果宣传，引领广大公寓人创新进取，服务育人，推动学生公寓内涵式发展。

中国教育后勤协会物业管理专业委员会年度工作总结

一、机构建设

强化组织机构建设。一方面为更好地服务于各物专会会员单位，2022年8月中国教育后勤协会物业管理专业委员会（以下简称"物专会"）秘书处进行人员调整与重组，并对职责作了明确分工，目前物专会秘书处编制为7人，设立会员部、宣传部、研究部三个职能部门，主要工作分为组织建设、能力建设、宣传工作三大模块，更精准地全方面保障秘书处各项工作。

另一方面，根据各学校工作调整与人事变动等原因，为确保物专会各项工作顺利衔接与运行，在2022年8月前完成物专会主任秘书长初步班子组建工作，并于2022年8月在山东青岛召开"2022年度物专会主任秘书长工作会议"期间审批完成物专会新就任副主任、副秘书长名单，2022年9月完成变更人员上级协会审批工作。

二、能力提升

物专会秘书处认真学习上级协会章程和对分支机构的财务管理制度，严格执行上级协会依法规范办会的精神。按照校园物业工作的内在规律和协会的工作要求，针对校园物业发展面临的新情况、新问题，继续完善内部管理规章和制度体系，强化物专会秘书处的服务功能和专业水平，不断提升物专会自身的治理体系和治理能力现代化，力求将物专会建成一个学习型、服务型、研究型、开放型、资源整合型的现代行业组织。进一步完善物专会与上级协会及省级物专会的工作交流机制，加强各省级物专会之间的交流和先进经验的推广，积极推进空白省份物专会建设，力争把物专会建成一个汇集行业声音、反映行业诉求、规范行业行为的平台型组织。

三、重点工作

为更好弘扬奉献精神，充分展现高校后勤社会化改革以来校园物业服务工作取得的成绩，树立好风气，营造好氛围，发挥先进典型的示范引领作用，推动校园物业服务高质量发展，值此物业行业40周年之际，特别策划组织开展高校物业服务优秀团队与优秀个人事例征集活动。经专家评议通过的优秀事例，优先推举至全国教育后勤系统"2021年度最美后勤人"活动中，并在中国教育后勤协会物专会年会上进行展示。经专家评议推荐的优秀事例，将编辑成《物业行业40周年——高校物业服务优秀团队和优秀个人事例汇编》（暂定名），供会员（委员）单位交流互鉴。还将通过物专会公众号、官网等途径进行宣传展示。

四、课题研究

2022年初开始，全国各地新冠疫情多点暴发，让全国教育后勤系统经历了严峻考验。新冠疫情防控工作开展以来，全国高校后勤系统坚决贯彻党中央决策和教育部的相关部署，齐心协力，共克时艰，取得了阶段性的胜利。物专会充分挖掘其中的典型，发挥示范引领作用，开展"高校后勤疫情防控工作典型案例征集"活动，总结和推广高校后勤疫情防控工作中的先进做法和典型经验，征集的案例将在中国教育后勤协会官网、微信公众号等平台进行专题展示；典型突出案例将入编《中国教育后勤蓝皮书（2022）》。

五、项目建设

为学习部分省份高校物业管理服务人员配置及费用测算标准编制经验，增进会员单位之间的交流，深入推动高校后勤物业管理的标准化、规范化，助力高校后勤高质量发展，2021年12月3日下午，中国教育后勤协会物业管理专业委员会组织召开"推进省级高校物业管理服务人员配置及费用测算标准编制"线上交流会。中国教育后勤协会常务副会长兼秘书长牛维麟出席参加会议并致辞。邀请中国教育后勤协会物专会副主任、北京高校后勤研究会物专会主任刘宏进，中国教育后勤协会物专会副秘书长、中航物业管理有限公司高校事业部总经理刘辉等同仁先后介绍了北京市和广东省"高校物业服务人员配置及费用测算"编制工作有关经验。各省级物专会、物专会副主任、副秘书长、专家组人员随后进行了交流发言，就参考规范、参与主体、地域差异等方面对编制工作诚恳地提出了意见和建议。物专会秘书处将进一步加强调研论证，多方听取意见建议，凝聚起更多专家力量，形成既迎合不同需求又适宜落地推广的计划方案，推动更多省级区域出台"校园物业管理人员配置和经费测算标准"，不断推进校园物业管理发展的体系化、标准化、精细化，实现各地区校园物业高质量均衡发展。校园物业管理行业同仁共计2 000余人收看了会议视频直播。相关资料见图1～图3。

图1　"高校物业管理服务人员配置及费用测算标准编制"线上交流会

图2　物专会秘书长、明德物业管理集团党委书记、董事长刘德明发言

图3　各省级协会、物专会副主任、副秘书长、专家组人员交流发言

六、活动及宣传

持续做好中国校园物业管理官方网站的信息维护。加大"中国校园物业管理"微信公众号传播力度，做好高校后勤系统的宣传，报道行业资讯，掌握行业动态，进一步打造行业交流、资源共享的媒体服务平台。2022年"中国校园物业管理"公众号更新宣传26篇；设立"共颂二十大，匠心向未来"专栏，连载展播会员单位学习二十大风采；新开设"校园物业一周头条"栏目，传递行业资讯（见图4）。

图 4　"中国校园物业管理"官方网站

七、人才培养

加强行业人才培养，为行业发展赋能，是物专会的重要职能。为帮助会员单位和校园物业管理单位、服务企业深刻理解和正确实施校园物业团体标准，有效促进高校后勤物业管理质量的提升，2021年5月20日在浙江嘉兴举办"《高等学校物业服务规范》规范解读与实施高级研修班"，200余名来自全国各地的高校后勤管理人员参加研修班。培训班邀请了该标准起草组的主要专家对标准的内容进行详细解读，邀请行业专家围绕标准的具体适用进行深入讲解，邀请清华大学、重庆大学交流分享了高校物业标准化管理的经验（见图5、图6）。

图 5　举办"《高等学校物业服务规范》规范解读与实施高级研修班"

图 6　"《高等学校物业服务规范》规范解读与实施高级研修班"合影

2021年7月27日在山东青岛举办"第三届江西高校后勤物业管理人才研讨会",邀请校园物业团标起草专家、物业行业组织专家、典型高校后勤负责人和知名企业专家做规范解读、案例分享、咨询答疑和研讨交流,80余名来自江西各地的高校后勤管理人员参加培训。培训班上专家们与学员交流互动,进行咨询答疑,进一步加深了学员对标准的理解,对标准在高校适用起到积极的作用(见图7)。

图 7　"第三届江西高校后勤物业管理人才研讨会"

八、其他

为总结物专会2022年上半年工作,研究部署下半年的工作计划,重点总结、推广高校后勤疫情防控工作中的先进做法和典型经验,加强高校常态化疫情防控工作的交流,同时为筹备召开"中国教育后勤协会物业管理专业委员会2022年年会",物专会于8月5日—7日在山东青岛召开本专业委员会"2022年度主任秘书长工作会议"。同时会上还审批了物专会新就任副主任、副秘书长名单，建立好人员变更台账，对变更人员经上级协会领导审批，建立好微信联络群（见图8）。

图8　中国教育后勤协会物专会2022年度主任秘书长工作会议

九、总结

2022年，我们党胜利召开二十大会议，进入全面建设社会主义现代化国家、开启第二个百年奋斗目标的新征程。中国教育后勤协会物业管理专业委员会在中国教育后勤协会的统一领导下，学习贯彻党的二十大精神，落实习近平总书记关于教育的重要论述，不断强化组织机构建设，完善组织体系建设，明确部门人员分工，形成了一支专业、高效的队伍组织；为克服疫情影响，物专会通过多次组织线下研讨会和线上交流会形式，持续开展协会工作，并成功举办本协会主任秘书长工作会议，加强协会内部交流，不断增强协会凝聚力；通过线上征集活动，充分挖掘后勤物业工作案例，加强后勤物业人员工作事迹宣传，助力后勤事业不断增光添彩。物专会始终紧紧围绕"推进校园物业服务高质量发展"这个中心，不断完善行业组织体系建设，充分发挥职能作用，探索疫情时代高校后勤面临的各项难点、痛点和堵点问题，不断提升校园物业发展的科学化、规范化、精细化水平。

中国教育后勤协会能源管理专业委员会年度工作总结

2022年是党和国家发展事业发展进程中十分重要的一年，是进入全面建设社会主义现代化国家、向第二个百年奋斗目标进军新征程的重要一年。2022年是中国教育后勤协会能源管理专业委员会（以下简称"能专会"）成立的第九年，是能专会发展历史上的重要一年。这一年，能专会在中国教育后勤协会的带领下，克服疫情带来的重重挑战，圆满完成了既定的各项计划、任务，取得了新成果、新突破。这一年，能专会领导班子和全体工作人员围绕机构建设、能力提升、重大活动项目等主线，勠力同心、团结奋斗、坚守岗位、开拓创新，做成了很多之前想做没做成的事，发挥了能专会应有的职责和使命。

一、深入推进机构建设，不断夯实自身基础

2022年1月26日，岁末年关，恰逢小年，中国教育后勤协会能源管理专业委员会主任、秘书长工作扩大会议在云端顺利召开，来自全国各省级能专会（节能工作部）秘书处相关负责人连线参会。有关领导与能专会全体工作人员一道，回顾过去，展望未来，不仅对过去一年的工作进行了总结，还对2022年工作要点进行了重点部署。早部署、早规划、早谋划，已经成为全国能专会机构建设的长效机制，为每一年圆满完成既定任务，打下了坚实的基础。

2022年9月14日，中国教育后勤协会能源管理专业委员会第二届第三次全体委员大会在安徽合肥召开。教育部发展规划司副司长晁桂明、国家节能中心宣传培训处处长陈仲伟、中国教育后勤协会常务副会长兼秘书长牛维麟等领导通过线上或线下的方式参与大会。经过会议审议通过，全国能专会委员单位代表共变更调整68位，新增委员单位代表9位，委员单位代表队伍有了进一步壮大。全国能专会主任田备指出，目前教育能源管理领域已经形成了较为完备的标准体系、人才培养体系，

但还存在着一些不足与瓶颈。要深化认识、客观定位。做好文化转型、系统整合，为优质的硬件设施和队伍建设提供优质的服务保障（见图1、图2）。

图1　协会领导致辞

图2　与会嘉宾合影

在过去的一年中，全国能专会积极联动地方能专会（节能工作部），助力了多个省市区地方能专会（节能工作部）开展会议策划、活动组织及相关工作。未来，在全国疫情防控形势可以预见将稳步好转的情况下，能专会还将与更多地方能专会开展深入合作，组织一系列主题活动。

二、在党的二十大精神指引下，加强能力建设

一直以来，能专会积极践行创新、协调、绿色、开放、共享的新发展理念，以"服务政府、服务高校、服务企业"为宗旨，致力于打造"学习型""创新型""成长型"专委会。党的二十大胜利闭幕后，能专会领导班子带领全体成员，立即开展对党的二十大报告的学习和党的二十大精神的领会。

（一）以党的二十大报告为蓝图，助力实现碳达峰碳中和

党的二十大擘画以中国式现代化全面推进中华民族伟大复兴的宏伟蓝图，中国式现代化是中国共产党和中国人民长期实践探索的成果，是一项伟大而艰巨的事业。唯其艰巨，所以伟大；唯其艰巨，更显荣光。党的二十大对能源工作作出了新部署新安排。习近平总书记在党的二十大报告中强调，要积极稳妥推进碳达峰碳中和。立足我国能源资源禀赋，坚持先立后破，有计划分步骤实施碳达峰行动。深入推进能源革命，加强煤炭清洁高效利用，加快规划建设新型能源体系。

作为能源管理专业委员会，面对党的二十大提出的新要求，我们要继续推进数字化能源监管体系建设，以节能改造、可再生能源利用等建设为抓手，坚持政府为主导、高校为主体、市场为驱动和协会组织推动的工作格局，构建政府、协会、高

校、企业相互交融，系统化、全方位、多角度的校园能源管理服务平台，成长为专业的校园能源管理智库。

（二）开展日常主题学习，做专家型专委会

能专会始终坚持以习近平新时代中国特色社会主义思想为指导，全面贯彻落实生态文明建设的战略部署，秉持绿色发展理念，以学校绿色高质量发展为目标，以管理模式现代化转型为核心，以运营服务智慧化升级为手段，围绕师生需求，有力推进能源保障支撑体系、绿色运营管理体系、智慧服务创新体系建设，全面实现节约型校园到绿色校园的升级发展，为高校后勤工作作出应有的贡献。为了成长为专家型专委会，大家在日常生活中特别注重提升自身的理论学习和专业能力，通过日常自我学习、开展集体交流等活动，共同探讨学习心得，形成了良好的工作氛围和积极进取的工作作风。

三、在各部委指导下圆满完成各项重点工作

2022 年，在疫情防控吃紧，各地交流不便的背景下，能专会克服种种困难，在各部委各部门的指导下，圆满完成各项既定任务。

2022 年 7 月 20 日，为进一步做好北京市教育系统绿色学校创建工作，推动落实《北京市绿色学校创建标准（高校）》，由北京市教委和中国教育后勤协会能专会联合组织召开的北京市绿色学校创建达标验收工作启动会举行。中国教育后勤协会常务副会长、秘书长牛维麟受邀参加本次会议。34 位专家学者受聘成为北京市绿色学校创建达标验收专家组成员。受聘专家既涵盖北京市高校后勤部门的负责人代表，也有公共管理、经济管理、生态文明、思政教育等领域的专家学者。后续他们将对北京市各高校绿色学校创建进行材料评审、现场验收等工作（见图3）。

图 3　现场图片

部委直属高校能耗统计数据会审工作圆满完成。2022 年

8月17日,"部委直属高校能耗统计数据会审"在太原顺利召开,会议由国家机关事务管理局公共机构节能管理司和教育部发展规划司联合组织,由中国教育后勤协会能专会具体承办。

时任国家机关事务管理局公共机构节能管理司副司长刘海波,山西省机关事务管理局局长毛益民,山西省机关事务管理局副局长王敏,教育部发展规划司高校设置处副处长、二级调研员王鹏,中国教育后勤协会副会长兼常务副秘书长黎玖高莅临会议。来自教育部、工业和信息化部、国家民族事务委员会、交通运输部、外交部、公安部、国家体育总局、海关总署、国家卫生健康委员会、应急管理部、中国地震局、中国科学院、中国社会科学院等74所部委直属高校代表出席线下会议,35所部委直属高校代表线上参会。会审工作的圆满完成,对推进高校建设节能校园,提供了标准和方向(见图4)。

图4　会议现场

四、积极开展课题研究　发挥行业智库作用

作为专业的校园能源管理智库,中国教育后勤协会能源管理专业委员会从主任到副主任、秘书长等职位,汇聚了一大批校园能源管理方面的专家学者。能专会积极参与协会在2022年课题立项的相关工作,通过自媒体平台转载发布相关通知,组织全体委员单位参与到课题申报的工作中。

五、持续打造品牌项目　扩大专委会影响力

2022年,能专会以迎接党的二十大的胜利召开为契机,牢牢把握高校能源管理领域的发展趋势,积极推动高校节能管理体制机制创新、前沿科技成果应用,在政

府、高校、企业之间有效对接，发挥了桥梁纽带作用。2022年，能专会的品牌项目持续推进，项目的规模、影响力进一步提升。

（一）第五届"讲好节能故事"微视频、摄影及征文征集活动投稿作品再创新高

第四届"讲好节能故事"征集活动共收到近4 000份投稿作品，其中微视频类作品647份，摄影类作品1 081份，征文类作品2 264份。第五届"讲好节能故事"收到的投稿作品数量再创新高，组委会收到了不少新地区、新学校的投稿，投稿人群的覆盖面进一步扩大，业内专家普遍表示，这一届的投稿作品总体质量有了进一步提高，特别是涌现出了一批制作精良、创意满满、回味无穷的佳作，这些都反映了征集活动已经成为全国节能领域具有相当大影响力的品牌项目。

目前，第五届"讲好节能故事"已经进入终评阶段，全国能专会将组织最专业的评审团队，严格把关，评选出精品力作，后续也会将获奖作品投放在更多平台进行展示，更好地激发全社会的节能低碳意识，让征集活动成为全国节能宣传领域的一张名片。

（二）举办中国教育节能（2022年度）发展论坛

2022年9月14日，全国能专会品牌项目中国教育节能（2022年度）发展论坛在安徽合肥举行。本次论坛以"低碳校园　赋能发展"为主题，论坛的内容更为丰富，参与的专家学者、地方能专会以及会员单位都创新高。

六、媒体宣传进一步发力　专委会影响力不断增强

专委会组织筹备的多项工作先后在《人民画报》社、新华网、中国新闻网、中国青年网、光明网、中国教育电视台、中国教育报、北京卫视、中宏网、国家经济导报等多家媒体进行报道。协会的影响力、品牌效应有了飞跃，覆盖人群更深更广。能专会为顺应新媒体时代，注重自身旗下媒体账号群的建设，全国能专会网站（www.zgjyjn.net）、微信公众号（中国教育节能）、抖音账号（emcc）等官方宣传平台在积极运营下，全面树立起全国能专会新闻传播力、业内影响力、大众公信力，受到广泛好评。

七、深入推进人才培养　加强人才队伍建设

为深入贯彻党中央、国务院关于碳达峰碳中和的重大战略部署，进一步落实

习近平总书记在党的十九大报告及在第十三届全国人民代表大会第一次会议上的讲话中关于开展创建"绿色学校"行动的指示精神，2022年9月16日至18日，由国家节能中心、中国教育后勤协会主办，中国教育后勤协会能源管理专业委员会和安徽省高等院校后勤协会节能专业委员会承办的2022年度"高校能源与碳资产管理"（第一期）高级研修班在安徽合肥成功举办（见图5）。

研修班聚焦于高校节能降碳建设中的"人才"核心要素，围绕政策解读、管理者主题课堂、绿色大学创建、校园碳资产管理，以及实地考察调研和优秀案例分享等主题，邀请了国家节能中心的有关领导、高校和科研院所研究生态环保的专家学者，还有后勤一线的高级管理人员，为学员进行授课。来自复旦大学、上海

图5　培训现场

外国语大学、江苏大学等全国近20所高校的后勤管理人员，以及后勤服务相关企业的主要负责人，近50名学员参加了此次高级研修班。"十四五"期间计划通过该项目，为高校培养万名能源与碳资产管理高级专业人才。

八、总结与展望

回望过去这一年，我们深刻体会到，2022年是锐意进取的一年，是充满挑战的一年，是有为有位的一年，我们的工作有压力、更有动力，有目标方向、更有实际行动，有刻苦创新、更有不断突破。2023年是贯彻党的二十大精神的开局之年，是"十四五"规划承上启下之年，也是改革开放45周年，在新的一年里，我们的任务艰巨，使命光荣，要拿出百倍的信心和干劲，在"后疫情时代"敢闯敢干。

面对党和人民对办好人民满意的教育的殷切期望，能专会期待跟随协会发展的步伐，与其他兄弟委员会单位积极沟通互动，学习贯彻落实好党的二十大精神，共同促进中国教育后勤事业全面高质量发展，满足校园师生对美好校园生活的向往，为中国第二个百年奋斗目标的实现作出积极贡献。

中国教育后勤协会商贸管理专业委员会年度工作总结

2022年是极不寻常的一年，我们党团结带领全国人民迎战疫情和来自国内外的各种挑战，迎来了党的二十大胜利召开，明确了前进的方向。在中国教育后勤协会的领导下，商贸管理专业委员会（以下简称"商专会"）以坚持立德树人为工作宗旨，深入开展党的二十大精神学习，正确认识、充分分析校园商业服务工作面临的形势和任务，认真贯彻新时代教育后勤发展的总任务。以服务师生为核心，对标教育现代化，围绕全年工作目标，守牢安全底线，积极谋划创新，努力做好疫情防控常态化条件下的校园商业服务与管理工作。

一、组织建设

（一）党建引领，守正创新，以巩固拓展党史学习教育成果迎接党的二十大胜利召开

知史明理，学深悟透，深入扎实推进党史学习教育。商专会始终将党史学习教育作为一项重要的政治任务抓牢抓实，要求各会员单位坚持善作善成"办实事"，切实为不断满足广大师生日益增长的对美好生活的需求而努力，切实把党史学习教育成果转化为奋进新征程、建功新时代的强大动力，以实际行动迎接党的二十大胜利召开。各地商专会、高校商业服务机构积极响应、精心组织、认真学习，制定详细的学习方案，以学习促落实，内化于心、外化于行，梳理问题、找准方向，不断巩固和完善校园商业服务育人工作的相关制度和举措。湖北各高校通过"观看视频、专题报告、集中学习、专项答题"等多种形式学习党的二十大精神。湖北武汉大学珞珈自强超市开展了"我身边的共产党员"主题演讲比赛。华中科技大学开展了主题为"追寻红色足迹·践行初心使命"的党日活动，进一步坚定党员同志爱党爱国

信仰。江苏高校广泛培育、宣传各类先进基层典型,滚动播放宣传"喜迎二十大"动图,制作《党的光辉历程》展板。江苏教育超市开展"传承红色基因•坚持铸魂育人"为主题的商品陈列艺术展活动。陕西各高校组织党员收看党的二十大直播盛况,并以此为契机多形式开展主题党日活动。西北工业大学后勤商贸党支部赴蓝田葛牌镇开展"喜迎二十大、永远跟党走、奋进新征程"主题党日活动,2022年9月赴西影厂开展"光影鉴定历史•初心坚定使命"主题党日活动,10月召开"严守纪律规矩、加强作风建设"专题组织生活会;西北民族大学定期组织员工学习党的十九大、二十大精神、习近平总书记关于民族宗教工作的重要论述。山东省商专会在全省范围内广泛开展校园商业系统"同唱一首歌"活动。浙江省商专会先后赴红色银坑村、浙江科技学院安吉校区参观学习。中南大学后勤保障部以主题党日形式组织开展"学雷锋"维护交通安全行动,开展"牢记安全底线"教育活动,前往中共古塘湾支部党史陈列馆开展现场教学活动,组织党员观看爱国电影《狙击手》,并定期开展个别谈话、集体谈话,增强红线意识,警钟长鸣。上海教育超市党支部以召开专题组织生活会、支部书记讲党课形式专题学习上海市第十二次党代会精神,落实好"三会一课"制度,召开专题组织生活会暨民主评议党员大会,加强党员学习教育和"三基"建设。各高校商业服务单位还开展了"我为师生办实事"活动,形式多样、内涵丰富,让广大工作人员听得懂、能领会、可落实、见行动。相关资料见图1、图2。

图1　江苏教育超市在超市内设置学习园地　　图2　浙江省商专会赴陈望道故居参观学习

(二) 多举措加强协会之间沟通交流,强化制度规范,提升工作质量

2022年5月,商专会召开二届四次常务委员视频工作会议,学习传达5月5日中共中央政治局常务委员会议精神,分析当前新冠疫情防控形势,研究部署抓紧抓

实疫情防控重点工作（见图3）；7月，参加中国教育后勤协会组织的"2022年度全国教育后勤系统秘书长工作会议"并作交流发言；组织推动各地开展线上交流互动，充分发挥商专会全国工作群、常委联络群等微信群及微信公众号的平台作用，及时发布相关新闻报道，总结提炼各高校和商专会在校园商业服务和疫情管控工作中的经验做法与先进事迹。积极响应中国教育后勤协会要求，号召各省市商专会、学校商业管理与服务部门将疫情防控工作中值得推广的经验做法进行总结。

图3　商专会召开二届四次常务委员会视频工作会议

湖北省商专会组织各高校开展交流学习，推动完成校属企业体制改革工作。山东省商专会下发《关于开展山东省高校商贸服务现状市场调研活动的通知》，开展高校商贸市场调研工作，为下一步的商贸发展提供数据支持（见图4）。按照山东省学校后勤协会的安排，由纳博士集团牵头，省商专会组织专家与标准化研究院起草《学校后勤商贸服务规范》，现已完成发布。陕西商专会积极推进各高校商贸服务"十四五"规划落实、落地，扎实推进一流后勤服务体系建设。陕西师范大学后勤商贸服务中心重新修订《商贸服务中心员工手册》；结合疫情防控实际情况，西北工业大学、陕西师范大学拟定《商贸服务中心常态化疫情防控工作方案》，有效指引商贸各服务场所规范化、系统化开展疫情防控工作。中南大学后勤保障部优化了《门面管理风险防控手册》，同时完善《门面管理办法》，大力提升工作效能。2022年，上海教育超市启动市场化改革第一阶段工作，在商业模式、体制机制、人力资源等三个维度展开深化改革，修订公司"三重一大"决策制度实施办法，制定经营班子会议制度，修订《履职待遇和业务支出管理办法》《发票开具管理办法》《运营部管理制度》，建立《应收账款管理办法》、运营管理 SOP 手册、更新配送中心贵重商品管理等各项规章制度，另完成"三定"工作，确定了全新的组织框架、岗位名称、职级及岗位职责，优化岗位设置。

图 4　山东省商专会开展高校商贸服务现状市场调研活动

二、能力提升

（一）创品牌、强特色，加强校园文创品牌建设，助推高质量发展

高校文创是承载高校文化的有效载体，也是促进高校文化传播的抓手之一，生动展现高校特有的历史传承、价值追求和治学理念。各高校不断打造超市校园文创产品专区，积极提升超市服务水平，努力推动发展新动能。北京商专会常委单位共享研发设计公司、校友资源、高校文创设计思路等，协同开发极具校园特色的文创商品。湖北省在教育超市增设"校园文创角"，大力宣传高校校园文化品牌。华中科技大学推出带有校园 logo 的网红"绿糕"，开发 8 个校庆主题系列文创产品、3 个"52487 小行星"系列文创产品（见图 5）。武汉理工大学设立 3 个文创专柜，推出了 6 大类、200 多种文创产品。陕西西北工业大学后勤商贸研发了 70 余种新品，并走访 50 余家校内部门，成功开发新客户 10 余家，通过官方微信公众号推出两期文创推文，在节日期间与出版社合作打造书香号校车，举办文创展销活动，在线上线下开展文创抽盲盒、集贴纸等活动，受到同学们的热烈欢迎（见图 6）。

图5 华中科技大学教育超市文创特色专区

图6 西北工业大学积极开拓文创产品产业

（二）科技助力，多措并举，顺应智慧校园建设趋势，加快后疫情时代高校商业服务的信息化建设步伐

图7 华中农业大学推出"狮山云仓"微信小程序

各高校结合校园实际和学生特点，科学规划网点布局、创新防控措施，主动求变，大力推进线上平台建设、线下智能化设备投放，不断提升服务能力和服务水平。各高校在做好服务保障的同时勇于创新，不断挖掘新动力、新市场、新机会，坚持探索校园零售业态，满足师生多元化消费需求，促进教育超市逐步从传统模式向现代教育超市转型。湖北华中农业大学、华中科技大学喻园店引进"正大优鲜"合作经营；华中师范大学、中南财经政法大学、中南民族大学引进了"蓓阅"书店。武汉大学推出"自强优选"线上直播和"微信拼团群"、华中科技大学推出了"喻园乐购"线上平台、武汉理工大学推出"理工后勤邻里互助平台"线上惠民服务、华中农业大学推出"狮山云仓"微信小程序（见图7）和"师悦 go"精品社区团购群。许多高校在平台开展各类节日专场直播及商城秒杀等活动，不断探索校园销售新模式。江苏省商专会积极探索营销渠道，组织各高校互相交流经验，批量定制智能微超、自

助售货机，同时引进自助打印机、自助口罩机、自助咖啡机等设备，做好"最后一百米"服务。西北民族大学增加了书吧、水果店、打字复印等师生所需要的服务项，为校园消费者带来了更加便利化、个性化和智能化的服务。杭州师范大学打造了首个集学生学习交流、文化休闲活动、社区自治管理办公等功能于一体的"良沐1908"主题空间。浙江农林大学、中国计量大学、嘉兴学院创建了"农林优选""中远优选""嘉里优选"平台，为师生员工提供团购形式的优惠活动。浙江工业大学、杭州职业技术学院等省内高校开通"线上商城"功能。中南大学根据师生需求组建了综合商业体，在教学楼及图书馆区域投放自助咖啡机、自助打印机和自助直饮水机。

三、主要工作

（一）总结疫情防控经验，完善工作指南，创新服务模式，团结互助，不断提高校园商业服务应急保障能力

2022年各地疫情形势严峻，各高校商业管理与服务工作面临着重大考验。4月，上海封控，面对新情况，上海商专会在全国商专会的指导下，根据《高等学校新冠肺炎疫情防控技术方案（第五版）》、上海市疾病预防控制中心《关于下发办公楼宇等十个重点场所预防性消毒技术要点（修订版）的通知》（沪疾控传防〔2022〕21号）等文件要求，结合各级各类学校校园商业服务的运行特征、相关制度、员工特点、管理现状，在2020年全国商专会发布的《校园商业服务场所新冠肺炎疫情防控工作指南》基础上进行了修订，形成《校园封闭管理期间商业服务场所新冠肺炎疫情防控工作指南（2022年修订版）》，进一步明确了总则和组织实施原则，通过校园商业服务人员管理、服务场所管理、服务操作及设施设备管理、商品及物流配送管理、商业管理、应急处置等板块，提出了各个环节的工作指引，目的在于查隐患、堵漏洞、补短板、强弱项，指导和帮助各级各类学校商业管理部门规范化、系统化地做好校园封闭管理期间商业服务场所疫情防控工作，确保校园疫情防控不留盲区、不留死角，巩固来之不易的疫情防控成果。

校园封闭管理期间，各地各校积极开展线上销售，通过与互联网、大数据、云平台和人工智能等技术的融合渗透，提高供应链供给和服务水平、推动服务转型、减少服务接触、创新服务模式、优化信息服务平台，实现在校师生购物线上线下全覆盖，筑牢抗疫防线（见图8）。北京商专会协助各高校科学建立"物流缓

冲区"。湖北省商专会大力推进"保供应、保质量、保价格"的三保行动。在学校静默期，西北民族大学第一时间为学校师生配送5 748份方便食品应急包及1 472份暖心包。江苏无锡、苏州及南通等地商贸全体员工暂别小家坚守岗位，另组建"代购突击队"和由共产党员带头的"精干服务团队"，为封控在校园的学生提供服务保障。山东省发布了《疫情下高校商贸管理的倡议书》，引导各高校做好校园封闭管理下的商贸服务工作。陕西部分高校设立"新生物资保障点""快递寄存点"。中南大学科学统筹、提前部署，重点监测冷链食品防控，同时引入无人自助售货机、"刷脸付"自助结算设备、购物中心微信小程序等。3月，上海教育超市在全市从疫情防控常态化管理转入到闭环管理的短时间里，第一时间启动《应对学校封闭式闭环管理的应急预案》，顺利完成封控前后上海教育系统各单位的防疫物资、应急物资和生活物资保供工作，总计服务超过200家单位，配送780万件防疫和生活物资，确保了上海教育系统多家单位平稳度过封控时期（见图9）。

图8　商专会建成"校园商业服务自主共享平台"校惠生活

图9　上海高校后勤公司、上海教育超市等圆满完成大上海保卫战教育系统物资保供任务

（二）提高政治站位，践行社会责任，推动乡村振兴战略落地见效

校园市场是社会大市场的重要组成部分，在消费扶贫和乡村振兴工作中具有重要作用。商专会积极响应协会的号召，高度重视消费扶贫及乡村振兴工作，履行职责使命，践行社会责任，发挥自身优势，着力创新帮扶模式，在打赢脱贫攻坚战上发挥了积极作用。山东省充分利用"省派（驻村）第一书记"的资源优势，积极组织农副产品进高校活动。山东商专会副主任单位山东纳博士集团公司与黑龙江延寿县签署战略合作协议，打造乡村振兴建设的新标杆。江苏省各校园超市门店通过专项扶贫平台，组织来自革命老区各类优质帮扶农副产品，以展销的形式供师生选择，并发放"消费帮扶爱心证书"。各会员单位先后与贵州、新疆、青海、安徽等地扶贫办对接，从"832"专项扶贫平台采购扶贫产品。浙江省通过以购代捐、以买代帮、外引内联等方式参与消费扶贫。上海教育超市继续做好与新疆、云南、贵州、山西、黑龙江、上海崇明、上海金山等地帮扶企业的合作，通过门店专架、巡展、团购等形式，进一步扩大消费帮扶的市场面和消费总额，11月在上海教育超市总部举行"复旦永平乡村振兴电商平台上海办事处"和"上海教育超市消费帮扶营销服务中心云南永平工作室"的揭牌仪式（见图10）。各省商专会、高校凝聚合力不断为乡村振兴贡献力量，以实际行动献礼党的二十大。

图10 "复旦永平乡村振兴电商平台上海办事处"和"上海教育超市消费帮扶营销服务中心云南永平工作室"正式揭牌

（三）抓好隐患整治，强化安全意识，筑牢安全管理和疫情防控"双防线"

西北民族大学组织制定了重特大事故应急救援预案，定期安排组织实际演练，定期邀请上级安全监督部门及公安消防部门的专职人员对安全保卫人员进行专业培训。浙江省积极召开疫情防控研讨会，传达全国商专会和浙江省教育主管部门各类会议精神。各省市商专会、高校教育超市始终强调"党政同责、一岗双责"要求，建立健全全员安全生产责任制，全面落实全国安全生产专项整治三年行动要求，结合安全生产"六个一"等活动，组织员工参加消防演练和紧急避险训练，进一步提升全员安全意识。

（四）巩固优势，补齐短板，大力推进标准化建设，推动校园商业服务在学校后勤服务中发挥更大的作用

2022年，商专会坚持和完善教育超市标准店、样板店建设，深入推进教育超市"百千工程"建设活动，不断夯实高校商业服务基础，建立规范化商品管理体系。尽管受疫情影响，各地的标准店、样板店评审工作处于暂停状态，但标准修订及样板店建设工作不停步。江苏、浙江、湖南、湖北、北京等省市商专会及时传达落实新的样板店评审要求，特别是浙江商专会专题召开了教育超市"标准店"评审组工作会议暨"标准店"复评会议（见图11），进一步讨论及推荐参评全国教育超市样板店单位，并对2021年省高校教育超市"标准店"新评报名情况进行通报，对参与"标准店"复评的17家高校教育超市开展首次"线上"综合评审。山东省在广泛开展创样创标基础上，着力打造山东高校校园商业服务品牌，成立专家组，对山东财经大学教育超市和山东建筑大学商业生活服务中心进行样板店预审，推动教育超市"百千工程"向纵深发展。2022年11月7日，浙江省商专会发布《浙江省教育后勤基建协会物业管理专业委员会2023年度在杭高校教育超市联合招商供应商报名通知》，经供应商报名、现场考察、组织评审、名单公示等程序，顺利完成2023年度在杭高校教育超市供应商联合招商工作，入围供应商218家。中南大学按照"分工明确、责任到人"的要求，实行门面片区化管理，积极落实门面经营户例会制度。华中农业大学教育超市完成了7家门店的装修改造。华中科技大学教育超市按照"样板店"标准，重新改造了1家教育超市（见图12）。截至11月，上海教育超市已顺利完成10家门店的续签工作，同时新增企业园区类门店1家、社区生活服务门店1家，实现直营门店数量净增长。

图 11　浙江商专会专题召开教育超市"标准店"评审组工作会议暨"标准店"复评会议　　图 12　华中科技大学商贸总公司升级改造原有门店，全力打造"样板店"

（五）强根铸魂，立德树人，把开展劳动教育作为校园商业服务和管理工作的一项重要内容，建设和完善服务育人长效机制

商专会积极响应中央、国务院发布《关于全面加强新时代大中小学劳动教育的意见》，引导各高校将劳动教育和商业服务工作相结合，为在校学生提供实习机会，打造成才新途径。各省商专会积极支持校园超市推出勤工俭学岗位，北京商专会打造"劳育教育实践平台"，并开设相关课程。浙江省商专会依托校学生会成立市场调研小组，开展社会超市商品价格调查，形成调研报告，为教育超市的商品、价格定位提供参考；华中科技大学为学生开设"视觉陈列与营销实践"选修课程。武汉科技大学、中南民族大学等高校邀请学生参与监督和管理。湖北部分高校开展形式多样的服务评选活动，举办"教育超市商品陈列技能竞赛"活动，增强教育超市员工的服务意识，提升顾客满意度和美誉度。江苏省教育超市采用"课题制""导师制"实训新模式，鼓励上岗实践，不断加强大学生商贸创业基地建设。山东省商专会结合爱国主义情怀和中华民族传统文化教育开展劳动教育，创新形式，与高校一起不断深化和丰富劳动教育内涵。陕西西工大通过安排勤工俭学岗、文创产品设计、品鉴试吃、聘请学生监督管理员等内容，为工大学子搭建创新创业平台。西北大学、中南大学等高校商业管理部门与校勤工助学中心合作，每年为学生提供 40 余个勤工俭学助学岗位，提升了大学生社会实践能力，激励学生弘扬劳动精神。相关资料见图 13、图 14。

图 13　鼓励学生主动参与超市的劳动实践　　图 14　学生积极参与店容店貌评比

四、课题研究

始终保持"在工作中研究，在研究中工作"的良好状态，深入推进商专会相关课题研究工作。不断思考和分析工作中遇到的新情况和新问题，看准方向选好课题，破解工作难题。利用 2022 年年度中后协申报选题建议机会，共申报选题建议 11 项，其中包括校园超市品牌建设、服务供给侧、信息化建设、服务育人、疫情防控、商业模式创新等多个方面。

根据全国商专会要求，组织人员参与编写《现代高校后勤管理实务》相关章节，现全书已完成出版（见图 15）。

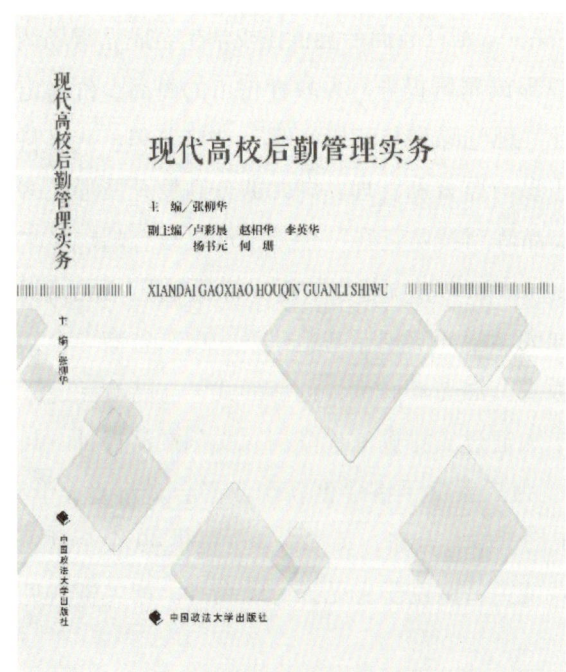

图 15　执笔《现代高校后勤管理实务》相关章节，现全书已完成出版

继续试点"校园商业服务与管理标准化项目"，实现校园商业规范化、人文化、标准化发展，不断推动校园商业服务在高校后勤中发挥更大的作用。2022 年 1 月 18 日，"校园商业管理与服务标准化

云讲堂"开讲，邀请业界专家为全国高校商业管理与服务人员培训，落实《上海市标准化发展行动计划》中关于"深入实施标准化发展战略"的部署，发挥标准化在高校后勤服务、商业服务中的引领性、规范性作用，提升高校后勤工作者的标准化意识和专业知识水平，推动实现服务标准化（见图16）。

图16 "校园商业管理与服务标准化云讲堂"开讲

五、活动及宣传

（一）齐心抗疫、共担使命

疫情期间，元气森林、山东纳博士集团、上海教育超市、浙江新宇贸易有限公司、浙大灵峰教育超市等会员单位向服务单位捐赠各类物资、款项与广大师生共克时艰。5月，在上海封控期间，商专会联合元气森林品牌公司向上海市教委捐赠30 000箱乳茶，用于慰问复旦大学、同济大学、上海交通大学、上海戏剧学院等64所在沪高校师生员工。疫情形势较为平稳后，又先后向浙江大学、浙江工业大学、浙江财经大学、浙江师范大学、浙江农林大学、杭州师范大学6所高校捐赠了气泡水饮料，努力践行企业的社会责任。相关资料见图17、图18。

图17 商专会联合元气森林品牌公司向上海市教委捐赠30 000箱乳茶

图 18　纳博士集团践行社会责任，疫情期间开展捐赠活动

（二）开展丰富多样趣味活动，积极参与公益、公共事业，营造良好的育人氛围

湖北武汉大学举办了"爱校健步行"活动（见图19）；华中科技大学举办了"放飞心情、快乐前行"飞盘项目团建活动；武汉理工大学参加了教职工趣味运动会"鼓动人心"运动项目。通过健身活动，让员工减压愉悦身心、激发工作热情，加强彼此之间的沟通与默契，提升团队合作能力，营造积极健康向上的文化氛围。

图 19　武汉大学开展"爱校健步行"活动

各高校教育超市在重大节日开展一系列活动，端午节当天，为学生赠送粽子和咸鸭蛋、邀请学生一起包粽子、制作香袋；教师节当天，会员单位纷纷开展"礼赞教师节、情满中秋月"主题活动（见图20），用各种形式为老师们送上诚挚的祝福。2022年11月，江苏教育超市在无锡商学院举办的教工趣味运动会上，设立"补给

站",免费为师生提供纯净水、功能饮料、点心、水果。中南大学在湖南众善社会服务中心建立校园公益综合体,引导学生参与社会公益活动。

图 20　会员单位开展"礼赞教师节、情满中秋月"等主题活动

(三)加强交流,互学互鉴,充分发挥商专会平台作用,提高服务影响力

近年来,商专会致力于整合高校商业服务资源,通过商专会这一平台,充分发挥商专会微信公众号的作用,实现信息共享,资源共享,多方获益(见图21)。商专会推动各地开展线上交流互动,全年共推送203篇新闻报道,其中发布64篇商专会校园商业服务疫情管控报道,总结提炼各地商专会和高校在校园商业服务和疫情管控工作中的经验做法和先进事迹。通过组织召开专题会议、研修培训及考察交流活动等加强高校商业服务企业与管理单位联动,针对现实问题,研讨对策、交流经验,促进了高校商业服务向专业化、规范化、标准化发展。

图 21　"商专会"公众号已成为校园商业管理与服务交流互动的重要平台

六、队伍建设

质量是后勤服务工作的生命线。各省商专会积极开展系列员工培训活动，通过组织召开专题培训、趣味活动等加强员工队伍建设，增进员工间的交流，进一步提升员工的质量意识和团队意识。

湖北省商专会组织各高校围绕"互联网、大数据、物联网、人工智能、无人超市、自动售货机、到家零售、样板店和标准店建设"等专题进行培训。武汉大学开展了"珞珈自强超市新员工培训"，华中科技大学开展了"商业模式创新与顶层设计""现场服务技巧""店长日常工作管理核心"及"消防安全"等方面的专题培训。武汉理工大学开展了"安全知识培训""商品陈列培训"。江苏省商专会以线上线下结合的方式对管理人员和基层员工进行消防安全、服务技能、营销能力以及职业素养等方面的培训。西北民族大学定期邀请专业人员对软件进行维护、升级，对员工加强连锁收银软件知识的培训，加大技术运用，提高工作效率。陕西省西工大后勤商贸服务中心在反复研讨的基础上完成《商贸服务中心人才培养研讨方案》，开展新员工专题培训。浙江农林大学、浙江工业大学、杭州师范大学等高校教育超市组织员工开展创意陈列、理货、收银、食品安全等岗位技能比赛（见图22）。上海教育超市完成了员工第一期线上培训工作，启动"超爱才、不负来"应届毕业生储备干部培养计划，培养后备人才，筑牢人才队伍根基。浙江省商专会积极参加中国教育后勤协会商贸管理专业委员会组织的关于征集高校校园商业管理与服务领域疫情防控工作典型案例的征集活动，及时上报相关案例3个，举办浙江省高校后勤商

图22　杭州师范大学开展服务能力现场培训

贸系统先进集体、先进个人评选活动。山东省商专会以评促建，在会员单位中组织开展2022年高校商贸与快递领域评优活动，不断提高服务质量。

2023年，商专会将在中国教育后勤协会的领导下，全面贯彻习近平新时代中国特色社会主义思想，以党的二十大精神为指引，坚持问题导向和目标引领相结合，对标《中国教育现代化2035》，按照一流教育一流后勤的总体要求，把握全局、聚焦重点，坚持服务育人，立德树人的工作宗旨，守牢安全底线、积聚新动能、取得新成效、实现新跨越，为满足广大师生对校园美好生活的期盼而不断努力。

中国教育后勤协会安全管理专业委员会年度工作总结

2022年，中国教育后勤协会安全管理专业委员会（以下简称"安专会"）以习近平新时代中国特色社会主义思想为指导，在中国教育后勤协会的领导下，依据协会和安专会的章程，围绕校园安全管理这一主题，紧密结合后勤工作实际，以"提供服务、规范自律、反映诉求"为宗旨，团结各委员单位努力开展工作，形成了良好的局面。

一、能力提升

党和政府历来高度重视安全工作，习近平总书记在党的二十大报告中强调，要推进国家安全体系和能力现代化，坚决维护国家安全和社会稳定。校园安全作为国家安全稳定的重要一环，是一项长期性、系统性、专业性工程，需要科学规划、系统部署和统筹推进，既要注重质量和实效相统一，也要坚持短期专项整治和长效管理机制相结合，分类指导、分步实施，实现安全管理科学运转，合作联动深度融合，联治成果扎实有效。安专会结合新时代学校安全管理新特点、新需求、新趋势，通过承接相应的职能转移、任务分工、项目化运作管理、课题研究等，创新工作理念，优化服务方式。

一是配合政府部门深入开展相关领域工作，加强与教育部、应急管理部、中国红十字会等政府部门和社会团体的沟通配合，发挥咨政作用，全面加强和深化政府、学校、企业、社会组织之间的多方联合协作，并于2022年开展了教育系统安全大检查、应急救护培训、搭建 AED + 智能售货机平台等多个专项工作。

二是深化与协会其他专业委员会的融合发展，当前校园安全管理呈现多领域交叉、多样化发展的趋势，安专会不断加强与学生公寓管理专业委员会、伙食管理专业委员会等成员单位的深度融合与联动发展，联合开展活动及培训，扩大活动规模和社会影响力，提高社会效益。建立流畅、贯通、共享的沟通机制，推动各分支机构之间进行优秀经验的交流与分享，充分发挥区域带动作用。

三是通过整合全国教育系统后勤安全服务管理资源，依托学校公寓、餐饮、物业、房产、能源、商贸等服务职能，全面加强与食品协会、餐饮协会、中国物流协会等行业组织的战略合作，全面提升学校后勤安全工作的专业化、科学化、精细化水平。

四是加强和提升社会企业单位在安全管理专业委员会中的作用和影响力，鼓励、支持和引导社会企业团队力量发挥其专业优势。2022年度，安专会先后与清华大学公共安全研究院、北京微诺时代建立良好合作关系，积极发挥他们在理论研究、培训指导、技术支持等方面的巨大作用。其中，立足于宿管系统、食品安全、校车安全等多项校园安全的智慧校园安全预警平台已在部分学校开展试点工作并取得初步成效。

二、重点工作

为贯彻落实习近平总书记关于安全生产的重要指示精神，根据国务院安委会关于开展全国安全生产大检查的工作部署和全国教育系统安全检查暨自建房安全专项整治工作部署会议有关要求，依据《教育部办公厅关于开展全国教育系统安全检查工作的通知》（教发厅函〔2022〕27号）安排，在各地开展自查基础上，由教育部统筹部署，中国教育后勤协会组织协调，安专会实施参与，于2022年9月中下旬开展全国教育系统安全抽查工作，对全国各地大中小学幼儿园的安全管理、"三防"建设、风险隐患排查化解及专项工作部署落实情况进行检查。

安专会高度重视此次安全检查工作，积极加强与教育部的汇报沟通，配合中国教育后勤协会工作专班，协助组织专家团队，细化"安全防范责任清单"95条，组织召开"安全检查专家培训会"，明确检查流程、检查形式、检查标准及检查纪律，要求每个检查组出发前制定检查方案，为后续工作奠定了良好基础。

本次检查共10个小组，由教育部相关司局参与指导，中国教育后勤协会会长、副会长担任组长，并抽调中小学、实验室、食堂、公寓等行业专家共同组成。检查省份依据行政区域划分和疫情防控形势要求，经教育部及检查工作专班综合考量商定，选择抽查北京市、天津市、安徽省、河南省、上海市、甘肃省、黑龙江省、广东省、湖北省、陕西省、贵州省、江苏省共12个省市，其中天津市、贵州省由于当地疫情防控形势较为严峻暂缓检查，其余省份均完成检查工作。

检查过程中，各检查组采取听取汇报、查阅资料、谈话问询、实地查验等方式开展工作，以在2019年10月以来发生过校园安全问题的相关学校为重点抽查对象；为保证检查的客观性，检查组到各省后，随机抽取涵盖"大、中、小、幼"四个层级的至少4所学校，同时要在确保安全的条件下开展工作，选择疫情低风险所在地的学校，此次共检查高校13所、中学11所、小学10所、幼儿园10所（见图1）。

图1　各组赴检查省份开展工作

三、课题研究

安专会充分借助中国教育后勤协会成员单位扎实的教学科研实力和优势，总结提炼有关学校在后勤安全生产管理领域的成功经验，加强成员单位之间的交流研讨和学术合作，通过理论研讨、课题研究、项目论证等手段，研究制定可推广、可参照、可示范的标准化管理制度。

目前《高校既有校园空间再开发及建筑安全改造设计研究》项目已立项于中国农业大学，课题基于高校将由外延式发展更多向内涵式发展转变，即高校建设将更多地由新建校区向既有校园空间再开发及改造的方向转变的新形势和背景下开展研究，既能响应国家号召，又能对解决实际校园更新改造难点问题做到整体把握，为进一步实施提供指导。

后续，安专会还将从"高校后勤安全检查标准""校园AED规范管理"两个方面开展课题研究，通过整合资源、凝聚优势、形成合力、破解难题，进而促进各高校后勤安全工作建设，形成各高校安全后勤的良好局面。

四、项目建设

为深入实施《教育部办公厅关于实施全国健康学校建设计划的通知》（教体艺厅函〔2022〕15号），贯彻落实《北京市教育委员会关于做好校园自动体外除颤仪（AED）配置工作的通知》，推进学校应急救护工作高质量发展，安专会研究开展高校后勤应急救护专项工作。

（一）项目内容

1. 联合专业机构，组织应急救护培训

邀请专业机构组织应急救护技能培训，重点培训学校后勤工作人员（包括食堂、保安、保洁、宿管等岗位）及部分学生，培训内容包含徒手心肺复苏（CPR）和自动体外除颤器（AED）使用，由红会认证师资负责教学，培训以训练操作为主，通过培训考核后，学员能初步了解应急救护的基本理论和基础自救互救技能，结合生活中常见的突发事件，作出正确的第一反应，并获取红十字会救护技能证书，为学校建立一批具备应急救护专业技能的团队。

2. 按标准配备AED（自动体外除颤器）等急救设备设施

依据《北京市教育委员会关于做好校园自动体外除颤仪（AED）配置工作的通知》，参照有关学校卫生工作标准、校园急救设施设备配备标准等，结合学校规模、环境、地势、交通、建筑等实际情况，配备足用、实用、适用的校园急救设施设备。在明显位置张贴AED位置导向图，强化AED现场管理及宣传工作（见图2）。

3. 创新管理方法，搭建救护平台

通过深入了解关于自动体外除颤仪设备的管理难题，我们发现目前各高校普遍存在"AED数量少、哪里安装、谁来管理、维修检查、如何取用"等实际问题，安专会对此特联合北京市

图2　高校案例

红十字会与友宝集团，将应急救护知识普及、校园急救设施配备，开展应急救护培训三项工作有机融合。建立在智能售货机上搭载 AED 应急柜的一体形式，除售卖饮品、零食的常规功能外，还配备 AED（自动体外除颤器）和应急物资包，充分发挥智能售货机在应急管理体系中常态化、全天候的支持作用，为广大师生提供"救在身边"的应急物资和急救救护设备设施。

（二）项目意义

近年来，全国高校心源性猝死事件屡有发生，并受到社会各界广泛关注。开展应急救护培训、普及急救知识技能、按标准配备 AED（自动体外除颤器）等急救设备设施是保护人民生命健康的重要举措，也是学校健康教育和学生素质教育的重要内容。结合实际，探索出一套符合各级各类学校发展新需求、具有示范推广意义的现代学校应急救护管理体系，既是不断夯实筑牢学校安全管理防线的重要举措，也能增强学生社会责任感和尊重生命、珍爱生命意识，形成"人人促健康，师生享健康"的健康促进格局。

（三）项目成果

安专会通过获取北京市红十字会的专业意见、深入研讨自动体外除颤仪设备生产厂家，组织实施开展"救在身边·校园守护"系列培训工作。于 2021—2022 年首批组织 6 所高校参与，覆盖清华大学、北京交通大学、中国农业大学、北京外国语大学、北京航空航天大学、北京理工大学，共计培训 3 000 人左右。后续，安专会将设立高校应急救护专项工作组持续推进工作，探索创新模式，于全国范围内高校后勤开展多点培训，达到"专业学、持续练、及时救"的目标，保护师生生命健康（见图3）。

图 3　高校后勤应急救护培训

五、活动及宣传

2022年3月31日下午，中国教育后勤协会安全管理专业委员会、学生公寓管理专业委员会联合召开2022年高校学生公寓消防安全工作交流会。会议旨在贯彻落实党中央、国务院，应急管理部和教育部关于安全生产、应急管理、防灾减灾的决策部署，传达教育部有关高校学生公寓消防安全工作的指示精神，交流各地方、各高校有关学生公寓安全管理的经验做法。教育部发展规划司副司长晁桂明，时任教育部发展规划司高校设置处一级调研员于洋，中国教育后勤协会会长刘建平，中国教育后勤协会常务副会长兼秘书长牛维麟，中国教育后勤协会安全管理专业委员会副主任兼秘书长郑广天，中国教育后勤协会安全管理专业委员会副秘书长、中国农业大学校长助理张永生出席会议，中国教育后勤协会学生公寓管理委员会副主任兼秘书长郜蕴超在线出席会议。清华大学、北京大学、中国人民大学、北京师范大学、北京航空航天大学、北京交通大学、北京林业大学、北京外国语大学、中央民族大学、中央财经大学、北京邮电大学、首都师范大学、北京建筑大学等13余所高校后勤安全管理、学生公寓管理负责人现场参会，来自全国27个省市区的1 000余所高校代表线上参会，活动在线观看达8 000多人次，覆盖人群近10万人。

2022年4月，安专会积极配合政府部门深入开展校园安全管理相关工作。为迎接中央巡视组对教育部的巡视工作，安专会派遣秘书处专职人员协助教育部发展规划司，进行有关迎接巡检及教育系统安全资料整理工作，圆满完成此项任务。

党的十八大以来，习近平总书记作出一系列关于安全生产的重要论述，为我们做好相关工作提供了根本遵循，指明了前进的方向。2022年5月，为扎实推进教育系统安全专项整治三年行动集中攻坚，中国教育后勤协会安全管理专业委员会特围绕校园安全主要内容，针对新修订《中华人民共和国安全生产法》《安全生产事故应急条例》开展学习活动，学习视频由清华安全研究院相关专家解读录制。从牢固树立"四个意识"和坚决做到"两个维护"的政治高度，让广大教育后勤系统同仁充分认识校园后勤安全生产工作的极端重要性，深刻认识重大事故所带来的严重后果和恶劣影响，将学习宣传新修订《中华人民共和国安全生产法》《安全生产事故应急条例》与贯彻落实习近平总书记关于安全生产重要论述相结合，保障广大师生生命财产安全。

2022年7月14日，"安专会2022年度企业委员单位座谈会"在京召开。中国教育后勤协会安全管理专业委员会副主任兼秘书长郑广天、北京高教学会后勤管理研究会节能减排专业委员会主任翟儒、中国教育后勤协会秘书处办公室常务副主任王清埃、清华大学公共安全研究院校园安全建设研究中心主任江智、中国农业大学后勤保障处副处长臧宇、北京市红十字会应急救护培训科科长陈爽，以及安专会企业委员单位代表近30人出席会议。会议围绕安专会如何进一步加强对委员单位的服务，更好搭建委员单位之间的交流平台，以及委员单位如何凝心聚力为学校后勤安全做好服务等进行了交流研讨，认真总结工作经验，共同探讨未来合作与发展，对今后进一步做好企业委员服务、加强战略合作、推动多方融合发展具有十分重要的意义（见图4）。

图4　企业委员单位座谈会

在未来的工作中，安专会将认真总结经验，结合国家新形势和行业发展新要求，全力谋划好自身业务领域的工作，积极搭建平台、增进交流、提供服务，引领校园安全管理领域的改革与发展。探索打造更加高效、合作、互动、共赢的后勤安全管理体系，为落实总体国家安全观、实现新时代我国教育事业的发展目标作出应有的贡献！

中国教育后勤协会思想文化建设与人力资源管理专业委员会年度工作总结

2022年，在中国教育后勤协会的正确领导下，在各地教育后勤社团组织、全体委员单位、广大教育后勤战线干部职工的大力支持下，中国教育后勤协会思想文化建设与人力资源管理专业委员会（以下简称"思专会"）按照成立之初确立的工作目标，紧密结合教育后勤行业的实际，将新形势下党的先进理论知识贯穿工作全过程，以强化学校后勤文化建设为载体，探索高校人力资源管理制度科学化、规范化的实现途径，着力推进高校后勤系统思想政治工作创新、行业标准化以及后勤人力资源管理能力提升，力争为教育后勤内涵式发展提供有力支撑。

一、机构建设

思专会坚持以习近平新时代中国特色社会主义思想为指导，全面贯彻党的二十大精神，学习习近平总书记有关教育的重要论述，促进高校后勤系统党建工作和思想文化建设，切实承担规范行业秩序、反映行业诉求、提供行业服务、承接政府职能转移、维护行业稳定、促进行业健康发展的重要职责和使命！

思专会注重组织机构内部建设，强化思专会主任、秘书长的工作职责，充分发挥工作人员的主观能动性，使思专会工作更加贴近后勤工作实际，符合广大委员单位的需求。根据履行职能和开展工作的实际需要，掌握思专会委员工作情况并作必要调整。

二、能力提升

思专会在高质量教育体系建设大背景下、在行业组织框架下，主动面向新时代，强化能力提升。通过参加分支机构办公室主任工作会议，认识协会发展大方向，了解各分支机构发展动态,促进思专会自身发展。

进一步完善网站建设,努力为会员单位提供咨询及交流服务,丰富网站内容。充分利用新媒体平台,通过微信公众号及时推送思专会动态、行业资讯等,增强社团服务管理能力。打造专业委员会信息传播、课题研究、经验交流、专业培训、业务咨询等多层次、多渠道、多方位服务管理平台。

三、重点工作

思专会对党和国家政策形势始终保持充分敏感性和关注度,依托红色革命资源优势和高水平理论研究成果以及优质企业成熟的文化体系,精心打造精品培训课程。让会员在培训中提升境界,进而增强理想信念,激发干事创业的活力。

为深入学习贯彻党的二十大精神,积极推进高校后勤党建工作,探讨新时代高校后勤党务工作和思想文化建设的热点难点问题,为建设高质量教育体系作出应有贡献,思专会拟在江西赣州举办第六期高校后勤党委(党总支)书记高级研修班。研修班将实行课堂教学与现场体验教学相结合,运用讲授式、观摩式、互动式、体验式、案例式等培训教学方式。受疫情影响,研修班推迟举办。

目前,研修班已经成为高校后勤党务工作者重要的理论学习与思想交流的平台,是思专会打造的一张特色亮点名片,对提升高校后勤党务工作水平、提升高校后勤党务工作者工作素养和能力起到了明显推动作用(见图1)。

图1 往期研修班培训合影

四、课题研究

为深入贯彻落实高校后勤"三全育人"工作，多层面、多角度、多渠道总结提炼"三全育人"好经验、好做法，打造后勤服务育人和劳动育人特色模式，优化后勤育人制度，强化组织保障，思专会营造良好育人氛围，健全后勤"三全育人"工作体系，举办了向后勤各单位及后勤工作者征集"三全育人"实践案例活动。

该实践案例征集活动有助于发挥后勤在校内服务育人和劳动育人主渠道作用，推动后勤服务育人和劳动育人与学生德智体美劳教育体系融合协调、由浅入深、分层递进、有机衔接；有助于引导和组织学生通过在后勤服务领域的各种社会实践活动，践行社会主义核心价值观；有助于强化先进典型示范引领效应，充分发挥后勤育人功能和后勤人对学生的言传身教、行为引导作用。

五、活动及宣传

思专会通过官方网站，为会员单位提供咨询及交流服务，充分利用新媒体平台，利用思专会官方微信及时推送动态、行业资讯等，创新社团服务管理模式。大力推进高校后勤文化建设，引领行业健康发展。培养以"三服务、两育人"为宗旨和以提高服务管理质量为主题的价值取向、服务理念、员工素质；建设有利于协调化解矛盾，增强凝聚力的和谐后勤文化。

思专会协同协会专家委员会、《教育后勤参考》编辑部共同承办了 2022 年全国教育后勤宣传工作云分享会，主动参与高校后勤宣传工作者的源头引领工作。

六、人才培养

思专会积极探索加强后勤干部队伍建设、提高人力资源管理水平的途径，进一步扩大培训范围和培训规模，提高培训质量，增强培训的专业性和针对性，开展高校后勤干部队伍培训工作，举办后勤干部专题培训。

七、总结

2023 年是践行初心、锐意进取的一年，思专会要与时俱进，履职担当、大胆探索，遵循行业组织工作规律，规范、有效地开展思专会工作，努力引导会员单位，认真学习贯彻党的二十大精神，按照党和国家对"十四五"期间经济社会及教育事业发展的顶层设计，准确把握高校立德树人根本任务和后勤发展改革方向，提升后勤"三全育人"功能，主动适应新形势，积极探寻深化高校后勤改革的新路径，为提高教育后勤软实力，充分满足广大师生日益增长的对校园美好生活的需求，作出新的、更大的贡献。

中国教育后勤协会信息化建设专业委员会年度工作总结

2022年,中国教育后勤协会信息化建设专业委员会(以下简称"信专会")在协会的正确领导下、在各委员单位的积极配合下,深入学习贯彻落实党的二十大精神及习近平总书记重要讲话精神,瞄准教育数字化转型任务要求,积极开展各项工作。

一、机构建设

进一步优化专委会决策及工作机制,充分调动各委员单位参与专委会工作,研讨重点工作、行业调研、标准制定、工作建议等,在构建共商共享共建的组织氛围的同时,加强决策的科学性。同时,积极与地方协会、各委员单位做好沟通联系,定期收集各委员变更情况、服务需求,加强组织建设。

二、能力提升

专委会积极履行职责、搭建沟通桥梁,在疫情形势严峻,线下交流及活动不便开展的情况下,积极利用微信群、电话等形式,为相关高校制定并提供信息化建设解决方案21个,为各校开展智慧后勤建设提供参考。为规范开展日常工作,专委会围绕协会采购流程、财务管理及公文写作等方面,组织技能提升专题培训3次。

三、重点工作

(一)教育后勤信息化建设优秀案例征集活动

为总结交流教育后勤信息化建设经验做法,充分展示各单位智慧后勤建设特色及成果，有效发挥优秀示范的引领和带动作用，于 2021 年 11 月至 2022 年初组织开展教育后勤信息化建设优秀案例征集活动，从综合成效、特色成果、科研成果等多个方面进行广泛征集，共征集高校、企业等信息化建设案例 60 余份（见图 1）。2022 年 3 月—4 月，信专会组织行业专家对案例进行了评审，并评选出复旦大学、吉林大学等高校及企业单位 45 个优秀案例，并推荐了 12 个信息化建设优秀案例在《高校后勤参考》杂志发表，以期为全国高校后勤部门提供信息化建设指导。

关于公布"2021年度教育后勤信息化建设优秀案例"评审结果的通知

日期：2022年06月17日　来源：中国教育后勤协会　阅读：1552次

各有关单位：

为总结交流各学校后勤信息化建设先进经验，充分展示教育后勤行业信息化建设的特色及成果，有效发挥优秀示范的引领和带动作用，推进教育行业智慧后勤建设高质量发展，中国教育后勤协会信息化建设专业委员会于2021年底开展了教育后勤信息化建设优秀案例征集活动。活动发布以来，多家高校单位、服务后勤的优秀企业踊跃投稿，经行业专家线上评审、内部研究后，推举出复旦大学、吉林大学等45个优秀案例，现予以公布。（详细名单见附件）

希望以上被推举为优秀案例的单位能够珍惜荣誉、开拓进取、再创佳绩，希望各地区有关单位能够充分借鉴以上单位先进经验，创新开展后勤信息化建设工作，为提高我国教育治理能力，落实立德树人根本任务提供有力支撑。

附：2021年度教育后勤信息化建设优秀案例名单

中国教育后勤协会
信息化建设专业委员会
2022年6月10日

附件：
2021年度教育后勤信息化建设优秀案例名单

序号	单位	案例名称
1	吉林大学	数字、智慧、协同，以信息化建设引领高校后勤管理——吉林大学后勤集团运营管理信息化初探
2	复旦大学	基于5G+校园物联网的智慧后勤创新实践
3	山东大学（青岛）	加强信息化建设，助推后勤工作提质增效
4	浙江大学	浙大新宇：以科技为翼，构筑新时代校园美好生活
5	厦门大学后勤集团	便捷服务"一站式"，事半功倍"快、准、优"
6	北京师范大学	推进餐饮信息化建设 助力粮食节约——以北京师范大学智慧食堂建设为例
7	中南大学	中南大学"智慧后勤"建设之后勤服务集中受理承办管理系统

图 1　关于公布"2021 年度教育后勤信息化建设优秀案例"评审结果的通知

2022 年 6 月底，专委会积极响应协会工作要求，面向各高校征集防疫信息化建设优秀案例，共征集陕西师范大学、浙江大学、复旦大学、兰州大学等优秀案例 16 个，内容涵盖大数据、线上订餐、智慧安防等各个领域。

（二）编制教育后勤信息化建设行业规范及著作

信专会立足教育后勤信息化行业实际，制定了教育后勤信息化建设规范框架（征求意见稿）和教育后勤信息化行业著作框架，并在二届四次常委工作会议上进行了研讨审议。建设规范包括建设基础、规划、应用服务、运维服务、信息素养、特色创新、安全管理、保障机制、评价流程与规则等内容，著作框架包括智慧后勤发展背景、现状、顶层设计及餐饮、物业、能源等各业务领域的信息化建设情况，提出保障机制及发展展望。

四、课题研究

为破解当前高校物业服务机制复杂、监管难度大、效率低等难题，探索物业智慧监管建设路径和解决方案，信专会联合部分优秀企业扎实开展《高校物业服务监管信息化建设研究》（见图2），项目组以线上线下结合的形式对陕西师范大学、北京化工大学、四川大学等高校物业服务监管现状、痛点、难点等情况进行深入调研，结合我国高校物业服务现状、梳理物业

图 2 《高校物业服务监管信息化建设研究》结题证书

服务工作流程，搭建了高校物业服务质量监管平台，构建了高校物业服务质量监管评价指标体系，探索了高校物业服务监管信息化机制建设方案，项目研究成果在促进校园物业服务监管体系完善，强化物业服务监管力度、准度，提高监管工作效率，降低人力成本，加大物业服务质量等方面取得了一定成效。

五、活动及宣传

（一）第六期全国高校后勤信息化建设高级研修班

为进一步加强高校后勤信息化人才队伍专业化建设，适应教育后勤新形势、新要求，信专会于2022年8月3日至8月6日在宁夏银川组织举办第六期全国高

校后勤信息化建设高级研修班,邀请北京林业大学、合肥工业大学、中国石油大学(华东)、北京化工大学、华北电力大学(保定)以及天猫校园等高校及企业管理者、专家学者围绕中国教育后勤信息化行业未来发展趋势、智慧后勤建设方案、智慧监管、智慧餐饮等主题进行专题授课,并组织学员围绕学习内容进行研讨交流,邀请部分优秀服务企业现场展示智慧后勤相关成果,参训学员共计200余人。通过紧凑的课程安排、扎实的授课内容、多样的学习形式,研修班为广大后勤同仁提供了一次较好的学习交流机会,对于引导各高校有序开展后勤信息化建设,推动智慧后勤高质量发展,助力实现教育现代化远景目标起到了积极的推动作用(见图3)。

图3 第六期全国高校后勤信息化建设高级研修班现场

(二)信息化建设专业委员会二届四次常委工作会议

为充分发挥各常委单位职能作用,营造共建共商共享的组织氛围,有序推进专委会各项工作,专委会于2022年8月2日至4日在宁夏银川组织召开信息化建设专业委员会二届四次常委工作会议,会议以线上线下结合的形式同步进行,协会副会长高聚慧、信专会常务副主任卢胜利、副主任、正副秘书长、常委等共计50余人出席(见图4)。会上针对行业著作编撰、规范制定、调研活动方案、人员变更等事项进行了审议及研讨,以推进专委会重点工作有序开展、落到实处。

第二部分　专题报告

图 4　信息化建设专业委员会二届四次常委工作会议现场

（三）宣传工作

信专会积极利用新媒体平台，宣传协会及专委会相关活动，加大行业组织在全国高校的影响力，进一步服务行业发展，2022 年通过协会平台、微信公众号、视频号等渠道发表新闻 8 篇、宣传视频 1 个；同时，遴选并联系 12 所高校，推荐智慧后勤建设案例 12 个至《高校后勤参考》杂志社（见图 5）。截至目前，已发表案例 9 个。此外，信专会积极利用微信工作群等渠道，转发协会及信专会活动通知、行业热点等资讯，不断加大宣传和交流力度，传播后勤行业新思想、新成果。

六、总结

2022 年，中国教育后勤协会信息化建设专业委员会在协会的正确领导和各委员单位的积极配合下，深刻把握新形势、新要求，围绕增强服务能力、提升科研质量、传播先进成果等目标持续发力，在机构建设、案例征集、标准制定、成果转化及培训活动等方面取得了一定成效，但受疫情形势影响，部分工作未能如期推进。

2023 年，中国教育后勤协会信息化建设专业委员会将进一步提高政治站位，深刻把握新时代下教育后勤系统面临的新任务、新要求，立足全局、统筹谋划，进一步细化工作举措、扎实工作作风、凝聚多方力量，不断增强自身服务能力，及时关注回应各委员单位服务诉求，支持各高校后勤信息化建设，深入促进行业交流，传播先进理念，加速科研成果转化，科学指导行业发展，为我国高等教育后勤事业高质量发展作出应有的贡献。

图5　由信专会征集遴选的部分案例在《教育后勤参考》上进行刊登

中国教育后勤协会房产管理专业委员会年度工作总结

过去的一年，中国教育后勤协会房产管理专业委员会（以下简称"房专会"）在协会的带领和全国各高校的大力支持下，紧密围绕年初工作部署，以扎实的工作作风，顺利完成了各项工作任务，实现全年工作目标。

一、机构建设

房专会于2022年7月召开了第一次主任、秘书长工作会议，会议以线上+线下方式召开，通报了班子成员调整情况与财务情况，讨论了本年度下半年工作与推动省级房专会建设事宜。本次会议强化了区域联动，确保工作效率的提升和各项具体工作的精准落实。

2022年10月房专会召开了第二次主任、秘书长工作会议，会议以线上+线下方式召开，通报了房专会主任人选变动情况、审议通过了2023年房专会工作计划。房专会即将上任的主任兰州大学副校长范宝军同志充分肯定了房专会自成立至今三年来的工作，对今后的工作寄予厚望，对房专会将来的发展提出了更高要求。协会常务副会长兼秘书长牛维麟同志高度评价了房专会近三年的工作，介绍了协会近期的重点工作，为房专会的发展指明了方向。

主任、秘书长工作会议后，线下参会人员赴嘉兴南湖红色教育基地，学习"开天辟地、敢为人先的首创精神，坚定理想、百折不挠的奋斗精神，立党为公、忠诚为民的奉献精神"。通过学习红船精神，加强了思想政治建设，强化政治引领、筑牢思想根基。

二、能力提升

2022年4月13日收到协会通知，按照民政部《关于开展全国性社会团体、国际性社会团体分支（代表）机构专项整治行动的通知》（民函〔2022〕19号）要求开展专项整治行动。房专会高度重视，仔细梳理近年来开展的各项工作，逐条对照20项检查事项，未发现所列问题。同时，举一反三，强化长效治理，在今后的工作中杜绝一切违规违纪行为。通过本次专项整治行动，加强了认识、提高了政治站位，房专会将在协会的带领下规范运行、有序发展。

三、重点工作

2022年，利用暑期时间举办了课题研究交流会，参会人员150余人。中国教育后勤协会会长刘建平同志、陕西师范大学副校长李磊同志出席了本次会议。协会会长刘建平同志为大会致开幕词并宣布大会开幕。刘建平同志对房专会自成立以来开展的各项工作进行了充分的肯定，特别强调面对新冠疫情防控常态化的新形势、新问题，房专会发挥了行业组织的优势，引领高校房产管理领域会员单位做好校园疫情防控服务保障工作，为维护校园安全稳定工作作出了积极贡献。又对各会员单位提出了新要求、寄予新希望。

房专会秘书处向全体参会人员汇报了2020—2022年房专会课题研究工作情况。之后分别由浙江大学、南京大学、华中科技大学、中国矿业大学、西南大学、陕西师范大学对2020年房专会承担课题研究成果、房产管理经验进行了交流分享。

通过课题研究交流会，促进了课题研究的推广和实际运用，促进了会员单位间相互交流。各参会代表纷纷表示通过学习与深入交流，颇有收获，要把交流学习成果和感悟带回去，不断推进本校房产管理的高质量发展。

四、课题研究

2022年6月，协会发布了《关于征集中国教育后勤协会2022年度课题选题建议的通知》，房专会认真组织、收集各高校关于本领域选题建议，共收集到7所高校的10个选题建议，经内部讨论后，合并汇总为7条建议上报协会。经协会评审，于2022年11月初发布立项通知。房专会承担重点课题一项，一般课题五项。房专会秘书处立即联系各课题组负责人，调研需求，全力协助各课题组进行高质量的课题研究。

五、案例征集

我国已进入"十四五"高质量发展时期。高校房产管理工作在如何适应高等教育高质量发展的战略目标和任务重点中,出现了诸多先进的管理经验与工作方法。为挖掘全国各高校房产管理工作中的"闪光点",促进高校房产管理科学化、规范化、现代化,全面提升高校房产管理质量和效率。房专会于 2022 年 9 月开展了高校房产管理案例征集活动。活动发布以来,多家高校、服务高校房产管理的优秀企业踊跃投稿。征集到近 30 篇高质量案例,案例围绕房产管理工作,展示了房产管理方面的先进理念、典型做法及取得成效,论述了房产管理工作中存在问题、解决思路及创新做法,突出了房产管理特色。

2022 年 10 月底,房专会通过邀请行业专家评审、内部研究讨论,推举出优秀典型案例 13 个、提名入围案例 13 个,案例真实客观地反映了近三年各高校房产管理工作情况,具有代表性、创新性。

经房专会秘书处与《高校后勤研究》沟通,该杂志专门增设"房专会专栏"用于发表高校房产管理领域文章(见图 1)。目前经房专会推荐已有 6 篇优秀典型案例被该杂志录用。

稿件录用通知 彭廷红 罗丽婷 毛烽.pdf

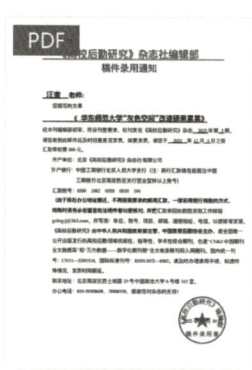
稿件录用通知 汪奎.pdf

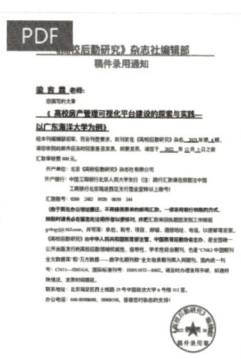
稿件录用通知 梁吉霖.pdf

稿件录用通知 于洋 华国春.pdf

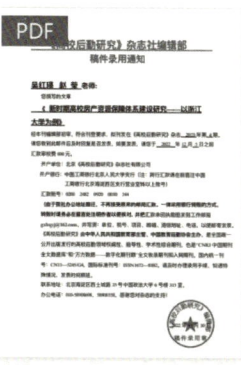
稿件录用通知 吴红瑛 赵莹.pdf

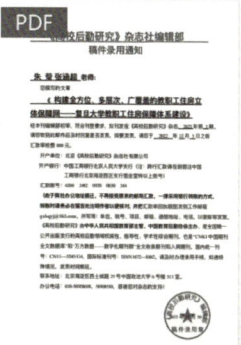
稿件录用通知 朱莹 张涵超.pdf

图 1　录用通知书

经专家评议通过的案例，将在房专会年会集中展示，部分案例将在房产管理专业委员会大会上进行分享交流。本次案例征集活动得到了各高校的广泛认可和热烈响应。通过活动将"优秀工作案例"公认化、"典型带动"扩大化，让每名房产管理者"学有榜样、做有标杆"，以此促进高校房产管理科学化、规范化、现代化，达到全面提升高校房产管理质量和效率的效果。

六、总结

2022 年房专会紧紧围绕年初制定的工作计划与工作重点开展各项工作，加强了机构建设，召开了课题交流会，开展了课题研究，举办了案例征集活动，利用网络平台为会员单位提供资源共享，利用多种形式搭建会员交流平台。

为全面贯彻落实党的二十大精神，做到知行合一，以知促行、以行践知、知行相互促进，房专会将以钉钉子精神认真抓好学习宣传贯彻，坚持学思用贯通、知信行统一，把党的二十大精神体现到做好各项工作和安排好今后工作之中。2023 年，我们将继续贯彻落实新时代对教育高质量内涵发展的要求和国家推进社会治理体系和治理能力现代化的战略部署，坚持"教育为本、服务为上、保障为先、制度为纲"的宗旨，提升服务功能，丰富服务内容，在协会的指导下开展各项活动。

中国教育后勤协会建设与修缮专业委员会年度工作总结

2022年，对每个人来说都是值得深刻铭记的一年。这一年，我们迎来了党的二十大的胜利召开；这一年，我们迎来了新冠疫情防控的决定性时刻，胜利的曙光就在眼前；这一年，中国教育后勤协会第十个专业委员会——建设与修缮专业委员会（以下简称"修缮专委会"），从无到有，从小到大，逐渐形成并完善了修缮专委会的组织架构、宗旨理念、发展方向。

回顾过去这一年，我们克服重重困难，应对各种挑战，以办好人民满意的教育为目标，以为师生创造美好校园生活良好环境为宗旨，进行了全方位的工作。

一、从无到有完善组织机构

2021年12月10日，历经大半年的精心筹备，中国教育后勤协会建设与修缮专业委员会成立大会在北京举行。通过线上线下出席本次大会的协会领导有中国教育后勤协会会长刘建平，中国教育后勤协会常务副会长兼秘书长牛维麟，中国教育后勤协会副秘书长、广西大学副校长刘向，来自全国27个省市区的200家委员单位，也在现场及线上参加了此次大会（见图1至图3）。

中国教育后勤协会建设与修缮专业委员会的成立，对我们来说是工作的起点，过去这一年，对我们的工作水平，业务能力提出了更高的要求，既是挑战，也是机遇。我们也牢记使命，不负协会和人民对我们的期望，不断完善自身的组织架构，初步形成了专委会的各项规章制度。

首先，明确了修缮专委会的性质，是中国教育后勤协会下设分支机构，是由全国从事学校基本建设和校园修缮的单位和相关领域内专业人士自愿组成的全国性、非营利性二级行业团体。

图 1　在京委员单位代表现场会议留影

图 2　中国教育后勤协会常务副会长兼秘书长、建专会主任牛维麟

图 3　会议现场

修缮专委会的宗旨是：以习近平新时代中国特色社会主义思想为指导，深入学习贯彻党的十九大和十九届二中、三中、四中、五中、六中全会精神，今后我们还要加强全面深入学习贯彻落实党的二十大精神，积极落实全国教育大会精神，为学校中心工作人才培养提供有力后勤保障服务。遵守国家法律法规，落实"十四五"规划对教育发展的要求，贯彻新发展理念，构建新发展格局，进一步给师生带来新服务、新体验，建设智慧校园，充分发挥高质量后勤保障对实现教育现代化的促进作用，反映学校建设和修缮专业领域会员的愿望和要求，搭建政府、学校、企业间桥梁，探索该专业发展规律，促进行业健康发展，充分发挥行业引领和行业规范自律等方面作用。

我们还明确了自身的业务范围，其中包括：

（1）维护委员合法权益。代表委员整体利益，保护委员的合法权益，及时反映广大委员的要求，为行业与委员单位改革发展服务。

（2）承接政府职能转移。协助政府部门加强对学校基本建设和校园修缮管理与指导，承接部委单位及协会布置的相关任务，参与相关政策研究与制定工作。

（3）解读政策方向指引。宣传和推广国家及政府相关部门的政策、法律法规和指导意见，为委员单位把握先进技术、业务方向提供决策依据。

（4）梳理行业动态资讯。总结行业领域内新模式、新方向、新理念，及时反映广大委员的愿望和要求，为委员单位解决技术难点、业务盲区提供专项服务。

（5）开展行业调研交流。探索学校后勤业态的建设与修缮工作的特点规律、业务方向和革新途径，为委员单位提升技术手段、建立长效机制提供数据支撑。

（6）创建行业交流平台。加强与各省级后勤协会（研究会）所涉的建设与修缮领域的工作管理部门、行业组织及研究机构等的联络工作，发挥专委会桥梁纽带作用。

（7）推动行业规范管理。根据相关部委或协会的授权，制定并组织实施全国后勤业态中的建设与修缮工作的行业准入制度、行业标准与规范，完善建设与修缮管理体制和运行机制，促进建设与修缮管理服务的规范化、系统化、标准化、信息化。

（8）推广行业前沿理念。收集、归纳、整理行业内成熟技术体系及管理模式，推动"绿色、低碳、智慧"校园建设新发展理念，推进信息化的深度融合。

（9）组织培训会议活动。经协会授权或批准，针对后勤业态中的建设与修缮管理工作需要，组织人才、技术、管理、法规、政策等培训和论坛、交流、会展等活动。

（10）拓展国际交流合作。经协会授权，联系校园建设与修缮相关国际组织、其他国家和我国港澳台地区对口社团组织，建立交流与合作平台，开展相关管理领域的交流与合作。

（11）建立行业专家人才库。吸纳修缮建设领域相关专家学者组成专家智库，为绿色学校创建、"双碳"校园达标建言献策。

（12）接受政府相关主管部门和协会委托、交办的其他工作，提供符合本会宗旨的学校建设与修缮管理方面的服务。

我们还对委员的职权、组织机构与职责进行了详细规定。初步搭建完成了自身的组织结构框架，为下一步有序开展工作打下了坚实的基础。

二、以党的二十大精神为指引　不断提升自身能力

2022年10月16日上午,中国共产党第二十次全国代表大会在人民大会堂开幕。习近平总书记代表第十九届中央委员会向党的二十大作报告。报告中阐述了过去五年的工作和新时代十年的伟大变革,科学谋划未来5年乃至更长时期党和国家事业发展的目标任务和大政方针。修缮专委会秘书处也第一时间组织全体成员学习党的二十大精神。

报告明确提出,教育、科技、人才是全面建设社会主义现代化国家的基础性、战略性的支撑,科技是第一生产力、人才是第一资源、创新是第一动力。教育是国之大计、党之大计,要坚持教育优先发展,建设教育强国,坚持为党育人,为国育才,全面提高人才自主培养质量。此外,党的二十大报告对于加快建设高质量教育体系,办好人民满意的教育进行了详细丰富、深刻完整的论述。这些都给修缮专委会未来的工作指明了方向,我们要接续奋斗,以党的二十大报告为蓝图,打造师生满意、舒适的校园,为他们提供适宜学习生活的良好环境。

三、圆满完成各项重点工作　为进一步发展做好准备

2022年受疫情的影响,修缮专委会各项工作面临着众多挑战,在领导班子的带领下,我们克服重重困难,做了很多此前想做却未完成的工作。

2022年7月31日,修缮专委会主任、秘书长工作会议在哈尔滨成功举行,这也是修缮专委会成立后,首次在线下举行的主任、秘书长工作会议。

中国教育后勤协会常务副会长、秘书长,修缮专委会主任牛维麟,华南理工大学原常务副校长彭新一,沈阳理工大学党委常委、副校长王宝令,广西大学党委常委、副校长刘向,江苏大学原党委常委、副校长吴春笃,中国建筑节能协会政策规划委员会主任胥小龙,北京航空航天大学后勤保障处处长高常忠,中国农业大学校长助理张永生出席了本次会议,参加此次会议的还有9位副秘书长团成员,13家委员单位代表(见图4)。

会上,修缮专委会副主任兼秘书长高常忠作建设与修缮专业委员会工作发展报告。按照中国教育后勤协会会长刘建平对修缮专委会的工作要求,修缮专委会切实加强政治建设、组织建设、文明建设,目前已初步成形。会上,各主任、秘书长团成员进行

图4　主任、秘书长成员

工作研讨与交流，共同讨论交流修缮专委会工作发展报告，探讨修缮专委会2022年度重点工作以及"十四五"时期计划开展工作。这些为2023年，国家实现有序疫情开放，经济和社会活力得到进一步释放，我们大展拳脚，打下了坚实的基础。

四、充分开展课题研究　打造行业智库

作为成员内包括众多教育后勤领域专家学者、一线从业者的专委会，修缮专委会一直非常重视开展课题研究，为校园建设理论与实践提供指引。为积极推动专委会课题研究建设，交流最新的政策导向、行业动态、先进理念，2022年7月31日，修缮专委会课题交流研讨会在哈尔滨举行（见图5）。

图5　与会嘉宾合影

在研讨会上，中国教育后勤研究院副院长曾繁文，带来课题《变迁中见证历史"百所高校"校门讲述》。修缮专委会副主任团成员、中国工程建设标准化协会智慧建筑与智慧城市分会副秘书长曹勇，就《低碳校园规划设计技术研究与零碳建筑示范》《高等学校校园智慧用能运维关键技术研究与示范》进行了阐释。修缮专委会副主任团成员、中国建筑节能协会政策规划委员会主任胥小龙带来课题《高等学校建

筑低碳规划建设管理技术路径研究》。八项课题研究各有特色，聚焦当下最热点、最亟须的建设与修缮实践。未来，这些课题研究将进一步深化，由修缮专委会秘书处整理发布课题，依托创建单位及可参与研究的委员单位、会员单位进行招募工作。

五、迈向高校建设与修缮事业高质量发展新征程

2023 年即将到来，历史已经翻开新的一页，我们将深入贯彻落实党的二十大精神，为办好人民满意的教育贡献力量。修缮专委会将奋力笃行，准确识变、科学应变、主动求变，助力高质量教育后勤服务保障体系建设，聚力共建新时代绿色低碳校园，全力开启"十四五"教育后勤事业新征程。

作为协会的第十个专业委员会，修缮专委会将努力团结其他专委会，在协会的带领下，促进校园建设与修缮工程规范实施、安全运维、智能管控，建设绿色、安全、智慧、环保校园，充分发挥高质量后勤保障对实现教育现代化的促进作用。

修缮专委会将继续践行创新理念，响应时代要求，为学校后勤服务工作指明方向，发挥政府、学校、企业之间的桥梁作用，共享信息，宣讲解读政府政策和规划，总结和分享典型案例。

围绕"有社会责任感、有凝聚力，值得大家信赖，有文化、有特色"的办会理念，修缮专委会将发挥行业组织引导引领示范作用；搭建共享平台，研讨和解决热点、难点问题；围绕校园文化建筑，讲好高校建筑文化内涵；立足数字化校园建设，推动智慧校园建筑文化建设工作；紧跟时代步伐，助力实现"双碳"目标，开展绿色校园建设工作。

正如党的二十大报告中指出，加快建设高质量教育体系，办好人民满意的教育，从国家层面来讲，就是与社会主义现代化强国相适应的教育体系，包括高水平的、均等化的基本公共教育服务体系，多样化、个性化、选择性的基本公共教育服务体系和有利于人人成才的教育治理体系。作为教育后勤工作者，我们将认真学习贯彻党的二十大精神，积极投身教育后勤改革发展的实践中去，为建设社会主义教育强国，推进中国式现代化事业作出新的贡献。

我们将以习近平新时代中国特色社会主义思想为指导，以高度的政治责任感和历史使命感，深刻认识做好高校后勤服务保障工作的重要意义，不忘初心，牢记使命，不断创新，勇于担当，牢记后勤育人宗旨，紧扣高质量发展主题，瞄准教育现代化目标，突出服务需求导向，共同谱写中国教育建设与修缮事业高质量发展新篇章！

中国教育后勤协会后勤研究院年度工作总结

中国教育后勤协会后勤研究院（以下简称"研究院"）自成立以来，秉持"以学术引领行业发展"的初心，围绕学术研究、平台搭建、行业交流等，开展了多方面工作，取得了阶段性成果。

一、2022 年工作总结

（一）发布"百所高校后勤服务软实力——动态竞争力指数"

研究院成立之初就启动了"百所高校后勤服务软实力——动态竞争力指数"的研究工作。研究团队以"动态竞争力"理论为基础，利用大数据、问卷调研等方式，从理念引导力、效能推动力、融合传播力、服务创新力四个维度进行测度。2022 年 6 月 20 日，通过研究院官方微信公众号发布了 2021 年度综合指数前 30、分指数前 10，《光明日报》《中国教育报》《中国青年报》等中央媒体积极转载，得到了高校后勤领域的广泛关注。下半年，研究团队开展了 2022 年度"百所高校后勤服务软实力——动态竞争力指数"以及"民办院校后勤服务竞争力指数"的研究工作。

（二）编撰出版《中国教育后勤蓝皮书2021》

研究院组织力量编撰《中国教育后勤蓝皮书 2021》，于 2022 年 6 月由中国财政经济出版社完成出版。蓝皮书内容包括年度总报告、专题报告两大板块，年度总报告系统总结了我国教育后勤年度发展情况；专题报告包括机构风采、区域风貌、校园气象、企业典范等十部分内容，梳理教育后勤年度重点工作。首部蓝皮书的编撰出版，对教育后勤事业史料留存具有重要的开创性意义（见图 1）。

图 1 《中国教育后勤蓝皮书2021》书花

（三）协助教育部开展教育后勤相关研究工作

研究院协助教育部发展规划司等相关部门，围绕国家重大战略部署和教育后勤面临的实际问题，组织调查研究，提出教育后勤深化改革的政策建议。具体包括：与中国标准化研究院资源环境研究分院合作，共同编撰《绿色校园评价导则》；参与《关于推进在京公共机构有序参与碳排放权交易试点工作的通知（征求意见稿）》意见征集工作，充分研讨后提出书面反馈意见等。

（四）主导研究开发"全国教育后勤大数据运行平台"

为了推进全国教育后勤数字化建设，研究院组织专业团队建设"全国教育后勤大数据平台"。平台集合了后勤行业数据填报、系统配置、人员管理、数据可视化、统计分析等功能，主要收集全国各级各类学校后勤相关的基础数据，重点关注学校后勤运行的动态数据，平台以"总体设计、分步实施、重在应用"原则进行设计开发。目前，平台已完成开发和内部测试工作，进入用户测试阶段，完成测试后即上线运行。通过大数据平台，可以从多维度对后勤工作进行统计分析，形成季度、年度分析报告，供相关部门、高校参考。

（五）开发"中国教育后勤协会会员单位云端展示平台"

研究院组织工作专班开发"中国教育后勤协会会员单位云端展示平台"，助力协会提升对会员的服务能力。作为后勤服务企业和高校的展示沟通桥梁，平台将展示会员企业的资质、优质产品、服务案例、服务质量以及高校会员的服务模式、服务需求等方面的内容。目前平台已完成页面设计和制作，预计在2023年春季学期正式上线运行。对于服务教育后勤领域的企业来说，该平台将在很大程度上起到"不落幕的展会"的作用（见图2）。

（六）策划举办学术交流活动

为了充分整合教育后勤领域的专家资源，强化后勤研究院的智力支撑，2022年4月后勤研究院启动了学术委员会组建工作。经过半年筹备，于9月17日在安徽合肥举办了"中国教育后勤协会后勤研究院学术委员会成立大会暨2022年度后勤发展论坛"。活动采取"线上+线下"形式进行，学术委员会成员围绕"新时代、新理念、新后勤"主题开展研讨，积极建言献策，为我国教育后勤高质量发展贡献智慧（见图3、图4、图5）。

图 2 "会员展示云平台"网站首页·效果图

图 3 会议现场照片　　　　　图 4 线下与会人员合影

图 5 研究院院长、学术委员会主任委员
牛维麟现场讲话

（七）围绕国家重大战略和教育后勤需要开展专题研究

研究院不断增强自身研究能力，正着手开展"中国特色高等教育后勤管理模式研究""高校后勤危机管理案例研究""新时代高校'双碳后勤'建设路径研究"等重点课题研究，以高质量的学术研究成果引领行业发展。在课题研究过程中，研究院注重产学研紧密结合，邀请相关高校、企业共同组建课题组，推动协会和校企合作，紧紧围绕高校、企业实际需要开展研究，并在研究之初就关注成果转化运用。

（八）协助编写中国教育后勤协会课题指南

研究院围绕教育后勤行业改革发展的重点难点问题，协助协会编写2022年度研究课题指南。在广泛征集、反复研讨和论证的基础上编写年度课题指南，面向全国教育后勤系统发布申报研究课题的通知，并根据课题研究的导向性、研究价值和研究方案，对申报课题进行评审，明确年度重点课题和一般课题，体现新时代教育后勤深化改革的新要求和趋势。最终课题立项共计98项，其中一般课题88项、重点课题10项。

此外，2022年研究院还与中国教育后勤协会秘书处一起，积极参与"最美后勤人"推选、行业标准制定、人才培养方案制定等协会相关工作。

二、2023年工作计划

（一）研究发布2022年度高校后勤服务指数

研究"2022年度百所高校后勤服务软实力——'动态竞争力'指数"，测度2022学年高校后勤服务软实力，按半年度或年度发布，发挥指数的客观评测、示范引领作用。完善指标体系，增加体现高校后勤的社会责任等评价指标。在部属和地方院校的基础上，扩大指数的研究范围，探索分区域、分类型发布指数，研究发布"民办院校后勤服务竞争力指数"。加大指数的宣传推广力度，提升指数的影响力和公信力，打造成为研究院品牌研究成果。

（二）编撰出版《中国教育后勤蓝皮书2022》

广泛搜集我国教育后勤相关数据，进行图表分析，提高宏观层面数据参考价值，增强可读性。在"最美后勤人""年度优秀课题"等模块对后勤战线的优秀团队、个人进行介绍，增加蓝皮书影响力。与中国财政经济出版社沟通，探讨彩色印刷的可能性，提高蓝皮书印刷质量。

（三）推出一批具有重大影响力的研究成果

围绕国家重大战略部署、经济社会发展面临的新形势新要求，撰写高质量的教育后勤研究文章，并通过《中国高等教育》《中国教育报》等期刊进行发表，每学期至少发表1篇。文章研究重点方向包括：后疫情时代，疫情对我国教育后勤工作的影响以及应对措施；学习贯彻党的二十大精神，建立与中国式现代化相适应的教育后勤保障体系；化危为机，做好高校后勤危机管理；建立支撑我国高质量教育后勤保障体系的人才队伍等。

（四）举办教育后勤学术交流活动

举办一次高水平的教育后勤行业峰会"中国教育后勤高质量发展峰会（2023）"。峰会可设置教育后勤年度盘点、主题演讲、圆桌会议、成果发布、荣誉评选和表彰、项目推介等环节，邀请业内有影响力的政府主管部门领导、专家学者、企业家等参加。提前做好峰会的方案策划、会前预热、会中组织、会后宣传等各项筹备工作，打造教育后勤领域的品牌交流活动。

（五）完善教育后勤公共服务体系建设

加快建设"全国教育后勤大数据运行平台"和"中国教育后勤协会会员单位云端展示平台"，将两个平台合二为一，在展示平台中设置大数据填报功能。建设教育后勤第三方评价服务平台，明确第三方评价机制、内容、项目、方式等，为高校提供有公信力的第三方评价服务。做好"教育后勤研究"微信公众号运营维护，提升公众号影响力。加强教育后勤标准化建设，制定更多的教育后勤行业标准。

在做好以上重点工作的同时，要进一步健全研究院运行机制，继续执行研究院例会制度，建立重点工作临时专题会议制度，充分发挥学术委员会作用，整合各方资源，共同提升研究院的影响力。

中国教育后勤协会接待服务分会年度工作总结

2022年中国教育后勤协会接待服务分会以党的二十大精神为指引，按照协会2022年度工作总体安排，主动作为，指导各会员单位打好抗击疫情持久战。同时紧抓社会效益和经济效益不放松，不断促进会员单位间的沟通交流学习，积极推进分会全面建设跃上新高度。

中国教育后勤协会接待服务分会成立于2014年9月，分为华北、华东、中南、东北、西南、西北6个省际协作区，在2019年年底已经核定共有134个会员单位的基础上，依据党和国家关于社团组织建设的有关政策法规、中国教育后勤协会章程，结合分会建设和实际工作需要，2020年11月召开了中国教育后勤协会接待服务分会第二次会员大会，并选举产生了第二届理事会。在第二届理事会第一次会议上，选举产生了55名常务理事和15名理事会负责人，通过了21名副秘书长的任命决定。同时，讨论通过分会入会管理办法、会费收缴管理办法，并吸收已经提交申请的新会员。分会自成立以来，始终以服务教育、行业发展和会员需求为导向，搭建政府与高校、高校与高校、高校与企业间的交流平台，贯彻党的路线方针，努力为会员排忧解难，分享先进技术和成熟经验，充分发挥桥梁纽带作用。

2022年以来，各协作区高校接待宾馆持续受到疫情严重影响，多数宾馆和服务机构的用人规模或自然缩减，或以各种方式压缩，以降低用工成本和运行风险。面对常态化防疫的局面，许多会员单位积极主动拓展业务，开展生产自救，加强骨干队伍培训，调整运行管理机制，取得了一定的效果。现将接待分会2022年工作成效汇报如下：

一、2022年工作回顾

中国教育后勤协会接待服务分会在中国教育后勤协会的有力指导和会员单位的

积极支持下，坚持以习近平新时代中国特色社会主义思想为指导，深入贯彻党的二十大精神，紧紧围绕履行好分会职能使命，积极探索适应疫情常态化下教育后勤攻坚克难、开拓进取、锐意创新的发展态势。2019年底至2022年底，三年间全国各地疫情频繁暴发，社会大环境处于常态化防疫状态，严重阻碍了分会及各协作区会员单位相关工作的开展。很多地处校内的宾馆都作为学校的临时健康观测隔离点或防疫人员临时休息的场所，校园的封闭又使得宾馆不能对外经营，导致经营业绩直线下滑。

在这样的背景下，多家会员单位进行了改制，一部分地处校内的单位注销了企业身份，转为学校内设机构，或暂停营业；另一部分单位从学校内设机构转为企业，或从校办企业转为有限责任公司。无论是内转还是外转，都进一步明晰了服务机构的边界，有利于强化定位，优化运行机制，加强对学校的服务和保障工作。一些没有进行改制或前几年已完成改制的单位，无论是学校内设机构还是独立法人企业，都在社会化发展方向持续发力。如更多地引入劳务外包资源，或将部分业务整体外包，努力适应形势，适应学校发展需要。

为了让各会员单位尽快摆脱疫情带来的不利影响，分会注重统筹抓好疫情防控和经营发展，组织各协作组紧锣密鼓地召开了"教育接待服务机构推进疫情防控常态化与经营发展视频研讨会"、"十四五"时期高校宾馆高质量发展研讨会。同时，为进一步科学优化专业部设置，确定牵头负责单位，接续做好教育宾馆标准化建设工作，分会及时对标准化规范文件进行修改完善，保障文件的适用、实用、管用，为不断推进教育宾馆标准化建设提供标准支撑。

分会积极组织开展调查研究活动，在此前召开的学习贯彻习近平总书记对制止餐饮浪费行为重要指示精神研讨会上指出全体会员单位要按照中国教育后勤协会贯彻落实习近平总书记关于坚决制止餐饮浪费行为重要指示动员部署会议精神和要求的基础上，进一步要求广大会员单位要以"教育接待服务机构制止餐饮浪费行动"为总牵引，切实把制止餐饮浪费行为根植教育接待服务机构生产原材料采购和存储、食品生产烹制、饮食经营销售的全链条，守正笃实，久久为功。此外，分会还组织全国核心会员单位代表约70人参加了中国教育后勤协会在上海举办的"2021中国教育后勤展览会"，并在沪开展交流学习等活动，为广大会员单位深入推进疫情防控和经营发展工作摸索了路子、积累了经验、提供了示范。

二、改革创新促经济发展

分会始终注重跟进把握经济社会发展大势，深入分析行业前景，前瞻思考谋划，统筹工作布局，与时俱进指导行业建设发展，积极为推进教育事业发展、服务国家建设大局作贡献。特别是新冠肺炎疫情发生以来，坚决贯彻党中央决策部署，一手抓疫情防控、一手抓行业发展，实现了两手抓、两不误，为加快恢复经济建设作出了应有贡献。

为充分挖掘高校接待服务需求，发挥高校接待服务优势，一部分会员单位先行先试，奋力开拓，打破高校酒店、宾馆物理空间的"桎梏"和以提供会务、食宿为主的传统模式"束缚"，借助数字化平台等先进手段，提前搜集师生需求，精心打造差异化、个性化和全流程服务，提供有效可行的制度支撑，将会务接待服务延伸至校园大型活动保障等服务。大家纷纷顺势而为，拓展思路，打造疫情防控常态化下的新产品、新服务。在实践中，探索为学校场景下中青年人群（高校师生、创业人群）量身定制专属酒店品牌，打造工作、学习和生活一体化共享空间，为师生创建更高品质的校园生活方式。

值得一提的是，有不少会员单位在前所未有的形势重压下，见缝插针，夹缝求存，既实现了自负盈亏的自保，未给学校和后勤增加负担，也为学校教学科研做好了接待服务保障，甚至一些单位实现了逆势上升。一些学校开始"试水"直播和线上销售等新零售模式；推出预制菜服务，拓展喜宴、升学宴、谢师宴等刚需消费；增加了私人菜品定制、节日菜品定制、个性化盒饭配送等服务项目；通过"以购代捐"推动消费扶贫；整合资源，利用疫情期改造硬件设施设备，为恢复正常经营做好服务设施提档升级，提升客户住店消费体验，修炼"内功"。

他们站在高校后勤社会化改革的潮头，勇于创新，不断将高校接待服务社会化向纵深推进，依托高校联办优势、会员资源和本土酒店专业品牌雄厚实力，抓住新机遇，开启新征程，在社会效益和经济效益中找到"平衡点"。

三、前景展望再启新征程

新时代、新形势、新任务，教育接待服务工作面临新机遇、新挑战，分会要从实际出发，更加注重实效，更加倡导实干，继承发扬优良传统，坚持创新进取，齐心协力开创事业发展新局面。分会的每一项建设、每一次发展都要自觉地与党中央决策部署对标，与教育部和中国教育后勤协会有关要求进行对表，确保方向不偏、健康发展。

分会依照国家和行业建设标准规范，结合教育接待服务机构实际，加快研究制订教育接待服务实体机构行业团体建设标准；努力探索应用机制，抓好示范试点，推动教育接待服务行业质量的整体提升。在新形势下，分会工作面临新的机遇和挑战，工作要取得突破，必须在发展理念、活动方式和工作方法上不断守正创新，引导各会员单位主动顺应开放多元规范办后勤的改革发展趋势，顺应校园服务经营逐步走向产业化、集约化的趋势，顺应校园服务走向安全、绿色、精细化的趋势，顺应校园服务信息化、智能化发展的趋势，在顺势、应势、借势中推动行业发展过关升级。

分会将疫情防控与年度计划工作有机融合，实施一体推进，及时转发了协会《关于申报后勤疫情防控专项研究课题的通知》《关于征集中国教育后勤协会 2022 年研究课题选题建议的通知》，鼓励会员单位积极申报参加相关课题研究；进一步做好分会换届准备工作，对现有会员、理事、常务理事数量及单位情况进行全面梳理，多方论证新一届理事、常务理事配比数量；对会籍管理和会费收缴事项进行调查研究，广泛听取会员意见建议，筹划向协会提出统一规范会籍管理申请，保障疫情防控期间分会工作不断线。

疫情近三年，虽然各会员单位的接待数量都有所下降，但作为学校对外交流接待的重要窗口，仍然为学校各类重要会议、重要接待、重要学术交流，以及巡视组多次入驻等高规格接待提供了有力保障。在此基础上，分会将会勇担职责，利用会员单位的智库资源、人力资源、专业资源，推广高校酒店的品牌服务。把具有本土高校特色专业酒店的品牌理念和精致、周到的优质服务基于"基因不变、后台整合、优势互补、共同发展"的方针引入校园，把本专业领域的建设提升到一个新的水平，让更多的师生体验到民族品牌的魅力，感受到高校特色接待的专业度和精致度。

与此同时还要清醒认识教育接待服务行业优势和短板，紧盯行业发展变化和市场需求，注重发挥自身优势，多措并举强基固本，深度挖掘内在潜力，着力破解市场经营瓶颈，多方积蓄力量，打造社会市场竞争的硬实力。

目前疫情已趋平稳态势，接待分会将继续紧密围绕中国教育后勤协会中心工作，和各协作组一起指导会员单位开展富有特色的接待服务，在危机中育先机、于变局中开新局，深刻把握时代脉搏，做有情怀的高校接待人。

中国教育后勤协会中小学后勤分会/校服管理专业委员会年度工作总结

2022年,是党和国家历史上具有里程碑意义的一年,也是中小学后勤分会发展进程中不平凡的一年。一年来,以习近平新时代中国特色社会主义思想为指导,坚持立德树人,树立新发展理念,构建改革创新的体制机制,充分发挥分会的职能作用。在协会的领导下,在地方中小学后勤组织积极支持下,在全体会员单位共同努力下,紧紧围绕分会/专委会中心任务展开工作。

2022年,我们开局"十四五"、开启新征程,紧紧围绕中心任务,布好局、落好子,谱写中小学后勤高质量发展新篇章。在后勤行业调研、标准研制、资政辅政等方面开展了一系列工作,取得积极的成效。

一、加强机构建设 突出服务学校的宗旨

坚持以服务为宗旨,以中小学后勤建设需求为导向,提升中小学后勤服务质量,推进中小学智慧后勤建设,助力教育高质量发展。

(一)中国教育后勤协会中小学后勤分会/校服管理专业委员会办会理念

政治建会、依法办会、学术强会、服务立会、科技兴会、会员助会。

(二)中国教育后勤协会中小学后勤分会/校服管理专业委员会工作方向

(1)强基建会,充分发挥指导服务职能;
(2)科技创新,积极推进教育后勤信息化建设;
(3)示范引领,深入后勤工作实践与理论研究;
(4)制定标准,推进行业管理创新与新技术应用;

（5）建设队伍，加强后勤管理人员培训。

中国教育后勤协会中小学后勤分会/校服管理专业委员会将立德树人作为根本任务，坚持以服务为宗旨，着力推动后勤服务育人、管理育人、环境育人与改革创新并举，促进建设智慧后勤，提升后勤综合服务保障能力，致力于建设为"服务型""研究型""创新型""专业型"更具有凝聚力与影响力的社会团体。

（三）机构建设

分会组织架构见图1。

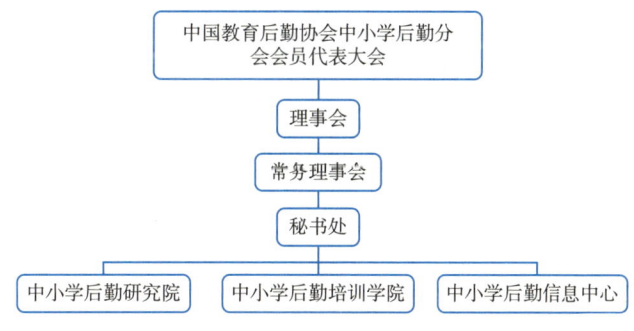

图1　组织架构

中小学后勤研究院成立了四个研究中心：校园食品安全研究中心、校园智慧食堂研究中心、校园健康饮水研究中心、校园正姿护眼研究中心。分会依托两院一中心开展了一系列的活动。

为满足育人服务的需要，中小学后勤分会的队伍不断发展壮大，规章制度建设逐渐加强，运行机制也在探索发展中形成。分会与各地方中小学后勤协会保持密切联系，同时积极推进未成立中小学后勤协会省份成立协会，推动中小学后勤发展。已经有协会的，有四川省、湖南省、广东省、浙江省、江苏省苏州市、黑龙江省哈尔滨市等。现在经过分会的积极协助推进，辽宁、吉林、山东、安徽等省份计划成立中小学后勤协会（分会）。

二、围绕服务大局，努力提升自身能力

围绕服务大局，加强自身建设。分会/专委会在中国教育后勤协会的领导下、各地教育行政部门、中小学后勤分会全体理事单位、会员单位及全国地方教育后勤社团组织的大力支持与共同努力下，积极工作，深入探索，认真履行职责。2022年先

后召开了多次理事长、秘书长工作会议，积极推进各项工作。针对分会/专委会自身建设、智慧后勤建设、中小学后勤研究院、中小学后勤培训学院、信息中心等布局谋篇，精准研判作出规划。明确了中国教育后勤协会中小学后勤分会/校服管理专业委员会办会理念，工作方向。

中小学后勤分会与校服管理专业委员会是合署管理，由于校服专委会工作的特殊性，成立了工作班子，在这种工作模式之下，开展了一系列卓有成效的工作。本年度分会/委员会多次利用线上会议的形式，与各地进行联系，以新举措促进新发展。

三、聚焦后勤发展，积极推动高质量中小学后勤建设

聚焦后勤建设是分会/专委会履行职能的基本遵循和办会定位。把工作放到大局中思考，定位、布局，围绕服务国家战略，服务教育部中心工作，服务中小学后勤，服务会员，资政辅政等方面做了一系列的工作。

（一）召开会议，积极推进各项工作

本年度多次在京召开理事长秘书长工作会议及扩大会议。

中小学后勤研究院工作会议，协会领导莅临指导会议（见图2、图3）。

图2　协会领导指导中小学后勤分会工作

图3　协会领导指导中小学后勤分会工作

（二）全面推进智慧后勤学校试点落地，建设智慧后勤示范校、示范基地

1. 推动智慧后勤标准化；
2. 提供智慧后勤建设定制服务；
3. 在各省建立智慧校园智慧后勤示范基地。

智慧校园智慧后勤重点工作是示范基地的建设。现已经建设了三所学校——人大附中（航天城学校）、石景山实验小学、江西南昌二中。北京小学翡翠城分校、平谷大华山中学等，各地智慧校园智慧后勤示范校正在推进中。

（三）举办活动，积极搭建研究交流平台

为推进中小学后勤智慧化建设，分会和具有良好资质的企业合作，推动学校的阳光厨房、教室健康照明、智慧校园等建设，引进社会化服务，与各社会组织合作有力地推进了中小学后勤发展，取得突出成效。

1. 全国中小学幼儿园营养膳食制作技能大赛

中小学后勤分会与中国烹饪协会关心下一代营养膳食指导委员会合作举办了全国中小学幼儿园营养膳食制作技能大赛。2023年将根据五部门于2021年8月2日联合印发《关于全面加强和改进新时代学校卫生与健康教育工作的意见》，把全面提升学生健康素养纳入高质量教育体系作为学校教育重要目标和评价标准，构建高质量学校卫生与健康教育体系，计划举办"首届中国校园健康高峰论坛"，有序推进学生营养健康及食品安全工作，促进中小学生健康成长。真正落实习近平总书记提出"五育并举"的育人根本任务。

2. "首届中国食育大会膳食技能比赛(北京赛区)"作品征集活动

分会2022年参与了"首届中国食育大会膳食技能比赛(北京赛区)"作品征集活动。首届中国食育膳食技能展(北京区)活动是通过线上线下结合的方式开展,旨在全面增强校园食堂烹饪队伍及供餐机构的责任意识与进取意识,鼓励其不断深化改革创新,进一步促进团餐营养升级,保障校园膳食营养供应,为校园食品安全和学生营养健康不断提供支持(见图4)。

图4 首届中国食育大会膳食技能比赛(北京赛区)颁奖仪式

这是由四部委主办,中国安全食品报社承办,中小学后勤分会协办的活动。于2022年8月29日召开中国食育大会,大会邀请中国关心下一代工作委员会主任顾秀莲为获奖单位颁奖。

3. "全国校服展览会"

为贯彻党的教育方针,深化后勤育人功能,坚持立德树人,增加学生文明素养,引领全国校服产业改革创新,弘扬中国校服的民族传统文化,为社会各界提供全国性校服工作的交流合作平台。2022年准备举办全国校服展览会。因疫情影响,现已延期。

4. 编纂《中小学后勤年鉴》

为促进中小学后勤改革与发展,落实立德树人根本任务,中国教育后勤协会中小学后勤分会已启动2022年《中小学后勤年鉴》编纂工作。全面翔实记录中小学后勤改革发展轨迹,系统研究教育后勤改革发展中遇到的重点、难点和热点问题,总结我国中小学后勤改革与发展成果,探索新时期中小学后勤工作新思路、新方法和新模式,推广全国中小学后勤工作先进经验。

5. 开展调研

分会/专委会的宗旨是提供服务，服务政府、服务社会、服务学校、服务企业。搭建学校、企业交流的平台。让优质的企业服务学校，同时让学校获得更优质的服务。因此，分会/专委会开展了系列调研活动，先后到辽宁、江苏、浙江、山东、河南、河北等地调研了校服企业、学校食堂，并与地方教育后勤机构召开座谈会，了解各地情况（见图5、图6）。

图5　调研校园饮用水企业

图6　调研校服生产企业

6. 全国星级标准校服生产基地创建工作

为了更好地宣贯团标，专委会启动了全国星级标准校服生产基地创建工作。

校服专委会计划三年内完成第一批星级标准校服生产基地创建工作，初步建立对校服生产基地的建设服务以及校服企业培训管理体系，形成可复制可推广的校服生产基地的创建管理经验。全国共创建100个星级标准校服生产基地，未来三年内，认定五星标准校服生产基地15家，四星标准校服生产基地25家，三星标准校服生产基地60家。通过示范引领，推动全国校服行业规范有序发展。

7. 会员工作

分会/专委会共吸纳企业会员66家，其中包括团体会员，如湖州市织里镇校服行业协会（共有97家校服企业）、福建泉州市的校服协会等。专委会有信心通过展会，将吸引更多的企业加入。

8. 战略合作，促进发展

分会与企业建立战略合作发展规划。2022年度与企业建立了战略发展伙伴关系，如平安云厨、北京联合智业集团等；同时，与惠安县政府签署了战略合作协议，助力推进惠安的校服行业发展（见图7）。

图 7 中小学后勤分会与惠安县政府签署了战略合作协议

四、课题研究与标准制定

（一）制定《中小学食堂管理服务规范》团体标准

校园食堂管理工作一直是学校工作中不可分割的一部分，为提升学校食堂服务质量，普及食品安全知识，保障广大师生食品安全与营养健康，由中国教育后勤协会标准化技术委员会批准立项，中国教育后勤协会提出并归口，中国教育后勤协会中小学后勤分会执行承办的《中小学食堂管理服务规范》于 2021 年 11 月 30 日正式启动。该规范注重实用性和可操作性，为中小学食堂管理提供科学依据。

起草组已经调研北京、山东、辽宁等地的部分幼儿园、小学、初中、高中食堂。《中小学食堂管理服务规范》团体标准已经完成了第六稿。在启动此规范的同时，也进行了此课题的研究。

（二）制定《中小学学生装（校服）》团体标准

为进一步提升中小学校服生产的行业标准，引导企业生产出社会期待、人民满意、学生喜欢的高品质校服，为全国近 2 亿中小学生能穿上安全、优质、合体、美观、舒适的校服提供有力保障。历时一年的时间《中小学学生装（校服）》团体标准完成制定工作，于 2021 年 11 月 15 日批准发布，自 2021 年 11 月 30 日起实施，现已经进入宣贯阶段。

团标宣贯：自团标发布实施后，校服专委会致力于团标的宣贯工作，现在已经有部分省市参考借鉴此团标开展校服工作。安徽省六安市以文件形式下发，校服质量严格执行《中小学学生装（校服）》（T/JYHQ 0009—2021）标准。

（三）制定《质量分级及"领跑者"评价要求校服》

《企业标准"领跑者"制度》是 2018 年由国家市场监督管理总局等八部门联合发布并实施。企业标准"领跑者"制度是通过高水平标准引领，增加中高端产品和服务有效供给，支撑高质量发展的鼓励性政策，对深化标准化工作改革、推动经济新旧动能转换、供给侧结构性改革和培育一批具有创新能力的排头兵企业具有重要作用。

中国标准化研究院资源与环境分院与我们联合中国技术经济学会以《中小学学生装（校服）》团标为蓝本制定《质量分级及"领跑者"评价要求校服》团体标准。此标准已经批准发布，标准号为 T/JYHQ 0011—2022，自 2022 年 12 月 29 日起实施。

中小学后勤分会/校服专委会取得的成绩，是在协会的指导和关怀下，全体理事单位、会员单位、地方教育后勤协会组织的支持和努力的结果。今后，中小学后勤分会/校服专委会依旧要围绕中心，服务大局，开展好各项工作。

五、聚焦未来，中小学后勤开启新征程

新征程、新使命对中小学后勤工作提出了新的更高要求。2023 年是全面贯彻落实党的二十大精神的开局之年，也是实施"十四五"规划的关键一年。党的二十大擘画了新时代新征程党和国家事业发展的宏伟蓝图，我们必须顺应不断变化的新形势，创造新业绩，推动中小学后勤建设新发展。

（一）坚持政治引领，促进中小学后勤新发展

深入学习贯彻党的二十大精神，深学笃行习近平新时代中国特色社会主义思想，把立德树人作为根本任务，坚持后勤服务育人与改革创新并举，既尊重教育规律又尊重市场规律。着力推动建设高质量中小学校后勤保障体系。

（二）坚持服务立会，构建多维度服务新格局

坚持以服务为中心的发展思想，不断提升中小学后勤的服务意识。构建中小学后勤多维度发展格局。

（三）立足服务高质量后勤发展

中小学后勤工作将立足服务高质量后勤发展，紧紧围绕中小学校后勤建设发展

需要，更好满足师生对美好校园生活的向往，破解影响后勤发展的瓶颈，进一步加快后勤改革发展步伐，大力提升后勤服务质量，着力构建新时代不断创新的后勤服务新模式，围绕后勤发展，在健康、安全、食品、校服等多个领域继续推进各项工作。同时，以承接政府职能、与地方合作、会企合作等多种形式开展中小学后勤服务。

（四）课题研究与团标建设

指导帮助中小学开展后勤工作的实践及理论研究，参与或承担中小学后勤领域的课题研究活动，探索适应经济社会发展的中小学后勤管理模式。

开展课题研究，积极推进团标制定工作。

（五）积极推进中小学后勤培训

制定培训课程体系，确定培训方向，拓展培训范围。围绕后勤信息化教学、智慧后勤与智能应用、平安校园、食品安全与中小学生健康、校服团标宣贯与星级标准生产基地等方面，进行培训；并结合地方诉求，承接地方培训任务。

（六）校服生产基地建设

与政府合作，与各地校服行业协会合作，继续推进星级校服生产基地工作。

展望未来，站在历史与未来交汇点上，中小学后勤分会/校服专委会将奋进新征程，迎来新机遇，接受新挑战，开创新格局，为建成高质量中小学后勤服务保障体系做出新的更大贡献。

中国教育后勤协会专家委员会
年度工作总结

2022年专家委员会以习近平新时代中国特色社会主义思想为指导，认真学习贯彻党的二十大精神，以落实中国教育后勤协会总体要求为出发点，以政策研究和决策咨询为主攻方向，以完善组织形式和运行机制为重点，组织开展了各项工作。

一、调整结构、充实专家委员会队伍

为加强专家委员队伍建设，充分发挥专委会作用，结合专家委员会组织发展需要，2022年上半年对专家委员会队伍进行了调整，5名专家不再担任专家委员会委员职务，新增补专家10名，调整后专家委员会共有49人。本次增补补充了一部分中青年专家，扩大专家队伍的广度，借此提升了专家委员会在个案咨询、专题调研、政策支持、理论研究、标准制定等方面的综合支持能力。

下一步专家委员会将持续加强队伍建设，根据委员对各项活动和会议的参与度、提供研究成果和工作建议的情况以及本人意愿对现有专家队伍进行进一步管理。

二、聚焦党的二十大，协助协会打造"高质量发展"后勤工作研讨会

为推动教育后勤事业高质量发展，更好落实服务育人、劳动育人相关要求，以优异成绩迎接党的二十大胜利召开，2022年上半年开展了"喜迎二十大 建言高质量"主题工作研讨会。专家们分别以"打造后勤稳定器、奋进喜迎二十大""拓展劳动育人途径、提升服务育人质量"为主题开展讨论。下半年开展了"学习党的二十大精神、赋能后勤高质量发展"主题研讨会，会上大家就学习贯彻党的二十大精神笔谈进行了交流，部分专家以"打造标杆项目对于后勤发展的引领作用"为主题

作了发言。协会领导、专家委员会专家、有关专委会领导等参加会议。主题工作研讨会充分发挥专家委员会的效能，成为行业专家和学校领导、优秀企业实践经验与管理思想碰撞的平台。

三、加强沟通，完善组织建设

加强组织与组织之间的群体沟通交流，聚焦协会专家委员会与各专业委员会、协会分会以及地方协会的联系与对接，拓宽沟通的广度与深度；加强专家与专家之间的个体沟通，利用微信群、网络会议等形式建立相对稳定的沟通渠道，增强协会专委会各成员间的紧密度。

四、协助办好协会内刊《教育后勤参考》

1. 完成刊物日常稿件收集、审读、编辑、校对、印刷工作。2022年，《教育后勤参考》编辑部合计印发10期刊物，发稿量为637篇，实体刊物每期印发量达1 100册。大量的行业资讯和学校后勤工作的报道，为后勤行业信息宣传和经验分享作出了重要贡献，为协会加强宣传媒体建设、提高协会行业凝聚力贡献了一份力量，得到了协会领导、会员单位的充分认可。

2. 2022年，《教育后勤参考》对外发放刊物电子版。截至11月，编辑部面向全国高校、中小学、省协会、协会专业委员会及后勤宣传干部、通讯员等单位和个人发放刊物电子版928份/期。

3. 举办线上"云分享"活动。编辑部于2022年6月10日通过线上"云分享"模式，开展了2022年全国教育后勤宣传工作云分享会，会议邀请到中南大学、同济大学、杭州电子科技大学、东北师范大学、南京医科大学、海南大学六所高校的后勤同仁，围绕"疫情下的后勤宣传报道"为主题，跟大家作后勤宣传工作经验分享。来自全国300余名后勤宣传干部参加了此次活动，大家纷纷表示分享会开得十分及时，让后勤宣传工作者更加清楚地看到了自身岗位价值和宣传工作的意义。

中国教育后勤协会《高校后勤研究》杂志社年度工作总结

在协会各位领导的亲切关怀和精心指导下，在全国各省（市）自治区教育行政部门、教育后勤协会和研究会、杂志理事单位，以及各高校后勤领导和全国广大后勤工作者的大力支持下，《高校后勤研究》2022年取得了新进展、新成绩。

一、发布研究力排行，推动全国后勤研究

为进一步推动各地各高校搞好后勤研究，根据2021年、2022年全国各高校在《高校后勤研究》期刊发表文章数量，以及通过《知网》搜索各高校发表的有关高校后勤的文章数量，《高校后勤研究》杂志社对2021年、2022年全国高校后勤研究情况进行了统计。发布了2021年、2022年"高校后勤研究力"排行榜（见表1、表2）。

表1　　全国高校后勤研究力排名（2021年）

排名	学校名称	发表论文数（篇）
第一名	南开大学、山东大学、南京工业大学	7
第二名	清华大学、大连理工大学、浙江农林大学、常州大学	6
第三名	郑州大学、江苏农牧科技职业学院	5
第四名	沈阳师范大学、南京大学金陵学院	4
第五名	浙江大学、南京大学、天津大学、北京师范大学、哈尔滨工业大学、四川大学、厦门大学、北京交通大学、中国政法大学、中国矿业大学、北京化工大学、南京农业大学、南京中医药大学、南京传媒学院、青岛大学、徐州工程学院、云南师范大学、济南职业学院、江苏理工学院、宿迁学院、三亚学院、江苏工程职业技术学院、常州纺织服装职业技术学院	3

表 2　　　　　全国高校后勤研究力排名（2022 年）

排名	学校名称	发表论文数（篇）
第一名	四川大学、郑州大学	7
第二名	北京大学、兰州大学、沈阳工业大学、淮阴工学院	6
第三名	清华大学、南开大学、中国政法大学、北京化工大学	5
第四名	同济大学、北京林业大学	4
第五名	浙江大学、南京大学、中国矿业大学、合肥工业大学、西南财经大学、浙江农林大学、集美大学、华北理工大学、温州大学、南京特殊教育师范学院、江苏工程职业技术学院、徐州工业职业技术学院、无锡职业技术学院	3

二、加强编辑队伍建设，提高编辑素质

2022 年 4 月、5 月，根据期刊部分编辑人员已到退休年龄和岗位变化的实际，及时调整了两位编辑人员，确保了期刊编辑工作的有序运行。

三、开展杂志理事换届，增强办刊合力

为推动杂志社和社会各界共同办刊，不断提升办刊质量和水平，2022 年 6 月，杂志社开展了第四届理事会换届工作，组建了新一届理事会，为确保杂志社的健康发展和不断提升期刊质量奠定了坚实基础。

四、举办改革发展论坛，推动后勤改革

2022 年 8 月 9—10 日，2022 年高校后勤改革发展暑期论坛暨《高校后勤研究》杂志社理事单位年会在塞上古城宁夏银川召开（见图 1）。会议围绕"常态化疫情防控与高校后勤高质量发展"这一主题展开研讨交流，旨在发挥理论研究促进改革发展的先导作用，推动高校后勤高质量发展。来自全国部分地区教育主管部门、高校校园服务管理机构的领导专家及社会服务企业高管 150 余位代表参加了本届论坛。论坛认真贯彻党的十九大和十九届五中全会精神，立足常态化疫情防控现状，紧扣时代脉搏，针对热点、难点、堵点问题，聚焦后勤高质量发展的特征、目标、路径与要求，以全面提升高校后勤服务保障质量为导向，主题和内容极具现实感、时代

感、前瞻性，演讲专家准备充分、研究深入、案例生动、数据翔实、结合实际、对策有力，许多新理念、新思维、新经验使与会代表耳目一新，深受启迪。会议的召开为持续发挥《高校后勤研究》的理论高地作用，赋能全国高校后勤改革、管理、服务，为加强校企沟通合作，奠定了坚实基础。

图1 2022年高校后勤改革发展暑期论坛暨《高校后勤研究》杂志社理事单位年会

宁夏大学后勤保障部党委书记王智勇代表宁夏高校致辞，对本届暑期论坛在宁夏银川召开表示热烈欢迎，衷心祝愿论坛取得圆满成功。同时，简要介绍了宁夏大学后勤改革的先进经验。

中国教育后勤协会会长刘建平在论坛讲话中指出，《高校后勤研究》有着近四十年的办刊历史，是中国教育后勤行业的重要理论阵地。杂志社汇聚了一批高校后勤领域高水平专家，付出了大量心血，克服诸多困难，得到广大高校后勤单位和社会服务企业的鼎力支持。通过创新办刊模式和运行机制，整合社会资源，在提升刊物质量、指导后勤改革实践、进行理论课题研究、组织国际论坛交流、聚焦后勤社会化改革中的热点难点、改革路径与发展趋势、总结推广先进经验、协助政府和协会出台文件、研制行业标准、编写高校后勤改革管理指导书籍、为行业会员提供相关政策和管理咨询、扩大协会的行业凝聚力及影响力等方面，做了大量卓有成效的工作，取得了丰硕成果，得到行业的广泛好评与充分信赖，成为公认的行业理论研究高地和观察后勤前沿动态和方向趋势的重要窗口。当前，我国高等教育进入高质量发展时期，高校后勤服务现代化是高等教育现代化的重要组成部分，如何实现高校后勤的高质量发展是我们面临的重大课题和集中关切。期望本次论坛围绕后勤高质量主题进行深入探讨，充分发挥先进理念、优秀模式在促进后勤高质量发展中的先导作用。希望与会代表珍惜本次论坛提供的交流研讨机会，切实学有所获，并将学习成果与实际工作相结合，为推进后勤高质量发展作出应有贡献。

中国教育后勤协会副会长、《高校后勤研究》杂志社社长兼总编张柳华在论坛上作重要报告,简要回顾了杂志社近年来的工作。《高校后勤研究》作为教育部主管、中国教育后勤协会主办、高校后勤系统唯一公开发行的学术期刊和重要的理论阵地,坚持开放办刊,多形式、多渠道加强期刊与理事单位、作者、读者的互动,连续五年举办理事年会暨高校后勤改革发展学术论坛,旨在充分发挥理论研究促进后勤改革发展的先导作用,对标对表服务好国家战略需求,用心用情做好后勤研究,全力提升《高校后勤研究》办刊质量,努力促进高校后勤改革创新和高质量发展。报告特别指出,中国高校后勤作为社会服务业的重要领域和高等教育体系的组成部分,既担负着以高质量供给满足高校办学需求和师生生活服务需求的重任,还承载着服务育人、管理育人、环境育人和劳动育人的使命。随着互联网智能技术的发展和应用、高校开放办学、产教融合和教育现代化建设,传统大学校园生活理念、生活方式和生产方式正在发生深刻变革,校园消费主体、消费需求、消费方式呈现多样化趋势,管理标准化、服务精细化成为师生日益增长的需求趋势和后勤提高质量的重要抓手。这些变革对高校后勤管理人员的理念、知识、专业化水平和综合素质提出了越来越高的要求。国家"十四五"规划明确提出:"要推动生活性服务业向高品质和多样化升级,提高服务效率和服务品质,构建优质高效、结构优化、竞争力强的服务产业新体系",同时国家坚持优先发展教育事业,"建设高质量教育体系"成为"十四五"期间教育发展总的政策导向。高校后勤服务管理实现高质量发展面临更加艰巨和重要的任务。新形势下的一系列焦点问题都亟待共同深入探讨对策,做好规划,谋篇布局。

中国教育后勤协会专家委员会委员、《高校后勤研究》执行总编卢彩晨作主旨报告。报告围绕"疫情防控常态化背景下高校后勤高质量服务保障体系建设"主题展开。卢彩晨分析了当前我国高等教育的形势,传达了教育部年中推进会会议精神,阐述了高校后勤高质量的内涵,以及实现高校后勤高质量发展的要求和路径。他指出,教育部年中推进会要求全国教育系统要讲政治、识大势、谋大计、求实效、保安全,要坚持和加强党的领导,这也是对全国高校后勤系统的要求。他阐述了高质量、标准化和数字化的关系,认为数字化是标准化的基础,数字化和标准化是高质量的基础,没有数字化就不会有高标准,没有高标准就不会有高质量。他认为,高校后勤高质量的内涵包括两方面内容:一是"要素高质量",二是"系统高质量"。高校后勤高质量发展需要"要素高质量"和"系统高质量"两手抓。具体而言,实现高校后勤高质量发展需要高目标、高理念、高组织、高标准、高数字、高专业、高创新、高领导、高文化。

浙江省后勤基建协会物专会主任，时任杭州电子科技大学后勤集团党委书记、总经理，杭州文一教育发展有限公司董事长、总经理林浩在演讲中指出，高校后勤必须紧跟时代、顺势而为，教育高质量发展战略的实现，需要与之相适应的高质量后勤保障体系和强大的后勤保障能力。在高校生态圈中，后勤的数字赋能现阶段体现在数智治理，促进师生校园生活幸福感提升。而高校后勤更要做的是理念的转变，更多地走到育人工作中去，从服务师生向"服务+育人"拓展，积极作为，提升后勤地位。他具体介绍了杭电集团借助学校电子信息专业特色优势，在进行后勤数字赋能改革中的做法、案例、步骤和要点。他提出，立足新发展阶段、贯彻新发展理念、构建新发展格局，要抢抓新一轮科技革命和产业变革新机遇，不断做强做优做大数字改革，提升后勤服务水平，助力高校高质量发展。杭州电子科技大学后勤集团的数字化改革，为我们提供了一个自我筹资、自我建设、自我管理的成功范例。

时任中国矿业大学总务部党委书记、部长陈仲元在演讲中系统深刻梳理了高校后勤改革43年来的历程和高校后勤改革的特点及存在的问题。面向未来，他提出，在新时代全面建成小康社会的大背景下，科技发展日新月异，应着眼服务对象的特殊性及需求差异化，认清形势、提档升级，建设高质量的后勤服务保障体系。他深入分析了新时代高校餐饮业态结构及师生餐饮多样化、个性化、差异化、品牌化的需求特点，阐明和指出了高校后勤饮食改革的必要性与发展方向。特别以矿大网红餐厅、智慧餐厅、外卖送餐、饮食联盟、校园物流、智慧总务、四级餐饮服务保障体系和"五检一评"监管体系等为例，介绍了高校后勤餐饮改革探索与实践情况，受到与会领导、专家和代表的一致好评。

中国教育后勤协会专家委员会委员、《高校后勤研究》杂志编辑部主任、全国物业服务标准化技术委员会委员、天津大学高校物业管理研究所所长杨书元，在演讲中深入分析了当前高校后勤标准化建设存在的问题及应对方法。他介绍了中国教育后勤协会在校园快递、学校食堂、学生公寓、能源管理、文化建设、物业服务、中小学装备等领域研究制订的部分行业标准，以及一些地方性高校后勤标准。他在演讲中指出，标准制订要符合行业发展需求、要注重规范要求流程、要与社会组织协作进程。他结合高校物业、学生公寓、文化建设等行业标准中的一些具体内容和热点难点问题，深入剖析、重点解读，引起了与会者的强烈共鸣。

爱玛客服务产业（中国）有限公司教育业务发展总监张利女士，以"标准化和数字化实践——打造世界一流大学校园服务新体验"为主题，从国际500强企业的视角,就本届论坛的主题进行了深入交流。她详细介绍了爱玛客在标准化践行、国际校园数字化践行、消杀与防疫创新、打造一流世界校园服务新体验等方面的先进做法,并以实际案例和具体场景解读了高校物业高质量发展的六要素。与会者领略了物业服务的国际标准和国际质量,看到了我国高校后勤服务与国际水准的差距,进一步明确了未来时期我国高校后勤改革发展的努力方向。

中国教育后勤协会物专会副秘书长、陕西高校物专会主任王社柱,明喆集团执行总裁罗延微,泉润佰合餐饮管理有限公司董事长段树生,苏州亿通在线网络科技有限公司总经理高松,杭州企鹅科技有限公司高校事业部总经理张鑫作为特邀嘉宾,分别针对当下高校后勤常态化疫情防控的有效措施、疫情下高校后勤服务保障与高校后勤高质量发展,探讨了当前高校后勤信息化标准化建设的成绩、问题与对策,就校企合作、整合资源,助力《高校后勤研究》和高校后勤高质量发展等进行了高质量的沙龙对话(见图2)。

论坛与沙龙对话由中国教育后勤协会专家委员会委员、《高校后勤研究》杂志社副总编赵相华主持。

图2 现场沙龙对话

论坛期间举办《现代高校后勤管理实务》新书首发式,中国教育后勤协会刘建平会长、张柳华副会长为新书揭幕(见图3)。

图3 《现代高校后勤管理实务》新书首发式

《现代高校后勤管理实务》是根据近年来高校后勤新到岗和转岗人员较多较频繁的实际,为尽快提升后勤管理岗位新人和专业岗位新人的业务知识而编写的。该书由全国高校后勤管理一线的管理干部和相关专家共同撰写,汇聚了诸位作者多年实践经验和理论研究成果。该书突出教育后勤行业特色,着力高校后勤重点领域和关键环节,坚持理论与实践相结合,注重前瞻性、实用性及可操作性。期待该书的出版能够帮助后勤管理干部和专业人员较系统地掌握高校后勤发展现况,以及主要业务和基础性工作知识,有效提升业务素质和管理水平,为实现高校后勤高质量发展奠定坚实的理论和业务基础。

为期两天的论坛期间还成功召开了《高校后勤研究》第四届理事会(见图4)。理事会工作会议总结了杂志社近年来取得的成绩:理论高地的地位和作用日益凸显,对行业的引领作用日益凸显;随着高校后勤员工素质普遍提高,期刊的稿源质量水平大为提升;注重加强杂志社队伍和制度建设,办刊质量越来越好;行业影响力和认可度越来越高,杂志社所主办的各种活动(六届高校后勤学术论坛、五届国际高校后勤论坛、庆祝改革开放40周年暨高校后勤改革高峰论坛)逐渐成为高校后勤系统颇具影响力的品牌活动。会议进一步明确了杂志社中长期发展规划和使命担当:进一步发挥《高校后勤研究》的理论高地作用;明确高质量、社会化、现代化高校后勤发展的研究重点方向;加大宣传力度,为高校后勤行业设计一套可行的评价体系;不断壮大理事会组织,积极搭建交流学习平台,为理事单位提供更多优质服务。与会理事单位代表积极为期刊发展建言献策,并纷纷表示,要尽更多义务,大力支持杂志社把《高校后勤研究》办成一流期刊,为推动高校后勤改革发展作出新的更大的贡献。

图4 《高校后勤研究》第四届理事会

中国教育后勤协会新业态及快递工作委员会年度工作总结

2022年是防疫抗疫关键的一年,也是全体后勤人辛苦奋斗的一年。尽管受疫情影响,新业态及快递工作委员会(以下简称"工作委员会")在中国教育后勤协会的领导下,在副主任单位、委员单位的大力支持和配合下,始终以中国高校后勤社会化改革创新为动力、以推动高质量教育后勤保障体系发展为主题、以互联网智慧科技应用为赋能、以满足师生日益增长的美好需求为目标、以实现高校立德树人为根本任务,坚持工作委员会指导思想,从"找需求、立课题、抓调研、重推广、显价值"的工作目标出发,紧跟后勤改革的步伐,积极推动后勤服务与管理迈向社会化、现代化的新台阶(见图1)。

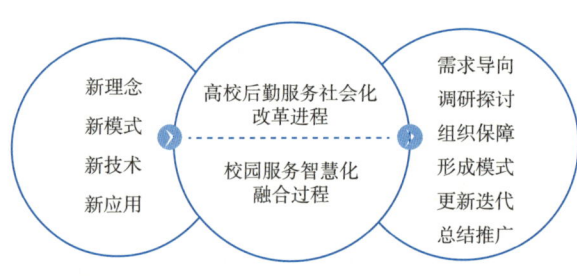

图1 年度工作总结

一、机构建设

2022年为积极响应秘书处的工作要求,充分发挥工作委员会作用,工作委员会不断优化工作委员会服务体系,积极引入新的会员单位,对岗位变动委员进行及时的信息变更。工作委员会自成立至今,现有副主任单位34个,常务委员单位73个,委员单位189个,专家成员28人。同时,在部分省市教育后勤协会设立联络组织,有效促进了各省委员会与各省、自治区、直辖市教育(高校、学校)后勤协会(研究会)之间的联系。

二、能力提升

面对新时期下校园服务发展的新需求，工作委员会不断加强完善组织建设，扩大委员单位和专家的规模，积极与各省后勤协会保持联络，共建新业态及快递工作分支部门，有效促进学习与交流，挖掘新业态对高校后勤服务的新动向、新需求，努力创新服务理念与提升委员会的服务功能，增强校园与企业深入探索校园新业态的创新动力与热情，集中智慧转化成果，更好地为校园服务。

三、重点工作

（一）思考新模式，探索高校后勤高质量发展新路径

新时代呼唤新后勤，从"找需求"出发，疫情防控两年来，校园后勤服务处于强管控阶段，资源的充分调度和保障是打赢疫情防控战役的关键要素，校园后勤社会化改革已经二十多年，已经形成了很多不同的管理模式，在新形势下，是否可以探讨新模式，促进高校后勤高质量发展，成为当前需要关注的问题。2020年7月，教育部印发关于《大中小学劳动教育指导纲要（试行）》的通知，提出要加快构建德智体美劳全面培养的教育体系，劳动教育是培养造就全面发展人才的必要条件，也是基本途径和有效途径，校园后勤在劳动育人方面可以做什么，怎么做，"新业态、新技术、新应用"推动了智慧后勤的快速发展，如何在"重推广、显价值"方面，把先进做法形成案例，提升新业态对校园后勤高质量发展的促进能力，围绕这些问题和需求，工作委员会通过学习调研、实践推动，不断提升自身服务创新能力。

（二）征集新业态优秀案例，积极推广新应用

2021年10月，为进一步发挥工作委员会职能优势，推广互联网、大数据、人工智能等前沿技术在校园服务领域的最新应用，工作委员会面向全国高校开展"校园服务新业态优秀案例"征集活动，征集期间共收到全国高校投稿案例74份，整理汇编逾50万字（见图2）。2022年7月组织专家对"校园服务新业态案例"进行评选，并于8月召开的昆明座谈会议中进行讨论（见图3）。会上，专家们指出本次评选以体现新模式、新理念、新方法、新场景为重点，评选出具有一定的行业推广效应、经济效益的优秀案例，通过集优汇编后进行宣传推广。

图 2 案例征集与汇编

图 3 案例评审

评审小组根据专家们的评审意见进行了详细的审核，并于10月进行终稿返稿工作，其间与58所投稿单位进行返稿沟通，择优汇编成《校园服务新业态优秀案例》并计划于2022年年会上印刷发布推广，供校际学习交流和相互借鉴。此次案例通过集经验、编标准、树标杆、汇政策，充分展示了新业态赋能高校后勤发展中取得的经验和成果，挖掘了校园新业态、新理念、新技术等方面的合作新模式及新需求。新案例的宣传与推广有效推动了校园服务创新的发展，满足了师生服务对校园后勤多元化、差异化的需求,很好地促进新技术、新产品、新业态、新模式在高校后勤领域广泛应用。

(三)深入走访调研交流,搭建交流分享平台

工作委员会在"新业态赋能校园后勤高质量发展"的建设方面,紧紧围绕行业发展中出现的重点与难点,深入各省各高校组织业内专家进行实地调研交流。切实做到摆问题、提建议、汇思路、推经验,针对校园服务的优秀案例做好经验分享,积极推广校园后勤中的新应用,形成校园服务新格局。同时,为《高校后勤高质量发展的内涵与实现路径研究》课题寻找更多的研究依据,形成强有力的研究成果。相关资料见(图4~图6)。

图4　赴上海走访调研

图5　赴湖北走访调研

图6　走访企业——菜鸟

随着行业发展需求，越来越多的国内外知名企业，尤其是数字科技领域的企业关注中国的教育后勤事业，新业态工作的有效推进离不开这类企业的积极参与，工作委员会充分发挥纽带作用，积极搭建校企交流平台，制定有效的机制推进校企交流，采用多种形式，推介适合高校后勤管理服务提升的技术、产品及合作模式，让更多更具实力的企业有效对接校园项目。

四、课题研究

2021年工作委员会向协会申请立项了《高校后勤高质量发展的内涵与实现路径研究》课题研究。2022年受疫情影响，前期相关工作未能实质性地开展，为尽快落实相关课题的研究工作，工作委员会于2022年8月20日在昆明组织召开了"中国教育后勤协会新业态及快递工作委员会2022年度课题开题及相关工作座谈会"，会议邀请了协会、各省领导及部分高校分管和主管负责人参加了座谈研讨（见图7）。会上，新业态工作委员会主任程天权及相关专家领导一致强调此次重点课题的研究方向具有重大意义及长期性，面对新时期，应深入研讨开拓创新教育后勤体制及机制，积极探索新业态赋能校园服务高质量发展的新需求。

图7　召开行业座谈会

根据专家们的提议，工作委员会首先向协会提交了课题变更申请，申请变更为"十四五"规划期间长期性的重点课题研究。其次确定了2023年重点课题的三个主要研究方向，分别是《新业态如何赋能高校后勤高质量发展》《高校后勤如何深化校企合作，做好服务育人、劳动育人》《高校商业服务数据深度挖掘及学生校园消费多维度模型构建研究》。此外，工作委员会为做好子课题的研究工作，2022年9月，工作委员会组织湖北省高校后勤研究会及部分高校后勤主管领导召开线上"《高校后勤如何深化校企合作，做好服务育人、劳动育人》相关课题研究的座谈会"，会议分析了劳动育人对教育后勤内涵式高质量发展的重要性，并总结分享了当前湖北省高校具有丰富、有特色的劳动实践课程体系，会议讨论决定为了做好课题研究工作，选择意向高校作为实践基地进行专项研究。与会代表表示，在此次座谈会上得到了充分的交流与经验分享，也为下一步搭建劳动育人平台打开了新思路（见图8）。

图8　关于校企合作相关课题交流——万睿科技

五、项目建设、加快完善行业团体标准建设

校园快递服务是整个校园服务在新的时代不可或缺的一个重要组成部分，特别是在疫情期间，快递服务显得尤为重要。近两年，随着国家相关政策出台更新，校园快递在规范化建设方面提出了新要求，为进一步规范校园快递服务站的建设和运营，加强对校园快递服务站的监督与管理，2021年委员会应行业发展需要，决定启动对校园快递团体标准进行2.0版的修订工作。通过多次组织相关专家、学校、企业线上、线下交流与调研后进行了修订意见的收集与整理，并于2022年8月于

"2022年度课题开题及相关工作座谈会"上进行了终稿意见的研究讨论。与会的专家领导表示要加快修订完善校园快递规范性的指导文件，进一步提升校园快递的服务质量。经过多渠道的意见收集汇编后，为确保团体标准的规范性，特聘请了行业标准认证中心的专家对修订条款及文本格式进行了专业指导，该项工作于2022年11月完成并报送至秘书处审核及发布（见图9）。

图9 出台团体标准

六、活动及宣传

信息互通、资讯交流是工作委员会的重点工作之一，为更好地联络互动、搭建交流、学习平台，加大高校后勤服务新业态、新理念、新技术、新模式的分享与宣传推广力度，2022年新业态公众号发文关于高校后勤服务新业态相关信息、新闻及学习资讯等共94篇，累计阅读量高达19 850余次，累计阅读人数9 000余人。

为落实工作委员会年度工作计划及搭建研究交流学习平台，工作委员会分别于2022年8月20日在昆明组织召开了"中国教育后勤协会新业态及快递工作委员会2022年度课题开题及相关工作座谈会"和2022年9月组织了湖北省高校后勤研究会及部分高校后勤主管领导召开线上"《高校后勤如何深化校企合作，做好服务育人、劳动育人》相关课题研究的座谈会"。

七、人才培养、课程体系开发与培训基地建设

人才培养是行业发展的重中之重，工作委员会紧跟后勤服务发展需要，汇集行业专家深入研究关于"新业态"赋能高校后勤高质量发展的相关课程，制订专业人才培训计划，开发工作委员会专业人才交流与培训的课程新体系。

近年来，受疫情影响，大湾区培训基地一直未能顺利地开展实质性工作。2022年工作委员会为大力推进中国教育后勤协会粤港澳大湾区培训基地的建设工作，不断挖掘培训新模式、新课程，大力提升培训基地对协会培训工作的支持与保障功能，确保有效支持、满足协会各项人才培训活动，为实现高校后勤高质量发展作出贡献。

八、总结

在过去的一年里，工作委员会在坚持"两高①引领"，做好"四化发展"，积极推进资源组合的新配置方式方面积极探讨智慧化、标准化、现代化的后勤高质量发展新路径。

2023年，工作委员会将认真学习宣传贯彻党的二十大精神作为贯穿全年的重大政治任务，继续保持谦虚务实的作风，发扬创新进取的精神，认真贯彻落实"十四五"规划对教育发展的新要求，加快校园服务新业态、新模式、新理念在校园服务中的实施进程，研讨挖掘出一系列有利于校园新业态、新理念、新技术及合作模式方面的新需求，为新业态赋能高校后勤高质量发展作出新贡献！

---

① "两高"是指高品质生活，高质量发展。

中国教育后勤招标采购网站
年度工作总结

党的二十大报告指出，教育、科技、人才是全面建设社会主义现代化国家的基础性、战略性支撑。必须坚持科技是第一生产力、人才是第一资源、创新是第一动力，深入实施科教兴国战略、人才强国战略、创新驱动发展战略，开辟发展新领域新赛道，不断塑造发展新动能新优势。学习贯彻党的二十大精神以及协会有关文件要求是中国教育后勤招标采购网开展各项活动的总纲领和指导方针。

2022年是中国教育后勤招标采购网（以下简称网站）努力践行分支机构"十四五"规划和践行党的二十大报告的新的一年。2022年度，网站在协会秘书处的领导下各项工作有序推进。2022年一至四季度，网站持续贯彻落实协会部署和办公会议相关精神，围绕服务后勤发展和后勤领域招标采购各项工作，积极响应后勤招标采购行业需求，依据年度发展规划全面推进各项工作。现将2022年主要工作及2023年工作计划简要汇报如下，敬请各位领导斧正。

一、机构建设

（一）借鉴"事业部"和"项目组"模式，提升网站运营能力

网站依据业务流程和版块职能，根据线上线下活动和资讯传播特点组建"教育研修事业部"和"新媒体运营事业部"。通过分析业务流程，提升服务响应、用户体验、媒体融合、数据分析、平台体系等多方面服务能力，让网站在活动设计、日常运营等方面保持自洽，不出现原则性谬误。

（二）建立各任务模块责任体系，优化网站制度建设

2022年以来，网站细化内部合作分工，通过详细划分各项目分工提升网站日常

运营效率。其次，网站通过出台一系列内部制度，对关键业务流程和关键点进行把控，保障网站政治站位正确、舆论导向正确。

二、能力提升

一是根据网站建设需要，将目标任务进行分解，制定路线图、时间表，明确相应的权责划分与沟通机制，并引入专项行动组对不同任务进行项目目标管理，同时建立与任务模块相匹配的考核机制，对目标计划进行闭环管理。

二是对网站资讯采编和宣传工作进行采编工具软件包（平面设计、流媒体处理、GIF 动图等）和业务能力培训。并根据专业、特长对关键岗位人员进行专项能力提升培训。

2022 年，网站通过常态化培训和专项能力提升措施锻炼了事业部团队，提升了网站服务能力。

三、重点工作

2022 年，网站围绕服务教育、服务学校后勤的职责和使命，开展了系列工作。网站全面参与教育系统制止餐饮浪费工作，广泛参与高校面向采购、消费扶贫先进事迹的传播和全国高校后勤系统疫情管控下优秀案例的报道工作，组织实施《高校后勤招标采购》课题阶段性研究，协助后勤研究院学术委员会召开成立大会。

（一）为全国各级教育部门和各类学校提供招标采购信息挂网等服务

自 2022 年 1 月以来，网站先后以文字通讯、图片新闻、视频转载等形式刊发了各类疫情防控、智慧校园、平安校园、节能节水节电、杜绝餐饮浪费及后勤动态信息 1 000 余篇，系统展示了高校后勤各项事业的蓬勃发展，彰显了高校后勤服务育人的崇高使命。截至 2022 年 12 月下旬，网站（含微信公众号）为全国各类高等院校共发布（含转发）近 10 万条次货物、服务、建设类招标采购信息、行业动态和经验交流信息。

（二）着力宣传贯彻国家、地方政府、行业有关招标与采购的法律法规和相关政策

网站根据高校后勤岗位流动性强的特点，专门从全国各级行业协会及高校收集

500 余篇最新政策规定和招标采购经验交流信息，通过网站挂网和微信公众号进行推送，为超过 10 万人次高校后勤人答疑解惑和提供参考。

（三）统筹策划高校后勤招标采购业务培训，协助后勤研究院学术委员会召开成立大会暨 2022 年度后勤发展论坛活动

2022 年，网站筹备举办"高校后勤招标采购第七期高级研讨班"。后因疫情原因和举办地管控政策延期。9 月 17 日，中国教育后勤协会后勤研究院学术委员会成立大会暨 2022 年度后勤发展论坛在安徽合肥以线上线下相结合的方式举行。网站团队为成立大会及论坛活动全程提供贴心服务。

（四）协助协会会员发展部开展工作

在协会领导的指导下，在协会秘书处负责财务、负责宣传工作同事们的多方协作下，网站协助会员发展部积极筹划并多次召开专题工作推进会，开展 2022 年度会费清缴、摸排工作。

2022 年 10 月 19 日，会员发展部发布会费缴纳通知。10 月 21 日组建以宋宇任主任、王敏任副主任、网站团队各司其职的会员发展部工作专班。工作专班根据会员名录，整理、查询、补充 142 家空白企业会员单位名录信息；起草拟定沟通与联络话术内容，进行预演练习，专班各位成员按照分工进行有序联络；完成名录中 398 家企业会员信息核查及第一轮联络工作。

经工作专班的沟通与联络，自 10 月 24 日至 12 月 14 日，部分企业会员按照《关于缴纳 2022 年度中国教育后勤协会企业会员会费的通知》进行会费缴纳。

四、课题研究

2022 年，"高校后勤招标采购研究"（重点课题）课题组专门就工作推进情况进行沟通并广泛听取行业专家、顾问指导意见，多次召开线上、线下会议就课题研究的工作流程、人员分工、调研地点、调研内容设计进行深入交流和讨论。课题组专家主动担当，发扬连续作战的敬业精神，高站位谋划，高标准落实，高效能推进，就课题调研提纲和区域调研启动事项进行了大量细化工作。截至 2022 年 7 月下旬，课题组共完成安徽区域 10 所各类院校调研工作，收集、整理、归类、存档各类调研文献、文档、音视频资料 200 余份并撰写研究报告和工作指南初稿交课题组讨论。

11月下旬，课题阶段性成果《高校后勤招标采购研究》研究报告、高校物业招标采购工作指南、高校食堂招标采购工作指南已开展内部评议二读程序。

2022年7月21日，在合肥工业大学召开《高校后勤招标采购研究》课题组调研暨安徽省高校调研总结会（见图1）。

图1　《高校后勤招标采购研究》课题组调研暨安徽省高校调研总结会

参会人员有：合肥工业大学党委常委、副校长、课题组执行组长季益洪，安徽大学党委常委、副校长、课题组执行组长周飞，安徽省教育厅采购监管与审计处副处长、二级调研员曹玉建，安徽省高校后勤管理服务中心副主任潘鸿声，安徽省高等院校后勤协会秘书长陈鹏，中国教育后勤招标采购网执行主任王敏等课题组成员。

2022年9月16日，在合肥工业大学召开《高校后勤招标采购研究》重点课题汇报会（见图2）。

图2　《高校后勤招标采购研究》重点课题汇报会

参会人员有：中国教育后勤协会常务副会长兼秘书长、课题组长牛维麟，中国教育后勤协会专家委员会副主席皮光纯，合肥工业大学党委常委、副校长、课题组执行组长季益洪，安徽大学党委常委、副校长、课题组执行组长周飞，安徽省高等院校后勤协会秘书长陈鹏，安徽省高等院校后勤协会常务副秘书长胡孝玉等课题组成员。特邀时任安徽省委教育工委委员、省教育厅副厅长解平，江苏省高等学校后勤协会秘书长黄在宇参加座谈交流。

2022年5月31日，在安徽大学召开《高校后勤招标采购研究》课题组安徽大学调研座谈会（见图3、图4）。

图3　2022年9月16日课题组成员于合肥工业大学学术会议中心合影

图4　《高校后勤招标采购研究》课题组安徽大学调研座谈会

参会人员有：合肥工业大学党委常委、副校长、课题组执行组长季益洪，安徽大学党委常委、副校长、课题组执行组长周飞，安徽省高等院校后勤协会秘书长陈鹏，安徽大学后勤保障处处长王光存，安徽医科大学招投标管理办公室主任汪龙舒，安徽大学后勤保障处副处长夏林童等课题组成员。

2022年6月17日，高校后勤招标采购研究课题组赴铜陵学院调研指导（见图5）。

图5　高校后勤招标采购研究课题组赴铜陵学院调研指导

参会人员有：合肥工业大学党委常委、副校长、课题组执行组长季益洪，合肥工业大学总务部部长田合雷等课题组成员。铜陵学院党委书记吴照明出席座谈会并致欢迎辞。

2022年5月31日，在巢湖学院召开《高校后勤招标采购研究》课题组巢湖学院调研座谈会（见图6）。

图6　《高校后勤招标采购研究》课题组巢湖学院调研座谈会

参会人员有：安徽省高等院校后勤协会秘书长陈鹏，安徽省高等院校后勤协会常务副秘书长胡孝玉，合肥工业大学文法学院经济法教研室主任、副教授闫晴等课题组成员。巢湖学院党委委员、副院长周祥等参加座谈交流。

五、活动及宣传

2022年，网站在协会秘书处的领导下各项活动及宣传工作有序推进，服务方式进一步升级，自媒体融媒体创新进一步加强，网站各项建设取得长足进展。2022年，网站坚决贯彻落实协会秘书处决策部署，紧紧围绕服务育人发展大局，积极响应高校及企业需求，扎实完成各项工作，以专栏或专门报道方式广泛参与高校面向采购、农校对接、典型服务、先进事迹等内容的新闻采编传播工作。通过媒体"聚合、传播、服务"的模式广泛宣传报道教育系统在"三节"活动、智慧校园、高校抗疫等方面先进事例。

网站多次联系为高校提供服务的各类企业就高校后勤社会化服务能力提升和招标采购等问题进行沟通和座谈。网站密切关注线上、线下服务和相关活动，优化线上服务流程，通过线上宣传、线下交流，精准把握后勤服务企业现状和需求，发挥好校企对接平台功能。

六、2023年工作计划及要点

（一）紧跟新时期高校后勤建设动态，搭建好信息服务平台

学习贯彻协会秘书处指示精神，不断推进网站各版块资讯采编和通讯报道工作。积极联系相关企业共同做好服务高校后勤工作。通过网站会员体系建设和微信订阅号推广为更多服务高校的企业搭建交流、服务平台。同时，关注新技术、新服务在校园中的应用，展示校园服务的新理念、新模式、新业态。

（二）继续推进课题研究落地和示范工作

2023年，课题组将会向行业主管部门提报《高校后勤招标采购》课题研究成果及相关工作指南，因地制宜将相关成果在适当的区域进行应用试点。

（三）加强内控管理，确保网站依法遵规健康运行

通过完善内控管理制度，多渠道、多形式开展调研、服务工作，紧贴实际提升

网站自律意识。通过加强学习，自觉树立政治意识、大局意识，严格遵守国家法律法规，确保网站合规健康发展。

（四）协助协会会员发展部做好会员发展工作

有序组织在会籍期内的企业会员单位，积极参与到协会秘书处及各分支机构、实体机构、工作委员会策划及举办的会议与活动中。充分发挥网站自媒体平台优势，在网站、微信公众号平台中，帮助企业会员单位做好品牌影响力及服务校园经典案例的展示工作。同时，协助会员发展部做好空白省份、空白业态领域企业会员发展规划工作。

（五）创新思路、做好线上、线下高校后勤招标采购研讨培训活动计划

网站将全面总结前六期研讨班的办班经验，借鉴各分支机构和兄弟单位办班新理念和成功经验，根据具体情况对研讨班办班工作进行计划安排。

2023年，网站将在中国教育后勤协会秘书处的具体指导下，聚焦"一流后勤服务""融媒体聚合""校企服务对接""研修交流""课题成果落地""会员联络"等方面，紧紧围绕协会工作部署，以目标推动为纲，以项目实施为目，踏实笃行、务实担当，推动各项工作稳步前行。

中国教育后勤协会校园假日联盟
年度工作总结

过去的2022年是极不平凡的一年,在全体会员的共同努力之下,校园假日联盟战胜疫情,渡过难关,迎来了难得的发展机遇。

一、强化联盟组织建设

三年疫情期间,校园假日联盟很多工作难以展开,其中组织建设受到严重影响。疫情结束后,我们立即着手加强组织建设。通过见面、电话、微信等形式,"走出去,请进来",与每一位联盟领导取得联系,沟通有关情况,广泛征求对加强联盟建设的意见。

在总结以往工作经验教训的基础上,我们加强制度建设,系统整理了已出台的规章制度,补充制订了联盟成员入选聘任的相关标准,修改完善了《校园假日联盟管理规定》等相关制度。

二、广泛争取各界支持

在与现有联盟领导和成员取得联系的同时,我们多次邀请有关专家,开展以"游学研学服务、校庆校友服务、教育就业服务、智慧校园服务、校园商贸服务"为主题的论坛会、座谈会,吸收有益经验,积极探索实践创新,推进校企合作。

我们还积极邀请合适的组织和人员,真诚吸纳他们加入校园假日联盟,共同探索假日联盟开展工作的有效途径,不断拓展校园假日联盟的发展空间。

三、主动寻求合作机遇

与部分高校合作,开展智慧食堂建设,以学生食堂移动支付系统为切入点,在方便学生日常就餐的同时，收集学生餐饮消费数据，通过对数据的分类、统计、加工和分析，为食堂管理运营的改进和提升提供客观依据，不断提高学生就餐满意度。

与安专会及有关企业合作，采用了全新算法的框架软件，在服务学校食堂、公寓等环境的监控系统中，人脸、人体、物体视频中进行 24 小时实时检测、跟踪与抓拍，对检测中存在的口罩佩戴、安全帽佩戴、人体检测、区域入侵等安全隐患进行报警，搭建集公共服务、安全管理、能源管理、公寓管理于一身的智慧管理服务平台，提高食堂、公寓等区域的科学管理水平。

四、积极尝试开展活动

与中央电视台、故宫博物院、辽宁科技大学等单位达成共识，筹备举办全国大学生文化创意大赛，将学校课堂教学、学生动手实践与社会实际需要紧密结合，努力打造良性发展模式，实现广泛参与、多方受益的大赛目标；组织专门人员，尝试建立海南水果专供平台，为各级各类教育机构的教职工提供专门服务；与部分高校合作，尝试开展膳食速递活动，增强高校食堂服务能力；组织专门人员，积极探索开展赴日留学、就业、游学、研学等活动，缓解国内毕业生就业难、待遇低、竞争压力大等问题，助力中日院校进行学术交流、校际合作。

总之，一年来，在中国教育后勤协会的领导下，校园假日联盟做了一些积极努力和有效尝试。

今后，我们将坚持定期联络制度，通过线上和线下两种形式，确保每半年召开一次主席会议，确保每季度召开一次秘书长会议，进一步加强组织建设；将坚持联盟领导带头调研，广泛接触社会，动员各级社会力量，不断扩大联盟成员队伍，不断更新工作思路；将下大力气，推进全国大学生文化创意产品大赛、海南水果专供平台建设、高端游学研学等工作，争取在较短的时间内创造假日联盟工作的新局面，确保重点工作有所突破。

专题报告二　　区域风貌

北京市高等教育学会后勤研究分会年度专题工作报告

一、协会基本情况

北京市高等教育学会后勤研究分会（以下简称"北京高校后勤研究分会"）成立于1984年，是北京市高等教育学会的团体会员，是在北京市教育委员会、中国教育后勤协会的指导下，组织高校后勤工作者开展后勤管理理论研究与工作交流的学术团体；是教育行政部门联系行业组织的桥梁和制定政策的参谋咨询机构，致力于推进北京高校后勤改革，提高后勤管理水平和服务质量，增强高校后勤保障能力。会标见图1。

图1　北京市高等教育学会后勤研究分会会标

2023年9月22日，北京高校后勤研究分会进行了换届工作，北京林业大学当选北京高校后勤研究分会第十六届理事会理事长单位，校党委副书记谢学文当选理事长，综合保障部党委书记刘雄军当选常务副理事长兼秘书长，北京建筑大学党委副书记王逸鸣、中国人民公安大学副校长闫天池、北京工业大学校长助理李国俊、北京交通大学校长助理吴强、首都师范大学副校长宋军、中国农业大学校长助理张永生、北京工商大学副校长郑文红、北京市教育委员会学校后勤处副处长鲜万标当选副理事长，北京92所高校为高校会员单位。

目前，北京高校后勤研究分会下设秘书处和8个专业委员会，秘书处设置在北京林业大学综合保障部，专业委员会分别为：后勤育人与人力资源管理专业委员会、伙食管理专业委员会、公寓管理专业委员会、物业与绿化管理专业委员会、商贸与快递管理专业委员会、后勤安全管理专业委员会、节能减排专业委员会、智慧校园专业委员会（见图2）。

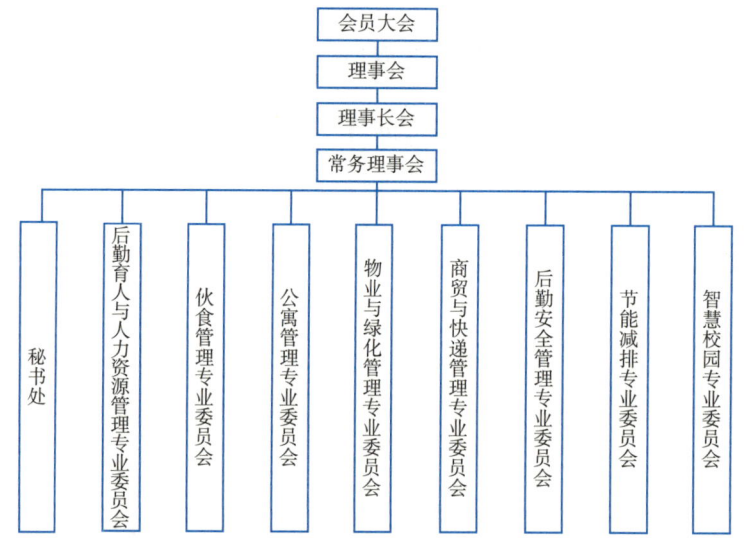

图2　北京市高等教育学会后勤研究分会组织机构图

二、自身建设工作

（一）重视制度建设，提升管理能效

北京高校后勤研究分会高度重视体制机制建设工作。换届后修订《北京市高等教育学会后勤研究分会管理办法》，调整了理事长任期年限、理事长单位连任届数、内设专业委员会连任届数、组织机构、负责人职责、会费收取标准等方面规定。2023年10月，前往北京市学校基建后勤管理事务中心开展工作交流，就宣传平台建设、管理制度建设、人员力量补齐等方面工作进行深入研讨，并在会后迅速开展制度建设，根据发展需要，将补齐北京高校后勤研究分会管理制度短板提上日程，先后起草并发布了《北京市高等教育学会后勤研究分会企业会员管理办法》《北京市高等教育学会后勤研究分会经费收支管理办法》，对科研课题的立项与管理等方面进行专项调研学习，起草了《北京市高等教育学会后勤研究分会科研课题管理办法》。北京高校后勤研究分会通过制度体系不断完善，持续提升管理效能。

（二）优化组织架构，适应发展需求

北京高校后勤研究分会对标北京高校后勤工作发展方向，加强团队建设并调整内设机构设置。团队建设方面，北京高校后勤研究分会进行了专职人员招聘，现阶段秘书处有专职工作人员和兼职人员各 2 人。在组织架构方面，调整并新增了后勤育人与人力资源专业委员会、物业与绿化管理专业委员会、商贸与快递管理专业委员会、后勤安全管理专业委员会，进一步优化管理流程，激发专业委员会在专业领域工作潜能。在工作机制方面，加强统筹谋划，充分调动各专业委员会工作积极性，推动各专业委员会制订工作计划、完善工作机制，并定期召开工作会议，落实工作安排，促进北京高校后勤研究分会工作更加标准化、运行更加规范化，为北京高校提供更加优质、全面的服务与保障。

（三）加强会员管理，搭建服务平台

北京高校后勤研究分会会员为单位会员，分为学校会员和企业会员两类。除北京 92 所高校作为高校会员单位外，为进一步做好会员管理与会员服务工作，共同构建北京市高校后勤领域企业资源整合与服务平台，2023 年 12 月，北京高校后勤研究分会启动了发展企业会员工作。截至 2023 年底，共收到来自全国高校后勤餐饮管理、公寓管理、物业管理、商贸管理、节能减排、智慧校园等多个领域 30 余家企业的申请，后期将对申请企业进行遴选，与优秀企业共同搭建一流服务平台，促进高校后勤服务市场良性发展。

三、思想政治建设工作

北京高校后勤研究分会以习近平新时代中国特色社会主义思想为指导，深入学习贯彻习近平总书记关于教育的重要论述，紧扣立德树人的根本任务，不断统一思想、深化认识，充分发挥高校后勤领域服务育人的阵地优势，不断强化育人意识，落实"五育并举"要求，推动新时代教育后勤的高质量发展。

（一）推进"育人星光计划"

北京高校后勤研究分会组织召开后勤育人新业态建设暨"育人星光计划"推进工作座谈会，邀请了清华大学、中国人民大学等十余所在京高校后勤负责人参会。第十

五届理事会理事长单位首都师范大学作为此项工作的开创者介绍了学校按照中央对教育强国建设工作部署要求，在加快发展新质生产力、厚植高质量发展优势背景下，努力开拓育人新场域，为学校事业发展提供合理高效保障方面进行的系列探索，以及进一步推进“育人星光计划”成果转化推广应用，实现更大范围的经验互鉴和成果共享方面的思考。此项工作为兄弟高校在后勤育人领域深入探索提供了思路，得到了兄弟高校的高度赞扬。中国教育后勤协会领导对“育人积分系统”以及“育人星光计划”给予高度评价，肯定了“育人星光计划”整体思路和安排部署，并计划将此后勤育人优秀实践成果向全国高校推广，以推动新时代教育后勤的高质量发展。

（二）打造首家劳动教育示范基地

为贯彻落实习近平总书记关于劳动教育的重要论述，培养德智体美劳全面发展的社会主义建设者和接班人，第十六届理事会理事长单位落实“五育并举”要求，在中国教育后勤协会、北京市有关单位的大力指导和支持下，深入挖掘劳动教育资源，精心设计开展后勤领域劳动教育，构建后勤劳动教育特色课程体系，成为全国首家“后勤服务育人劳动教育示范基地”，推出了岗位体验类、生活技能类、专业生产类三大类共 14 项特色劳动教育课程，总结形成了可复制推广的劳动教育模式，形成示范效应，为兄弟高校高质量开展劳动教育工作树立了新典范。

四、服务提升工作

（一）加强信息共享，搭建信息交流平台

为促进和提升北京高校后勤管理服务水平，推进北京高校后勤事业高质量发展，共同研究探索高校后勤工作的实践和经验，北京高校后勤研究分会建立了北京高校后勤信息报送工作机制，创建《北京高校后勤信息月报》，以信息月报的形式推广宣传高校后勤领域先进经验、典型案例等（见图 3）。截至 2023 年 12 月底，收到各高校积极投稿 633 条，已成刊 3

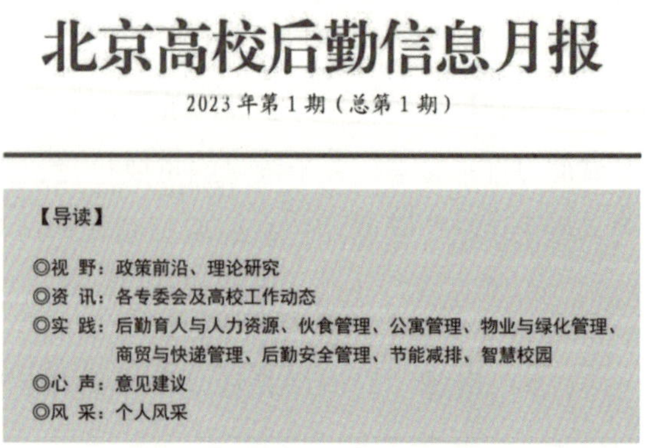
北京高校后勤信息月报

2023 年第 1 期（总第 1 期）

【导读】

◎视　野：政策前沿、理论研究

◎资　讯：各专委会及高校工作动态

◎实　践：后勤育人与人力资源、伙食管理、公寓管理、物业与绿化管理、商贸与快递管理、后勤安全管理、节能减排、智慧校园

◎心　声：意见建议

◎风　采：个人风采

图 3　北京高校后勤信息月报

期。《北京高校后勤信息月报》现已成为北京各高校后勤发展的"展示窗",沟通交流的"信息桥",为高校学习互动提供了优质平台与有力支撑。

(二)深化培训交流,打造学习互通平台

北京高校后勤研究分会充分发挥北京地域优势及专业委员会的专业优势,组织召开北京高校后勤高质量发展论坛,邀请领域专家就绿色校园、后勤安全、后勤育人三个方面的前沿动态、优秀案例进行深入分享;组织开展高校食堂管理工作培训会,围绕强化内控长效机制、现代化高校饮食服务管理、提升规范化管理水平、高校食品安全监管等方面内容进行交流分享,推动高校餐饮服务工作高质量开展;组织开展节能减排工作培训会,围绕"能源费托管服务""北京之水与校园节水""践行校园节能低碳,聚焦'双碳'战略目标"三个方面作了专题讲座,讲授节能减排、绿色环保专业知识和技能;组织召开北京高校节能工作现场会,推广高校优秀节能案例,提供高校与企业的交流平台,加强信息互通;组织召开北京高校消防安全座谈会,传达有关部门消防安全、生产安全等文件精神,讲解当前高校消防安全最新政策要求;联合北京能源学会清洁生产分会,共同举办高校清洁生产与绿色低碳发展研修班,培养深入掌握清洁生产和绿色低碳知识技能的"双碳"人才,助力高校后勤绿色转型发展。多领域多层面的培训交流活动,为北京高校提供交流学习的平台,加强高校间的互通合作,从而更好地服务全体会员单位。相关资料见图4~图8。

图4　北京市高等教育学会后勤研究分会第十六次会员大会暨北京高校后勤高质量发展论坛

图5　2023年高校食堂管理工作培训会

图6　2023年节能减排工作培训会（高校）

图7　北京高校节能工作现场会

图 8　北京高校消防安全座谈会

五、调查研究工作

（一）积极协助上级部门开展调研

为切实做好高校学生公寓管理服务工作，北京高校后勤研究分会积极支持中国教育后勤协会工作，组织公寓管理专业委员会开展"全国高校学生公寓管理工作调研"，面向北京 92 所高校开展学生公寓现状调研，并形成调研报告。

（二）积极组织北京高校参展学习

组织北京市 30 余所高校，共 90 余名后勤工作者赴深圳参加"第六届中国教育后勤展览会"及各领域分会，共同开阔视野，了解校园后勤各领域的新技术、新设备、新服务，助力北京高校后勤引入先进技术手段，提升服务质量。

（三）积极组织高校骨干省外调研

在北京市教育委员会支持下，组织北京部分高校后勤十余名骨干人员，赴浙江省浙江大学、杭州师范大学、浙江树人学院 3 所优秀高校进行座谈和实地考察，重点就高校食堂用餐安全、集中采购管理、公寓建设模式、物业管理优化、商贸引入、基建维修等后勤管理服务的先进经验进行交流学习，助力北京高校开阔后勤改革视野。同时，北京高校后勤研究分会秘书处赴浙江省教育后勤基建协会开展调研，就组织建设情况、专业委员会管理、课题申报管理、财务管理、交流服务平台搭建、业务培训等方面进行了深入交流，并将部分先进经验引入北京高校后勤研究分会的管理中，实现管理质效的提升，助力更好地服务会员单位（见图 9）。

图 9　组织高校后勤骨干人员赴浙江省高校进行座谈考察

六、重点特色工作

（一）创建绿色学校，厚植绿色发展理念

为贯彻落实教育部和市政府关于开展绿色学校创建工作的部署要求，持续推进北京市绿色学校创建工作，厚植绿色发展理念，北京高校后勤研究分会积极配合市教委开展绿色学校创建验收工作，组织召开北京市绿色学校创建验收工作推进会，助力兄弟高校加强沟通，互学互鉴。第十五届理事会理事长单位高度重视相关工作，结合学校实际，在能源综合利用、垃圾分类、制止餐饮浪费、绿色智慧校园等方面进行独具特色的创新，开展生态文明教育，成为北京市首批绿色学校创建验收达标高校；同时，案例入选2023年全国节能宣传周《绿色生活创建行动优秀案例集》，为持续提升绿色学校建设水平贡献力量。

（二）树立先进典型，凝聚后勤队伍合力

为充分展现首都现代化高质量后勤保障队伍的突出贡献，进一步培育和树立先进典型，引导广大后勤工作者牢记育人使命，为教育强国建设勇担保障重任，在北京市教委指导下，北京高校后勤研究分会组织开展了"首都高校最美后勤人（2023年度）"评选活动，发动各高校广泛宣传，鼓励一线工作人员积极参与评选（见图10）。共有来自72所高

图 10　首都高校最美后勤人（2023年度）评选活动

校的 90 名个人和 37 个团队参与评选，经网络投票、专家评审、常务理事会审议，最终评选出"最美后勤人"76 人，"最美后勤团队"36 个，全方位展现了首都高校后勤领域的最美风采，增强了首都各高校后勤保障队伍的职业认同感和荣誉感。

七、总结与思考

2023 年，北京高校后勤研究分会在北京市教委、北京市高等教育学会、中国教育后勤协会的指导下，在广大会员单位和高校后勤工作者的共同努力下，顺利完成了换届选举工作，并积极开展各项工作。在加强组织建设方面，重新梳理了组织架构，调整并新增了部分专业委员会，明确划分工作职责，充分调动各方优势，同时充实了秘书处的力量，吸纳专兼职优秀人才加入，确保研究分会专业高效运行。在强化制度建设方面，建立经费管理、企业会员管理、科研课题立项与管理等多项管理制度，补齐制度短板，促进工作更加标准化、规范化，提高管理效能。在开展培训方面，协调专业委员会力量，发挥专家作用，开展多领域的座谈与专项业务培训，搭建交流与学习平台，助力后勤保障各领域人才快速成长。在调查研究方面，北京高校后勤研究分会在北京市教委的指导下，明确调研方向，组织骨干人员深入外省协会、外省高校学习调研，挖掘先进做法和宝贵经验，并结合首都高校实际，提出改进意见，供政府部门决策参考，不断提升咨政辅政能力。在打造协同发展格局方面，发展优质企业会员，构建北京高校后勤领域企业资源整合与服务平台，促进高校后勤服务市场良性、协同发展。在加强宣传方面，创建《北京高校后勤信息月报》，确保首都各高校先进经验和典型案例及时宣传推广，为各高校后勤高质量发展提供借鉴参考；顺应市场化、信息化发展趋势，搭建微信公众平台，加强宣传推广，不断提升北京高校后勤研究分会影响力；加强榜样宣传，通过开展首都高校最美后勤人评选活动，讲述后勤工作者在平凡岗位的不平凡事迹，培育和树立先进典型，增强首都高校后勤保障队伍的职业认同感和荣誉感，凝聚奋进新征程的强大合力，为北京高校后勤高质量发展奠定坚实基础。与此同时，我们也清醒地看到自身的不足和面临的挑战：一是一直未设置科研课题，成为发展中的短板；二是各类机制体制还需要通过工作实践不断优化和完善；三是网站、公众号等对外交流平台初具雏形，还不够丰富和饱满；四是交流互动活动的形式和内容还不够创新等。

湖北省高等学校后勤管理研究会
年度专题工作报告

一、湖北省高等学校后勤管理研究会（以下简称研究会）基本情况

湖北省高等学校后勤管理研究会由湖北省教育厅后勤学校工作办公室申报，于 2002 年 3 月 15 日经湖北省民政厅鄂民管函〔2002〕16 号文批复同意成立。研究会在湖北省教育厅学校后勤工作办公室运行管理了 14 年，在 2015 年中共中央办公厅、国务院办公厅、民政部、湖北省政府分别出台《社会团体登记管理条例》《关于改革社会组织管理制度促进社会组织健康发展的意见》等对社会组织实施改革的大背景下，湖北省高等学校后勤管理研究会按照社会组织文件精神厘清政府、市场、社会关系的要求，2016 年 1 月换届，产生研究会第九届（新一届）理事会。第九届理事会理事长由时任武汉大学党委常委、副校长谈广鸣担任，秘书长由武汉大学后勤服务集团原总经理李熠担任。2021 年按照研究会章程规定进行了换届，成立第十届理事会，理事长由武汉大学党委常委、副校长李资远担任，秘书长由武汉大学后勤服务集团原总经理李熠担任（见表1）。

表 1　　　　　　　　　研究会主要负责人

序号	姓名	研究会职务	单位名称	职务
1	李资远	理事长	武汉大学	党委常委、副校长
2	何流清	副理事长	华中科技大学	后勤集团党委书记
3	周爱国	副理事长	中国地质大学（武汉）	时任党委常委、副校长
4	乔俊杰	副理事长	中南民族大学	党委常委、总会计师
5	王炎廷	副理事长	三峡大学	校长
6	刘荣华	副理事长	长江大学	校长助理
7	方文海	副理事长	武汉工程大学	时任副校长

续表

序号	姓名	研究会职务	单位名称	职务
8	冯 军	副理事长	武汉纺织大学	副校长
9	汪德平	副理事长	武汉轻工大学	统战部部长
10	张国安	副理事长	湖北经济学院	党委常委、副校长
11	李 熠	秘书长	武汉大学后勤服务集团	原总经理

研究会下设7个管理专业部，即：伙食管理专业部、宿舍管理专业部、绿化与物业管理专业部、房地产管理专业部、安全管理专业部、思想文化建设与人力资源管理专业部、智慧后勤与能源管理专业部。研究会会员涵盖湖北省130所高等院校，336名会员。

二、自身建设工作情况

研究会为了应对诸多困难、问题和风险，积极主动适应政府职能转移和社会组织管理新规提出的任务要求，牢记服务的使命和任务，认真履行职责，坚持一手抓自身组织建设、制度建设和机制建设，一手抓行业服务、规范自律、咨政辅政。在规范化建设方面按照研究会章程主动接受政府主管部门和省民政厅的工作指导，制定了会议规划、财务管理制度、会议收费办法、论文评选及奖励办法、课题立项管理办法等；队伍建设方面，研究会理事长、副理事长、理事、秘书长及秘书处的专职及兼职人员配套齐全，并且在后勤饮食、宿管、物业、园林、能源等领域组建专家库，在创新发展方面积极主动作为，针对社团组织遇到的新问题、新矛盾，结合自身实际研究对策，如在研究会原14个管理专业部的基础上优化为现7个管理专业部，从而提高了管理效率和工作效能。在服务会员的培训交流等方面也做了大量工作，如组织会员单位赴省外高校学习取经，及会员单位积极参加中国教育后勤协会的各项会议和培训及省内高校交流和培训工作，保持与各管理专业部及各会员单位的联系与沟通，充分发挥桥梁纽带作用。相关资料见图1、图2。

三、思想政治建设工作

研究会始终坚持以习近平新时代中国特色社会主义思想为指导，全面贯彻党的二十大精神，深入学习习近平总书记关于教育的重要论述。一是坚持开展理论学习，积极开展党建活动，研究会功能型党支部结合自身实际，研究制定主题教育实施方案，把高水平创新型社团组织建设作为主题教育重要抓手，坚持学以致用，着力解

图 1　湖北省高校后勤管理研究会高校食堂安全巡查问题整改会

图 2　湖北省高校后勤管理研究会专家库建设研讨会

决工作中的重点问题，推进理论学习与工作实践有效结合，如开展了全省高校食堂"互联网+明厨亮灶"建设工作现场推介会，把管理创新优势转化为服务优势、发展优势、竞争优势（见图3）。二是强化育人意识，构建高质量服务育人体系。坚持以立德树人为根本，以深化服务育人功能为目标，研究会协同中国教育后勤协会新业态委员会组织湖北高校后勤部门主要领导召开线上《高校后勤如何做好服务育人、劳动育人》相关课题研究座谈会，选择意向高校作为实践基地进行专项研究。为了进一步推进"后勤服务育人劳动教育示范基地"的创建工作，2023年4月，研究会协同中国教育后勤协会新业态委员会再次组织召开部分高校后勤"劳动育人"工作交流会，武汉大学、华中科技大学、中国地质大学（武汉）、湖北大学、三峡大学、江汉大学、湖北经济学院、武汉生物工程学院等高校进行了充分交流与经验分享。各高校在创新劳动育人新模式、构建劳动教育新模式等方面有了新突破，助推了湖北高校"后勤服务育人劳动教育示范基地"的创建工作迈上了新的台阶。2023年中国教育后勤协会第一批"后勤服务育人劳动教育示范基地"评选活动中，湖北高校中武汉大学、中国地质大学（武汉）、江汉大学入选（见图4）。此项工作的推进对后勤服务劳动教育工作具有示范引领作用。三是在落实教育部及湖北省教育厅等相关部门颁布的相关政策方面开展的工作。2023年4月和2023年9月，教育部分别下达了《关于做好高校节约用水工作建议》及《全国学生公寓管理工作调研报告》的两部函件，要求调研及撰写政策咨询报告。研究会接到任务后，组织相关专家成立专班，分别对《关于做好高校节约用水工作建议》及《全国学生公寓管理工作调研报告》开展调查研究。《节水工作建议》从现有做法成效、存在的困难问题、对策建议三个部分撰写，《湖北省学生公寓管理工作调研报告》从学校学生公寓的政策分析、学生公寓的现状分析、原因分析、对策建议等四个方面撰写。两部文件共撰写出2万余字的调研及政策咨询报告。报告提交后，均受到相关部门的好评，为政府部门制定相关政策提供了依据。同时完成湖北省教育厅交办的工作，重点课题有《高校后勤服务外包管理现状、问题与对策研究》，起草《湖北省高校食品安全倡议书》，协助教育厅、武汉市邮政局起草《湖北高校快递服务指南》，制定《湖北高校学生开水热水供应标准》，协助教育厅起草《湖北省学校食堂"互联网+明厨亮灶"管理平台建设指南》，协助教育厅制定《关于进一步规范和加强高校学生食堂管理》的通知，协助教育厅制定《关于建立高校后勤巡查巡讲制度》的通知。

图3　湖北省高校食堂"互联网+明厨亮灶"建设现场会

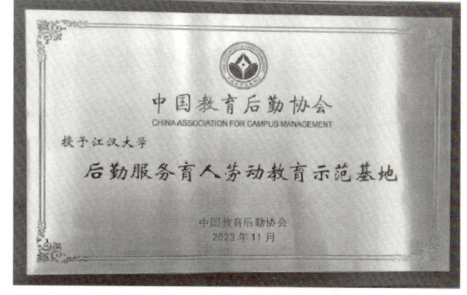

图4　江汉大学入选"后勤服务育人劳动教育示范基地"

四、服务提升工作

研究会紧紧围绕高质量发展这个主题，以优化资源强化服务为重点，统筹服务力量，夯实服务基础，创新服务方式，拓展服务领域，不断提升服务能力和服务水平。在校园安全、饮食安全、公寓管理、校园绿化、信息化建设等服务方面做了大量的工作。为强化高校食堂安全管理，督促学校落实安全主体责任，研究会根据《湖北省高校食堂安全管理巡查工作实施方案》，每年春秋两季对全省130所高校食堂进行全方位、全覆盖、不留死角拉网式大巡查。具体做法是，研究会组建由后勤部门主要领导带队，抽调经验丰富、专业精湛、技术过硬、吃苦耐劳、认真负责的精兵强将工作专班。巡查以《湖北高校食堂安全管理工作实施方案》为依据，对高校食堂卫生安全、"互联网+明厨亮灶"、制止餐饮浪费、煤气安全等事项进行检查；重点巡查食品安全、制度建设、食堂规范经费、从业人员规范管理、食品原料安全存储、餐厨垃圾规范处置、食品卫生监管、原材料采购加工等工作；通过听汇报、阅资料、看现场、访师生、答问卷等工作环节，共50多项指标，一一对照检查、评估打分，最后各小组将检查情况汇总，进行了全面细致的客观评定，共整理出5万余字的问题清单，对好的做法和成功经验予以充分肯定并相互交流学习、加以推广，对工作中存在不足的学校下达整改通知书，限期整改。巡查评估活动有力推进了以评促建、以评促管、以评促改、以评促学、评建结合的工作目标。在公寓管理方面，始终坚持以立德树人为根本，以深化服务育人功能为目标，不断推进"三全育人""五育并举"工作落实，以构建"一站式"学生社区综合管理模式为契机，持续推动"平安公寓""标准公寓""绿色公寓""智慧公寓""育人公寓"创建工作。

为确保公寓各项工作顺利推进，一是制定《省高等学校学生公寓星级管理服务评价规范》；二是组织开展学生公寓管理培训；三是开展公寓管理工作经验座谈交流；四是组建学生公寓管理专家库，进行相关课题研究及巡讲活动，不断推动新时代学生公寓管理事业高质量发展（见图5、图6）。

在校园绿化方面，紧扣湖北高校园林绿化管理工作实际，开展工作指导，一是加强高校调研，增强各高校横向交流，开展"一地区一高校"调研走访活动，调研收集"生态式园林学校"创建、垃圾分类等各类数据，撰写调研报告，为高校争取政策支持提供依据；二是线上线下召开工作研讨会，研讨校园绿化五年发展战略规划；三是开展园林绿化专家库的建设，为园林绿化工作服务；四是组织开展培训交

图5　湖北省高等学校后勤管理研究会巡查巡讲专家聘任仪式

图6　中国教育后勤协会新业态及快递工作委员会、湖北省高校
后勤管理研究会工作经验交流及研讨会

流活动,从园林规划、植物栽种、病虫害防治等方面进行,不断提升管理能力和专业技术水平。

在信息化建设方面,紧跟时代潮流,以"一流高校、一流后勤"为目标,将科技创新引领后勤全面创新。一是打造食堂"智慧餐盘",全面提升服务效能,积极探索"智慧食安"新模式,大力推广"互联网+AI明厨亮灶"管理平台建设,"智慧食安"借助明厨亮灶AI智能,助力高校餐饮服务诚信体系建设,建立起数字政府下"监管+服务"新模式。二是学生公寓开展建设智能宿舍管理系统,学生入住申请、申请审批、房间分配、水电费用结算、退宿等流程,以数字化方式,构建智慧宿舍,减少人力投入,助力后勤管理效率大幅提升,降本增效成效显著。三是稳步推进湖北高校节约型、绿色化、智慧化校园建设工作，以信息化能源监管体系建设为核心，以现代节能技术为基础，多方面、全方位降低校园能耗，湖北大部分高校建成了集校园能耗统计、能耗实时监测、能效评估、监测预警等多功能监管平台。

五、重点特色工作

1. 研究会常态化组织开展春、秋季开学学校食堂安全大巡查。
2. 组织开展制定社团服务规范《湖北省高校学生公寓热水系统建设及运行标准》。
3. 组织开展推广全省高校"互联网+明厨亮灶"管理平台建设工作。
4. 组织开展湖北高校"后勤服务劳动育人示范基地"的创建工作。
5. 组织撰写湖北省教育厅《关于教育改革发展专项课题》"高校后勤服务外包管理现状、问题与对策研究"的课题。
6. 主编《湖北省高校后勤管理研究优秀理论成果集萃》并出版发行。
7. 组织开展完成《湖北省高校教师住房保障》课题研究。
8. 组织开展完成中国教育后勤协会《高校房屋管理信息化相关问题》的课题项目研究。

六、总结与思考

（一）总结

湖北省高校后勤研究会在中国教育后勤协会的支持和指导下，在研究会理事会的领导下，在全体会员单位以及各管理专业部的共同努力下，踔厉奋进勇作为，笃行不怠开新局，各项工作有序开展。研究会以习近平新时代中国特色社会主义思想为指导，全面贯彻党的二十大精神，深入学习习近平总书记关于教育的主要论述，以"改革创新"为主题，以"立德树人"为根本、以"服务师生"为主线、以"保障安全"为重点，以"高质量发展"为目标，积极探索高校后勤发展新路径，谋求发展新机遇，以强化自身建设为基础，不断提高自律意识和治理能力，紧紧围绕中心、服务大局，认真履行职责使命，积极推进后勤改革，不断完善优化后勤管理体制及运行机制，努力构建高质量后勤保障体系。在服务师生员工，服务教学科研，"互联网+明厨亮灶"管理平台建设，高校食堂安全巡查、调研、整改，为政府部门撰写决策咨询报告、重点课题研究，"后勤服务劳动育人示范基地"建设，研究会专家库建设，加快后勤科学技术普及与推广，提升咨政辅政质量等方面取得了显著成效，后勤保障能力和服务水平有了新突破、新提高，为湖北高校后勤事业作出了贡献。

（二）思考

党的二十大对加快建设高质量教育体系作出了新的部署，对教育高质量发展提出新的要求，建设与教育体系相匹配的后勤保障是高校后勤工作者面临的重要任务，在新形势下，机遇和挑战并存。在推动和深化后勤内涵式发展的当下，摆在我们面前有全新的课题需要我们认真探索和思考。

1. 学校食品安全管理事故时有发生

校园食品安全工作总体平稳，也取得了一些成效，同时也存在一些不容忽视的问题，食品安全隐患时有发生，如学校管理机制不健全、学校食堂管理工作不到位、食堂从业人员素质差等，这些都需建立完善长效的管理机制。

2. 后勤服务质量不高

目前高校服务人员不能充分意识到服务的重要意义，缺乏对高校师生服务的正确认识与理解，导致其服务质量较低。与此同时，教师和学生对后勤管理的认知不到位，师生与后勤部门彼此缺乏沟通与了解，后勤部门的服务工作难以得到师生的满意。

3. 后勤管理执行力度不够

在后勤工作中，效率是检测服务质量和水平的重要指标，在工作中，有些后勤管理人员对自身的职能和作用理解不足，在执行相关决策时，有时表现得较为散漫和不积极，缺乏工作热情和动力，对工作的开展和推进有一定的影响。

4. 后勤管理队伍素质与水平有待提高

后勤管理是一项团队性工作，需要大家齐心协力彼此协作，相互配合。高校后勤管理人员自身能力水平有限，专业知识素养不高，学历水平普遍较低。除此之外，有些管理人员思想意识比较落后，缺乏对新形势的研究和考察，对现代的新技术掌握不够，难以适应时代的发展和要求。

5. 后勤基础设施落后老化

很多高校建设年代较为久远，特别是老校区，许多硬件设施落后，又严重老化，已无法满足师生的学习和生活需求。

6. 后勤聘用人员待遇偏低，流动性较大

目前，大多学校存在着大量外聘人员他们的待遇普遍不高认同感和归属感不强，人员流失严重，导致服务队伍不稳定，服务质量受到一定影响。

山东省学校后勤协会年度专题工作报告

山东省学校后勤协会前身为山东省勤工俭学协会，成立于1984年。2012年8月在山东省民政厅更名注册为山东省学校后勤协会（以下简称协会）。办公地点为济南市历山路53号（山东省教育发展服务中心二楼）。

协会的性质系由全省各级各类学校和为学校提供后勤服务的企、事业单位自愿组成的非营利性社会团体法人。其宗旨为引导学校后勤工作为教育改革与发展服务，推进学校后勤管理与服务的规范化和现代化建设，为全面实施素质教育提供资源和条件。协会接受社团登记管理机关、社会组织综合党委、有关行业管理部门的监督管理和业务指导。

协会的业务范围系为各级各类学校制订后勤发展规划、决策管理等工作，提供专业性意见和咨询服务；研究制定学校后勤管理和服务行业标准体系、市场准入和退出机制，促进学校后勤管理的制度化、规范化和法治化；探索和研究学校后勤管理理论，推动学校后勤科学化管理与服务；组织或参与全省学校后勤有关会议、培训、调研、检查；定期编制学校后勤装备应用目录，向全省推荐新技术、新产品、新装备；编辑、印刷有关学校后勤的资料和刊物、介绍典型经验，提供经济技术信息，促进理论研究或协作活动的开展；组织会员单位外出参观考察、参加有关会议和学术活动；承担省教育厅及有关部门委托办理的其他事项。

第一个任期

2016年12月22日召开了更名后的成立（七届理事会换届）大会，选举山东大学常务副校长王琪珑教授为会长，山东大学后勤党委书记刘学祥为秘书长（2019年11月起专职）。新一届理事会在五年任期内，始终以"服务教育、服务学校、服务会员"为宗旨，开创了工作新局面，奠定了较好工作基础。

第二个任期

2021年12月23日召开协会第八届一次会员代表大会选举产生第八届理事会，

山东大学副校长王琪珑教授连任会长，山东大学原后勤党委书记刘学祥连任秘书长。在新一届理事会的带领下，不断探索学校后勤发展的新路径，着力引领学校后勤发展方向，为推进我省教育高质量发展提供坚实的后勤保障，推动学校后勤事业再上新台阶。

山东省学校后勤协会组织机构见图1。

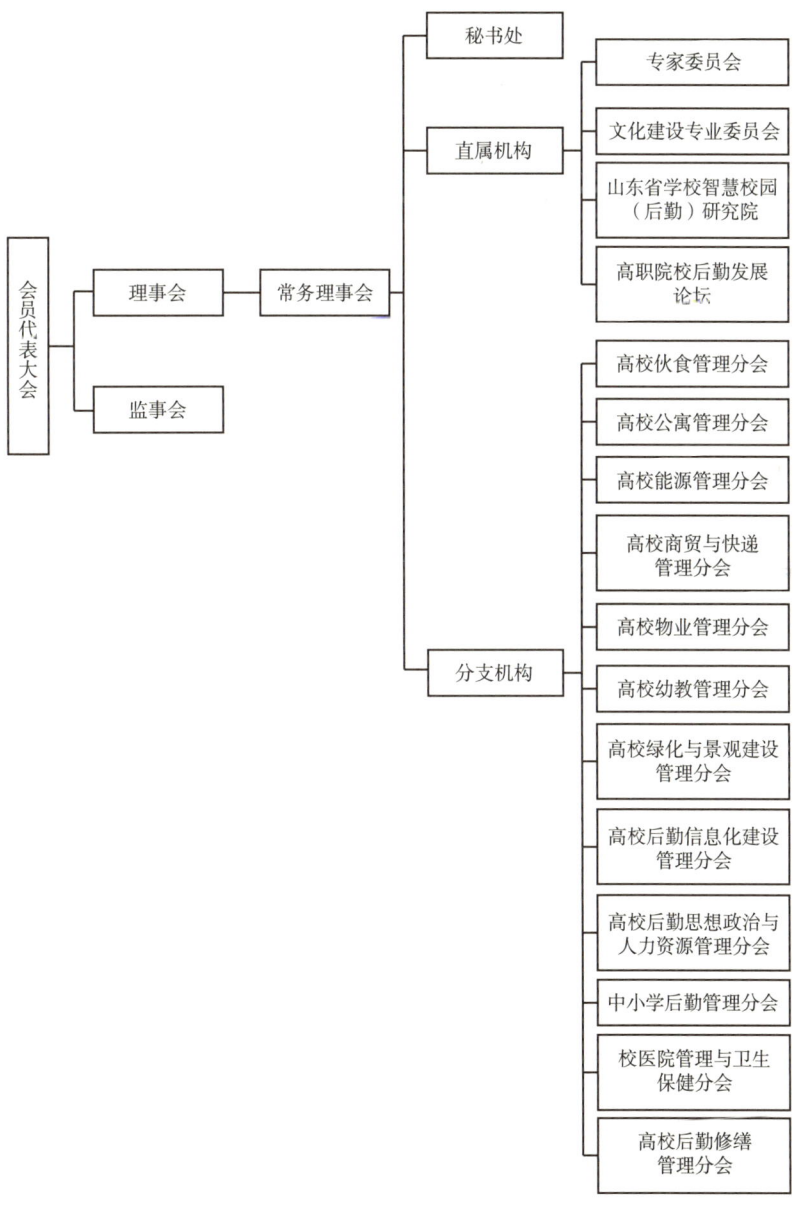

图1　组织结构

一、认真学习贯彻党的二十大精神，加强协会党的建设

以学习贯彻党的二十大精神为总纲，深刻领悟新时代对学校后勤提出的新使命新任务，凝心铸魂、实干担当促进发展，切实把思想和行动统一到党的二十大精神上来，不断增强学习宣传贯彻党的二十大精神的思想自觉、政治自觉、行动自觉，把党的二十大精神有效转化为协会发展的思想指南、行动指南和内驱动力。认真贯彻执行全面从严治党政策法规，举办全省高校后勤管理干部管理风险防控专题研修班，开展高校后勤廉政专题教育。

经中共山东省社会组织综合委员会批准，10月，与山东省教育装备行业协会成立山东省教育装备后勤协会联合党支部，加强党对协会事业的全面领导，切实加强和改进党建工作，发挥好党建的引领作用，认真抓好政治学习，在协会工作中更好地宣传、贯彻落实党的路线、方针政策提供坚实的组织保障，以更高的站位、务实的作风，高质量推进协会各项工作再上新台阶（见图2）。

图2 联合党支部主题教育学习

二、加强协会自身建设，服务能力和水平明显增强

根据国家相关法律法规和协会章程规定，以及协会内部管理需要，全面梳理、健全协会内部管理制度。3月11日，会长办公会议审议并原则通过了《会长办公会议事规则》《监事会议事规则》《秘书长办公会议事规则》和《秘书处工作规范》，协会内部制度体系进一步完善并切实有效执行（见图3）。进一步完善协会财务预决算管理制度，优化管理方式，聘请专业会计师事务所对协会进行内部专项审计，重点审查协会内部财务制度的建立及执行情况，加强了财务收支和分支机构运行管理的规范性。

加强行业宣传体系建设。充分发挥协会分支机构及会员单位的作用，调动各会

员单位的积极性，对重大主题活动开展联合宣传，形成重要新闻互相转发机制，充分利用协会官网、微信公众号等媒体平台进行专题宣传，讲好后勤故事，展示有担当、有情怀、有温度的后勤形象。

图 3　会长工作会议

进一步完善协会组织建设，成立了高校智慧校园（后勤）研究院，推动高校（后勤）数字化建设。完成了协会修缮管理分会筹备工作。

三、继续抓好课题研究，提升行业理论研究水平

协会课题立项研究经过几年的持续推动，影响力不断提升，课题申报量不断攀升。2022 年度立项 96 项，结题 78 项，研究水平明显提高。2023 年共收到申报课题 162 项，经专家委员会组织评审，批准立项 88 项，其中重点课题 20 项，一般课题 67 项，专项课题 1 项。为提高课题质量和研究水平，课题立项工作坚持"目标导向、问题导向、实践导向"有机统一，专家委员会面向各分支（直属）机构公开征集选题，向全体会员公布研究选题参考，使得申报立项课题更符合实际需要。总的看，立项课题覆盖了后勤行业发展的重点关切问题，对推动行业理论创新和推进山东省学校后勤高质量发展具有重要意义。

四、持之以恒抓标准，引领后勤高质量发展

后勤高质量发展要以标准化为引领。习近平总书记指出："标准决定质量，有什么样的标准就有什么样的质量，只有高标准才有高质量。"协会始终把制标贯标作为工作重点，为学校后勤高质量服务和管理提供标杆，促进全省学校后勤建设标准化、管理规范化、服务育人化。协会参与并推进《山东高校学生公寓建设标准》《山东高校学生公寓管理服务标准》的制定，《校园商贸服务规范》《山东省中小学学生配餐营养设计指南》等团体标准的研制和贯标。系统整理后勤系统的相关标准工作正在

进行中，要把全国性、地方性和团体标准分门别类提供给会员，形成全省学校后勤工作标准体系。

五、服务发展大局，当好政府参谋助手

协会立足自身定位，密切关注教育后勤改革发展动态，开展相关调研，协调联动，努力发挥协会参谋助手和资政作用。

承办山东省教育厅"公寓的故事"主题系列活动，学生公寓文化建设工作取得显著成效，受到行业的一致好评，推动了全省高校公寓文化建设。协助省教育发展服务中心做好2023山东省教育装备博览会、第六届校服设计大赛等服务工作。展览会期间组织主办了山东省高校公寓"一站式"社区建设创新发展论坛（见图4）和山东省中小学食堂规范化建设论坛。协助中心进行了全省高等学校食堂运行情况调研，形成食堂运行情况调研报告，掌握全省高等学校食堂运行情况，助推学校食堂规范经营。为更好落实《山东省教育厅关于规范高等学校学生食堂管理的意见》，伙食分会召开座谈会，充分研

图 4　高校公寓"一站式"社区建设创新发展论坛

讨实施中的新问题，在优化食堂运营模式的公益性与市场化方面做出积极探索与引导，推动文件的全面落实。按照《山东省高等学校星级食堂评价标准》协助开展"规范化食堂"达标行动与"星级食堂"遴选工作，协调组织业界专家对全省高校"星级食堂"自评及申报材料进行专业评审，到部分高校食堂进行实地查看验收，遴选出30个高校"星级食堂"作为典型示范。还承办了省教育厅绿色学校创建评审验收等具体工作。

为贯彻落实山东省机关事务管理局等部门下发的《山东省公共机构合同能源管理办法》，围绕"节水""节能"等国家战略，开展了一系列调研、培训等活动。4月，走进常州常工电子举办了全省高校能源管理培训研讨会；9月，走进浪潮公司开展合同能源管理专题培训，系统培训了节能节水量核定、合同能源管理项目资金

筹措、项目合同谈判与签署、风险控制等重要环节知识，以期提升高校能源、资源利用效率，更好提高学校经费使用效益，推进高校绿色低碳发展（见图5）。

响应消费扶贫和乡村振兴号召，积极组织农副产品进校园，在教育超市设立

图5　合同能源管理节水培训研讨会

"乡村振兴专柜"，助推大学食堂设立"青海拉面特色窗口"，发挥自身优势，着力创新帮扶模式，为乡村振兴贡献力量。

六、全面开展培训工作，形成特色品牌

开展专业培训是协会的重点职责任务。年初的会长办公会专门研究审批了年度培训计划，秘书处与各分会积极策划、组织实施，基本完成计划任务。

一是举办全省学校食品安全专题培训班。邀请全国食品安全领域专家对学校食品安全政策、安全管理及学校公共卫生管理、舆情管理、营养膳食等进行专题讲座和深入解读，对提高学校食品安全管理水平、公共卫生事件预防和应对能力、科学营养膳食具有积极推动作用。举办食品安全员证书班，助力学校食堂食品安全监督水平提升（见图6）。

图6　学校食品安全与公共卫生管理培训班

二是继续举办全省高校后勤管理人员公文写作与处理能力提升培训班。通过素养拓展与提升、文体实训两大课程模块、九大专题课程体系，针对后勤管理人员公文写作及处理方面的弱项进行强化培训，系统专业地提高山东省高校后勤管理人员的公文写作与处理能力（见图7）。

图 7　高校后勤管理人员公文写作与处理能力提升培训班

三是走进现代企业举办高校智慧公寓建设研讨（培训）会及高校公寓育人环境建设研讨培训班等系列专项培训，不断提升山东省高校学生公寓育人水平（见图8）。

图 8　高校公寓专项研修班

四是举办第二届"山东省高职院校后勤发展论坛"。2023年11月4日在威海职业学院举办了以"高职院校高质量后勤服务保障体系构建"为主题的"第二届山东省高职院校后勤发展论坛"，请知名专家授课，就大家关心的问题进行交流研讨，并以论坛会旗交接仪式确定了烟台职业学院为下一届论坛承办方（见图9）。

图 9　第二届山东省高职院校后勤发展论坛

五是举行合同能源管理及合同节水培训会。

六是积极组织会员参加中国教育后勤协会举办的各类培训。协会 2023 年起加大了行业培训力度，培训组织严密认真，授课专家水平高，培训效果好。协会广泛发动全省学校后勤相关人员报名参加培训，使山东省后勤人员的专业素质得到很大提高。

七、分支机构活动精彩纷呈，不断增强协会向心力

分支机构是协会的活力所在，是一切工作和活动的主体。大家不仅在疫情期间做了大量艰苦工作，2023 年更是主动作为。

高校公寓管理分会积极主动与现代企业和浙江高校对接，共同研讨智慧公寓新业态、新成果应用，推进高校公寓的智慧化建设，研讨"一站式"学生社区建设面临的问题及解决方案，为高校公寓"一站式"社区高质量建设赋能。组织《高等学校学生公寓管理服务星级评价规范（试行）》专项研修班，并对省内学生公寓整体建设情况进行了全面调研。

高校伙食管理分会持续推进学校食堂"互联网＋明厨亮灶"等智慧管理模式提质扩面，通过线上线下相结合的方式，实现对供货流程的常态化管控，应用信息化技术加强精细化管理，根据国家市场监管总局《企业落实食品安全主体责任监督管理规定》，多次举办食品安全专项培训，引导山东省各高校食堂及服务企业有效建立健全食品安全总监制度，提升学校食品安全管理水平。

高校能源管理分会多次开展合同能源管理和合同节水培训，邀请专家做相关政策的解读，省内高校做合同能源管理、合同节水和绿色能源案例分享，合作企业做合同能源管理与智慧能源技术路线交流。按照教育部、国家发改革委关于《绿色学校创建行动方案》要求，促进各高校对照创建标准，建立健全节能、节水绿色管理制度，开展绿色生活主题宣传活动，广泛运用智能化技术进行校园建筑及设备的绿色运行管理，积极倡导新建绿色建筑和对既有建筑绿色化改造、使用光伏发电等绿色能源，不断推动"绿色学校""低碳校园"建设进程。

高校商贸与快递管理分会坚持和完善教育超市标准店、样板店建设，深入推进全国教育超市"百千工程"建设活动，在广泛开展创样创标活动的基础上，分会专家组完成了山东财经大学等50余所高校标准店、样板店及山东大学等40余所高校校园快递优秀服务站的评审工作，着力打造山东高校校园商业服务品牌。积极响应党中央、国务院《关于全面加强新时代大中小学劳动教育的意见》，引导各高校将劳动教育和商贸快递服务工作相结合，为在校学生提供实习机会，支持各校园超市和快递中心推出勤工俭学岗位，打造以产教融合为基础的综合实践平台。

高校幼教管理分会搭建高质量的培训交流、观摩访问平台，组织开展"高校幼教管理分会七届一次年会暨山东高校幼教高质量发展研讨"和主题为"于先贤圣地涵养师德，志做新时代'大先生'"的师风建设活动；以山东省学前教育教研基地为平台，集结山东省高校附属幼儿园研究力量，聚焦"幼儿园保育与安全"深入开展实践研究，推动山东省幼儿园保育与安全研究的理论创新和实践创新；开展以"聚焦园长领导力，助推幼儿园高质量发展"为主题的片区小组活动，专家现场问诊会员单位发展情况并做主题讲座。开展高校附属幼儿园运行问题的调研活动，深入了解单位办园经费、规模、收费等运行情况，并延展调研了上海高校附属幼儿园，探索幼儿园办园收费的可行办法。

各分会都积极发挥正向激励作用，根据学校后勤管理工作开展情况，以分会为单位进行了后勤行业评优等活动，为后勤一线人员鼓劲加油。

八、积极担当作为，食堂联采联购工作取得新进展

积极探索全省高校食堂大宗食材联采联供模式，充分发挥联采联购的优势，有效保障食品安全和可溯源，降低办伙成本，降低廉政风险，是我们的行业任务和使命。根据教育厅《关于加强学校大宗食品统一配送管理工作的意见》，协会伙食分会

在潍坊片区试点学校食堂联采联购平台已经上线。从近一年的运行情况看，效果良好，优势显现。平台坚持阳光、廉洁、高效的采购原则，不断完善优化采购流程，提升采购效益，具备了推广应用的条件。协会委托开发公司在各片区进行了推广，已有威海、淄博、泰安等城区进行筹备工作。

九、积极对外联络，展现山东学校后勤风貌

加强与兄弟协会的沟通交流，一直是协会的重要工作。协会秘书处及各分支机构积极组织会员单位参与中后协组织的调研、培训、论坛等各类活动，加强与兄弟省协会的交流，学人之长，补己之短，同时也不断提升山东高校后勤在全国的影响力。

2023年4月组织会员单位参加第五届中国教育后勤展览会暨数字化助推教育后勤高质量发展论坛；11月组织参加第六届中国教育后勤展览会，积极与后勤装备、学校和服务企业沟通交流，开阔眼界，获取发展信息。

2023年7月协会组团赴上海市学校后勤协会和江苏省高等学校后勤协会，就协会建设与发展主题考察学习，并参观考察了部分后勤工作特色高校，大家感到收获很大，深受启发。

协办了"2023中国（山东）团餐优质食材博览会暨现代食品产业博览会""山东省第七届团餐产业大会""第一届山东省团餐行业职业技能大赛"，深度交流食安、学生营养健康、实施模式、探索团餐发展新路径。

在中国教育后勤协会开展的以"贯彻落实党的二十大精神·讲好后勤工匠故事"为主题的"2022年度最美后勤人"推举活动中，协会3人和一个团队荣获"2022年度最美后勤人"；推荐1人评为全国绿化先进个人；中后协举办的"元气森林杯"高校后勤乒乓球大赛，后勤文化专业委员会牵头组织了由12名运动员组成的2支队伍参赛，获得优秀组织奖，展示了后勤人团结拼搏、不断进取的精神面貌（见图10）。

图10 参加协会"高校后勤乒乓球大赛"

十、总结与思考

山东省学校后勤协会在民政厅社会组织综合党委的领导下，在教育厅的指导下，在全体会员共同努力下，发挥了行业组织的服务优势和平台作用，理事会的各项工作都取得了长足进步。总结一年工作，取得了一些成绩，但困难和问题总是相伴而行，学校后勤运行经费困难，基础设施已跟不上发展需要，后勤社会化改革遇到盲点，亟须政策支持和顶层设计；协会活动还不够丰富，分会工作开展不平衡，工作合力仍显不够；平台作用有待提升，业务培训、廉政建设、安全保障和新技术应用还需进一步加强；工作调研不够系统深入，资政辅政能力不高；后勤服务标准化体系建设进展缓慢；创新力欠缺，服务会员不够有力。

在接下来的工作中，协会要坚决落实党的教育方针，以高质量后勤服务支撑保障高质量教育，在各会员单位的共同努力下，不断凝聚起磅礴的奋进之力，共同绘就教育后勤高质量发展壮美画卷，为加快实现教育现代化、建设教育强国、办好人民满意的教育作出更大的贡献，在新征程上赢得更伟大的荣光和胜利。

专题报告三　校园气象

建美丽校园持续优品质，守后勤初心持续强服务
——上海交通大学后勤保障中心年度工作报告

一、基本情况

1896年南洋公学建校并设立监院提调管理学校事务，交通大学后勤肇始于此。120余年来，在西迁两地办学、闵行校区建设、多校区服务等重要发展阶段，上海交通大学后勤人始终坚守"勤劳、奉献、责任、创新"后勤品格，始终做到与学校同向同行、风雨同舟。面对学校战略发展需求、教学科研支撑保障、师生美好生活的动态发展需求，交大后勤守初心、担使命、强监管、精服务，为学校"双一流"建设提供有力支撑，并正在为"美丽校园"建设、构建"全员育人、全程育人、全方位育人"的新型后勤服务保障体系而不懈努力。

2023年，上海交通大学后勤保障中心坚持以习近平新时代中国特色社会主义思想为指导，牢固树立以师生为中心的发展理念，坚持以"优质、专业、现代"为管理服务目标，围绕餐饮商业、水电能源、环境交通、医疗幼教等校园服务，全力保障教学科研、全面服务师生生活，校园生活更具品质，后勤保障更加现代，育人功能更为彰显，中心获评全国教育后勤系统"2022年度最美后勤人"（见图1）、全国教育后勤系统第一批"后勤服务育人劳动教育示范基地"（见图2）。

图 1　荣获全国教育后勤系统 2022 年度"最美后勤人"　　图 2　荣获中国教育后勤协会颁发的"后勤服务育人劳动教育示范基地"

二、组织架构

2017 年 9 月，上海交通大学通过深化后勤改革和加强校园管理的工作方案，明确改革原则和举措，建设与世界一流大学相匹配的高校后勤保障体系。2017 年 11 月，后勤保障中心成立，代表学校全面负责后勤服务与保障的各项管理职能、监督职能，部分保障性服务和公益服务职能，搭建监管、运行、公益三大体系。后勤保障中心下设综合办公室、财务与采购管理办公室、餐饮与商业管理办公室等 7 个监管办公室，能源保障部、闵行餐饮部等 9 个运行部门，校医院和幼儿园 2 个公益部门（见图 3）；设 9 个在职党支部和 4 个退休党支部；现有教职员工 679 人，在职党员 97 名，社会服务企业 200 余家，社会服务人员 2 000 余名（数据截至 2023 年 12 月 28 日）。

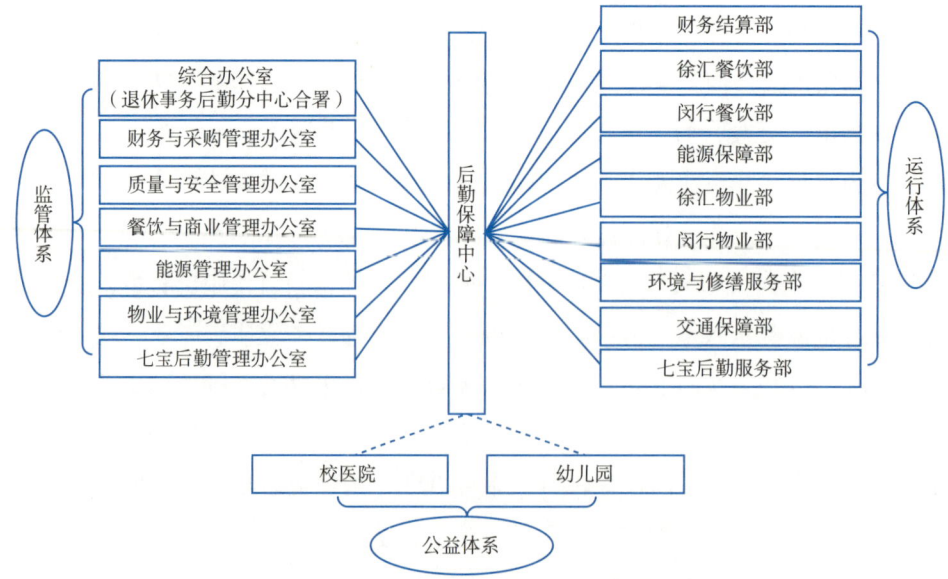

图 3　上海交通大学后勤保障中心组织架构图

三、亮点工作

（一）坚持以服务师生关切为牵引，校园生活更具品质

1. 帮扶洱源助力乡村振兴，制止浪费共创美好"食"光

山海若比邻，沪滇一家亲。2012 年起，在党中央、国务院的统一部署下，上海交通大学跨越山海千里与洱源建立定点帮扶结对关系，学校始终坚持"扶智为主、全力而为"原则，充分发挥高校科技、人才、教育等优势，开展全方位精准帮扶，用真情实意助力洱源脱贫攻坚，用技术和人才助推洱源乡村振兴。后勤保障中心以消费扶贫为重要抓手，定点采购洱源县大米、食用油、海菜花等农副产品，开设大理洱源特产展销体验中心，并在食堂设云南过桥米线专窗，打开"洱品入沪""洱品入交"新窗口，助力洱源乡村振兴。2023 年 9 月，中心副主任许勇赴滇挂职云南省洱源县副县长。

为深入贯彻习近平总书记关于坚决制止餐饮浪费行为重要指示精神，进一步培养师生节约粮食的习惯，后勤保障中心持续开展制止校园餐饮浪费专项行动。根据菜品出售特点及师生用餐需求，优化菜肴加工和出售方式，餐厅推行"小份适价"、量"胃"而行品种，倡导"适量点餐、剩余打包"，提供免费打包盒等项目（见图 4、图 5）；优化食堂进货、厨房加工流程，充分利用食品原材料，从源头减少餐饮浪费；与学指委、党委教师工作部联动，开展制止校园餐饮浪费的宣传教育，持续推进"光盘"行动。

图 4　开设云南过桥米线专窗　　　　　　图 5　推出标准份及小份面点

2. 持续提升餐饮服务能级，擦亮"食在交大"

坚持学校办食堂、企业办厨房的发展方向，充分发挥校内企业重要作用，打造"一餐厅一品牌、一档位一特色"。围绕师生需求，优化餐饮商业布局，多措并举提升徐汇校区餐饮能级，打造特色面馆、引进肯德基、推出美食周、披萨周等特色活

动；围绕"多样、延时、品质、便捷"需求，推进闵行校区东南角、东区和北校区生活配套服务网点规划。开展食堂环境及设施综合改造，保障食堂生产安全，按照上海市教委标准化食堂建设要求，完成徐汇、闵行民族风味餐厅品质提升工程，优化就餐环境和布局，完成米饭线、餐厅排风排污系统、餐厨垃圾资源化处理站等工程改造（见图6）。学校获评软科中国最好吃大学TOP3（见图7）。

图6　开展标准化食堂建设　　　　图7　学校获评软科"中国最好吃大学"TOP3

3. 发展清洁能源推进低碳转型，建设"绿色校园"

落实水平衡、基础管网改造，与水利部联合承办"节水行动进校园"主题宣传活动，闵行校区成功创建"上海市节约用水示范（标杆）学校"。发布《上海交通大学水电定额管理办法（2023版）》，健全校院成本分担机制，推动全校低碳建设和全员节能意识。面对师生充电桩提质增量的呼声，建设交大专属新能源汽车充电管理系统和充电桩，助力师生绿色出行（见图8）。深入贯彻绿色发展理念，落实能源设备智能绿色升级，逐步完成楼宇公共空间照明设备绿色化改造，改善照明条件，实现节能70%；完成闵行校区学生公寓楼顶加热设施改造，实现以屋顶太阳能和空气源热泵等清洁能源为主的供热方式。持续推进与学院产学研共建，为校园能源互联网增添智慧能源元素。持续夯实能源基础设施，保障校园供电可靠稳定（见图9）。

图8　开展电动汽车充电桩专项提升工程　　　　图9　实施屋顶光伏、太阳能等清洁能源设施改造

4. 推进区域景观焕新升级，建设"生态校园"

老故事新讲述，完成思源湖二期建设，打造思源湖小广场，构建近600米环湖步道，为师生提供多元湖畔休憩空间（见图10）。落实植物标本园东扩项目，实现24小时全面开放，配合完成七宝校区长亭搬迁，营造"长亭外、古道边，芳草碧连天"的景观氛围，成为师生休闲散步的驻足之地（见图11）。完成光斗路、文俊路等黑色路面改造和桥梁桥接坡改造工程，提升校园道路和环境的安全性。扎实推进生活垃圾分类工作，学校获上海市垃圾分类实效综合考评"优秀"，位列第二。面向校园生活垃圾处置新要求，基于"服务功能集约化、综合效益最大化、技术成熟先进化"原则，谋划建设闵行校区垃圾分拣储运站。

图10 完成环思源湖景观焕新升级

图11 落实学校植物标本园东扩项目，实现24小时全面开放

5. 提高医疗服务能级，打造"健康校园"

持续建设面向师生服务、具有交大特色的高质量校医院。谋划校园体检中心，完成一期建设，实现各项专业医疗设备的添置和南楼一楼环境升级。落实新生和新进教职工体检，联合仁济医院、六院等专家团队为教职员工提供体检报告深度解读和健康讲座，联合市中医医院提供针灸、推拿等理疗服务（见图12、图13）。获评上海市内设医疗机构能力提升A级和第二批全国学校急救教育试点学校。

图12 上海市中医专家来院义诊，开设八段锦讲座

图13 上海市六院专家来院义诊，开设健康讲座

6. 以办园70年庆为契机，推进高质量幼儿园建设

以"我与幼儿园共成长"为主题开展幼儿园70年园庆系列活动，全面服务"交二代""交三代"学前教育，用心呵护每个孩子健康成长，解除教职工后顾之忧。改善园所环境，建造户外树屋、粉刷外墙、户外区域铺设树胶等；开展合作共建，依托交大雄厚的教育资源，进一步建设"科艺融合"特色项目，与设计学院、学生创新中心等开展共建，不断提升保教水平，加快打造具有高校办园特色的高质量幼儿园（见图14）。

图14　上海交通大学幼儿园举办办园70年系列活动

（二）坚持以精细化为导向，后勤保障服务更新迭代

1. 立足学校发展战略，系统谋划改革发展

紧跟学校发展步伐，将后勤事业发展融入学校迈向世界一流大学前列的建设进程中，持续构建中国式现代高校后勤治理体系，探索形成"学校力量主导、社会资源参与、部门专业监管、行业自律管理"的专业化管理服务保障模式。建立多校区联络协调机制，系统性谋划、体系化推进智慧能源创新学院、闵行北校区、崇明校区等多校区建设和重大项目服务保障，与学校同步发展、融合发展。积极开展理论研究，"新时代引入社会企业推动后勤现代化建设研究"成功立项上海市学校后勤协会重点课题。中心担任上海市学校后勤协会能源管理专业委员会主任单位。

2. 立足数字化转型趋势，智慧赋能后勤服务

"交我办"App上线"交大生活"板块，融合就餐指数、校园巴士、班车预约、

电子地图等信息，为师生提供更便捷的服务体验（见图15）。开发建设"校园房屋及外场设施零急修"系统，全面实现校内各院系零急修网上报修（见图16）。落实学生公寓淋浴热水计量改造工程，完成闵行宿舍楼淋浴计量系统的设备安装及调试，通过预设洗浴密码替代校园卡方式，实现校内统一的身份识别、消费和财务结算，达到科学计量，节约用水，无卡化淋浴的效果。

图15　"交我办"App上线"交大生活"板块

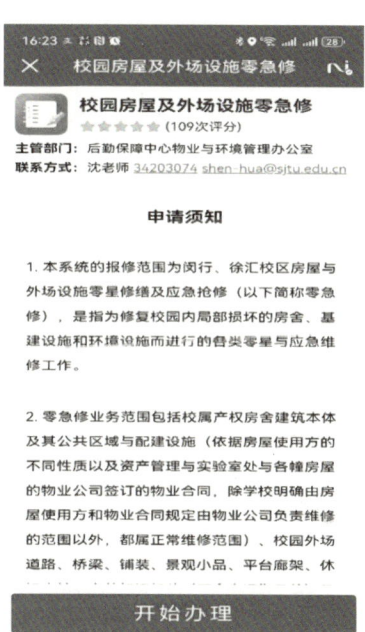

图16　开发"校园房屋及外场设施零急修"系统

3. 立足师生密切关注，接诉即办传递温度

践行"浦江经验"，认真落实教代会、学代会提案办理工作，承办八届二次教代会提案满意度100%，获评"提案办理先进单位"。面对校园部分道路夜间照明不足，增加西二区、南洋南路等区域路灯。面对包玉刚图书馆周边环境提升需求，对图书馆北侧水杉林进行改造，梳理杂乱植物，保留场地的野趣和活力，增加场地的活动性。面对教学楼宿舍楼周边树木遮挡阳光、阻碍道路的情况，第一时间响应，进行树枝修剪抽稀，提升校园环境质量。面对楼宇门口停车乱和快递堆放乱的问题，主动与学院、快递公司等沟通协调，通过规范优化停车位、放置道路口绿植、添置快递柜等方式优化楼宇周边环境。

4. 立足重大活动保障，精细服务提升能级

全面服务春节、校庆、迎新、学生军训、研究生入学考试等学校重大活动，提供餐饮、能源、交通、医疗、物业、环境保洁等各项保障。顺利完成2023年迎春团圆晚宴服务保障,校领导与留校师生共庆新春佳节(见图17)。服务127周年校庆,举办思源湖小广场启用仪式和第14期后勤服务一条街活动(见图18)。面对陪同家长人数多、报到时间集中的迎新挑战,提前部署,于细微之处帮助同学快速融入崭新的校园生活,设置东川路地铁站、南大门迎新短驳车和校园巴士,提升新生和家长到校便捷度。暖心服务学生军训,一日三餐的现场引导,合理安排各军训营错峰就餐,提供绿豆汤、姜汤、红军餐、病号饭、生日面等餐品,开设洗浴接驳车服务,做好师生各项服务保障。顺利完成研究生入学考试、英语四六级考试、自主招生考试、学位考试、日语考试等重大考试的后勤保障工作。

图17　保障留校师生迎春团圆饭　　　　图18　举办第14期后勤服务一条街活动

5. 立足织牢安全网络,守护校园安全稳定

持续增强忧患意识,树牢底线思维,细化落实安全工作责任,与各部门签署《安全工作责任书》,建立"横向到边,纵向到底"的网格化安全监管和责任体系,做到"安全有网、网中有格、格内有人、人人有责"。聚焦重点环节,抓牢全国两会、中秋国庆等关键时间节点,紧盯防汛防台、防寒潮、防高温酷暑等极端恶劣天气,注重燃气、食品、用电、消防安全等重点专项领域,落实预案、预警、检查等安全工作,做到提前防范。强化安全培训,在全校深入开展"安全生产月"系列活动,组织安全生产知识竞赛、"6·16"安全生产咨询日活动、特邀专家开展安全专题讲座,提升全员安全意识。

(三)坚持以深化文化内涵为方向,育人功能更加彰显

1. 弘扬劳模精神,引育结合培育后勤工匠

大力弘扬劳模精神、劳动精神、工匠精神,邀请全国劳动模范王曙群(见图

19）、上海市劳动模范成慧做客"勤德学堂"作辅导报告，提升后勤人劳动价值认知；开展电气、园艺等技术比武和"后勤工匠奖"评选（见图20），提升后勤人追求卓越的精神。引育并举优化队伍结构，在学校支持下建强中心班子、选派优秀年轻骨干到一线挂职锻炼、引进年轻管理人员，进一步完善干部培养选拔机制，激发后勤人员干事创业动能。齐井刚、徐建国同志获上海市后勤保卫系统第五届"绿叶奖"，赵冲同志获"2022年度上海市节约用水优秀个人"，卢琦同志获上海交通大学2021—2022年度"三八红旗手"荣誉称号，10KV变电站运行班组获评2023年度上海市青年安全生产岗，刘金生获评学校2023年度管理服务奖一等奖，马骏获评学校2023年度管理服务奖三等奖。

图19　全国劳模王曙群做客"勤德学堂"　　　图20　举办第六届电气技术比武

2. 完善实践体系，不断提升劳动教育实效

持续推进劳动教育课程内容体系建设，提升品牌效应，获评全国教育后勤系统第一批"后勤服务育人劳动教育示范基地"。联合学指委青年马克思主义学校推动劳动教育走深走实，形成以"厨艺学堂""电工学堂""园艺学堂""急救学堂""保洁小能手"等为主要载体的实践课程体系，扩大学生参与覆盖面，持续提升劳动育人质量（见图21、图22）。全年开展活动84次，参与学生4 500余人次。

图21　厨艺学堂　　　　　　　　　　图22　园艺学堂

3. 做好暖心工程，凝心聚力共绘后勤"同心圆"

关爱一线，校领导多次关心慰问，实施能源保障楼等办公楼宇的环境改造，谋划徐汇修建大楼大修，持续改善后勤办公环境。积极开展"童心飞扬，强国有我，争做新时代好少年"六一亲子运动会、"以文化人，以粽传承"端午包粽子比赛、第四届教职工趣味运动会、教职工厨艺学堂等喜闻乐见的活动，规范组织教职工参加疗休养，用心用情服务千余位退休教职工，不断提升后勤人的归属感和凝聚力。

四、展望与思考

党的二十大报告中提出中国式现代化、实现高质量发展、提高人民生活品质、科教兴国战略、落实立德树人根本任务、弘扬劳动精神、推动绿色发展、总体国家安全观等，与学校后勤服务保障工作紧密相关。站在新征程新起点上，面对新形势新挑战，后勤保障工作任重道远，提出以下四点建设思路，推进后勤高质量发展，构建服务世界一流大学的高品质后勤体系：

1. 以"共建共治共享"理念提升后勤监管水平

深入贯彻落实"人民城市人民建，人民城市为人民"重要理念，对标"世界一流大学"建设目标，加强统筹谋划，探索和开拓校园后勤服务保障新模式，以共建为根本动力，以共治为重要方式，以共享为最终目的，倡导师生参与生态校园建设、参与后勤服务监督管理、分享多样化、有品质、有温度的校园生活服务，提升后勤治理效能，提高师生校园生活的便捷、舒适、宜人体验。

2. 以绿色理念加快建设美丽校园

将校园文化融入美丽、生态的校园环境。建立校内各类水系管护的制度、标准，形成常态化的校园水系巡检养护机制；通过各种措施实现垃圾减量化、资源化；倡导绿色出行，完善新能源汽车充电桩布局及建设。能源管理将以数据为支撑健全节能减排的指标制度、奖惩制度；健全学校分类能耗统计、建筑分项能耗统计、能效评估公示、能源审计等制度；完善能源运行保障管理制度，建立科学化、规范化的智慧能源管理体系。

3. 以发展理念打造后勤人才队伍

学校一直支持后勤队伍建设和发展，后勤队伍素质不断提升，各类人才发展通道进一步拓展，人才成长的环境不断优化。继续对标世界一流大学和一流后勤建设进行人才队伍系统规划，不断优化结构、提升素质，着力建设总量动态平衡、综合素质过硬、流动渠道畅通的管理、技术、技能三支队伍。

4. 以创新理念推动新质生产力赋能后勤管理服务

作为校园生活服务主体的高校后勤，应积极利用社会服务业全面升级的契机，打造校园生活"新服务"，与外部环境同步提升师生服务体验。随着"互联网+"理念与技术的广泛应用，教与学的方式、教育文化、教育生态等日趋多样性、个性化，要继续推动传统后勤思维模式迭代更新，打造适应立体动态、方便快捷的智慧后勤服务，对接多样性、个性化、高质量发展的现代教育。

砥砺奋发聚合力 笃行实干启新程
为学校世界一流大学建设提供有力保障

——中南大学后勤保障部年度工作报告

2014年6月，中南大学将原后勤管理处与后勤集团合并成立后勤保障部，保留后勤党委，精简管理机构和人员，实行"小机关、多实体"运行管理模式，进行归口管理。改革后的中南大学后勤保障部，资源配置更加合理，管理与服务权责更明晰，运行机制更通畅，实现了学校后勤行政管理职能、服务保障职能、经营职能和监督评价职能的统一，构筑了"大后勤"格局，为学校世界一流大学建设发展提供了有力保障。

一、基本情况

（一）工作理念

中南大学后勤工作紧紧围绕学校"双一流"建设发展，践行"规范有序、质量优良、成本节约、反应快速"的后勤工作理念，立足高质量发展主题，以学生为中心，以教师为主体，不断提高后勤管理科学化、规范化、精细化、智能化水平，努力构建科学、高效、一流的现代后勤服务保障体系，实现后勤治理体系和治理能力现代化，全面提升服务品质和保障能力，办好师生放心满意的后勤，为学校双一流建设提供坚强有力保障（见图1）。

（二）组织架构

1. 机构设置

改革后的后勤保障部下设综合管理办公室、纪委办公室、人事管理办公室、质量管理办公室、成本管理办公室、政策法律办公室6个职能科室，以及饮食服务中

图 1　后勤保障部"十四五"规划研讨会

心、能源管理中心、学生宿舍管理中心、校园管理中心、生活服务中心、修建服务中心 6 个实体中心。主要工作包括：思想政治、组织建设、干部管理，饮食服务与食品卫生安全，水电供应、节能减排及节约型校园建设，学生宿舍、公共楼栋的服务与管理，经营性资源的运行与管理，房屋和基础设施的维修、改造及校园环境的治理等。

2. 队伍建设

后勤保障部通过优化队伍结构，提升队伍素质，激发队伍活力，建立一支政治合格、规模稳定、结构合理、精干高效、权责对等，能适应"双一流"大学建设需要的后勤队伍。一是引进事业编制管理干部及专业技术人员，不断优化和改善队伍结构，加强后勤队伍梯队建设；二是逐步形成非事业编人员转编通道和专业技术职务晋升通道；三是科学设置机构、严格定编定岗，严格岗位聘任，做到人岗相宜；四是完善全员考核机制，推进绩效激励机制建立。

3. 制度建设

后勤保障部高度重视制度建设，不断完善建立用制度管人、管钱、管事、管物的工作格局，共有各层面制度 54 项，涉及管理决策、员工管理、招标采购、修缮工程、经营监管、风险防控、安全生产等各方面，有效保证了后勤各项服务保障工作的有序开展。

二、亮点工作

（一）强执行重落实，坚决落实党中央决策部署

1. "反餐饮浪费"落到实处

贯彻落实习近平总书记关于坚决制止餐饮浪费的重要指示精神，落实立德树人

根本任务,通过成立机构、开展宣传教育引导、举办"校园美好'食'光""光盘行动"等主题活动、建设节约型智慧食堂,制定"半份菜""量贩自助",推出3元"爱心餐"等举措,节约理念厚植于心,厨余垃圾显著下降,成效得到多家媒体宣传报道(见图2)。

图 2 广泛开展节粮宣传教育

2. 节能减排工作成效显著

落实习近平总书记关于实现碳达峰碳中和的重要讲话精神,以"三级节能"体系为保障,"查、改、测、宣"多措并举,在学校办学规模不断扩大的前提下,近5年总用水量显著下降,减少120万吨,用电量保持平稳增长,节能成效显著,学校入选全国首批节水型高校典型案例、湖南省节水型单位、湖南省节水型高校。中南大学作为全国唯一高校,接受中央广播电视总台《治水记》纪录片摄制组为期一周的深度采访(见图3)。

图 3 中央广播电视总台《治水记》报道中南节水成效

3. 美丽校园建设成效凸显

践行习近平生态文明思想，科学规划、持续打造优雅生态文明校园，营造出一塘、一河、一湖、两池、十八园的绿化园林格局；实施主校区校园雨污分流工程和老旧小区提质改造工程，新建雨、污管道 30 512 米，雨、污水管井 1 527 座，道路改善面积达 8.5 万 m²，完成地下管道和路面美化建设。对云麓园社区 5 个老旧小区和林海社区 1 个老旧小区进行提质改造，提升居住环境；推进校园亮化工程，对全校路灯进行了检修，新增、更换高杆节能灯 214 盏，实现智能化控制，展现校园优美夜景（见图 4）。学校荣获全国生态文明教育特色学校、湖南首批绿色学校创建示范单位。

图 4　校内老旧小区提质改造

4. 助力脱贫攻坚扎实有效

将"消费帮扶"纳入年度工作重点，以单一来源采购方式采购江华县农产品、大米、食用油等，近 5 年累计采购额达 2 350 万余元；承办"揽江华神韵，品瑶族风情——江华美食文化节"，让扶贫点"瑶家十八酿""瑶山糍粑""江华苦茶"等江华特产进校园；建立江华精选农特产品线下展示柜，引导校园商贸企业直采优质农副产品，打造土特产品宣传展示购销平台（见图 5）；充分发挥省级示范性幼儿园优势，与江华瑶族自治区、浏阳大瑶镇、湘江新区白箬铺等 14 所农村薄弱幼儿园建立对口支援关系，选派幼儿园 10 名省市级名师送教下乡，依托湖南省学前教育名师网络工作室开展线上帮扶工作，开放线上资源 2 312 个，访问量破 11 万人次；饮食服务中心党支部、生活服务中心党支部与江华县长山村党支部结对共建，深入对接定点帮扶工作，建立长山村读书角，打造儿童阅览室。

图5　对江华县开展"对口帮扶"

（二）树品牌优服务，持续提升服务保障质效

1. 打造"食在中南"品牌

升级改造"高颜值"食堂，引进麦当劳、星巴克等特色餐饮服务，进一步完善校内餐饮结构；根据各校区实际情况，调整和延长食堂供餐时间，在各校区开设夜宵食堂；优化供餐模式和供餐种类，引入菜品淘汰机制，加强菜谱审核、菜品更新及价格管控，让师生在校园内就能享受更多元、更高品质的餐饮服务（见图6）。

图6　特色餐饮服务

2. 打造"温馨中南"品牌

逐年滚动改造老旧学生宿舍17栋，更换公寓式家具8 571套，升级32栋学生公寓的热水系统，更换全新空调12 730台，学生宿舍条件持续得到改善（见图7）。通过开展值班员"认脸比赛"、楼栋黑板报比赛活动，与学生建立互动桥梁。深化校园

管理与服务改革，做好公共楼栋物业管理、公共区域绿化环卫等物业外包监管工作；按期开放游泳馆，实现场馆正常运维；建立校园树木管理、校园环境管理、收发服务、服务质量监督等网格管理体系；校本部和铁道校区两所示范性幼儿园持续为教职员工提供优质的幼儿保教服务，实现了品牌立园、文化建园、科研兴园，"强国有我展风采""小小追梦人"等主题活动，深受师生好评。

图7　持续改善学生宿舍条件

稳步推进改善基本办学条件项目，近五年累计完成金额3.2亿元，完成项目182个，田径场、校本部民主楼、铁道电子楼、湘雅基础医学院形态楼等，校园道路白改黑4万余 m^2，全校公共教室空调全覆盖，为三个校区老年活动中心加装电梯。强化施工现场管理，全过程监督，实现修缮项目"安全美观、品质提升"。同时基础设施改造提质加速（见图8）。

图8　稳步推进改善基本办学条件

3. 打造"便捷中南"品牌

开通24小时"后勤服务热线"，近5年以来处理热线来电130 365个，完成日常零修抢修22万余次；合理布局6类商业网点，共46处9 100余 m^2，分为生活超市、银行服务、图文、快递及理发、健身及美食、自助服务及其他经营项目等六大类，网点布局进一步完善。科学制定招租方案,逐步引进信誉好、资质优的品质商家。安装自助服务设备181台,丰富校园购物模式。校园宾馆、会务管理服务水平显著提高,学生洗衣、热水、开水服务得到有力保障(见图9)。

图9 便携的商贸服务

4. 打造"节约中南"品牌

系统性解决校园水压过低、供水不足问题;妥善推进桃花村转供水历史遗留问题解决;持续推进校园亮化改造,新装、改造路灯955盏,新建及改造供水泵房6个;实施节能监管平台、智慧水务系统信息化平台建设,实现学生区网上购电;以"全国城市节水宣传周""全国节能宣传周""全国低碳日""地球一小时"等活动为契机,多途径开展节能、环保、绿色宣传(见图10)。

图 10 广泛开展节能宣传教育活动

(三) 强能力创特色，推动后勤服务育人走深走实

1. 立足服务育人岗位特点，打造三个载体

一是持续开展岗位劳动竞赛（见图 11）。后勤保障部定期举办岗位劳动竞赛，囊括 20 个工种。幼儿教师五项全能竞技中，师德演讲直击人心；厨艺比拼中，色香味形俱全的菜品糕点让品鉴团赞不绝口；水工、电工、泥工、绿化等比赛不仅比拼速度、技艺，更是展示工匠精神。后勤共有 4 000 余人次参加了 5 届岗位劳动竞赛。二是持续丰富大型主题活动。开展"粽意中南""食味中秋"、跨年夜送红枣粥、植树节、节水宣传周等活动，得到《人民日报》、中国新闻网等近 10 家校外媒体报道。三是持续培育育人先进典型。全国高校后勤系统"最美后勤人"张艳明、任阳，全国首届"感动公寓"十佳人物宿管员李雄姿，后勤保障部 11 个"服务育人示范岗"，17 名"服务育人先进个人"，充分发挥典型的激励示范作用，收到"点亮一盏灯，照亮一大片"的效果。

2. 秉持以人为本教育原则，拓宽三个渠道

一是畅通师生沟通交流渠道。后勤保障部建立部班子联系服务二级学院工作制度，开展学生支部结对共建活动；通过后勤服务"吐槽会"、党建工作调研、服务满意度调查、后勤信箱等收集意见和建议，利用 QQ、微信、网站等媒介及时沟通，取得良好效果。二是创新师生参事议事渠道。学校定期举办"校领导午餐会"，搭建校领导、学校各职能部门与广大学生沟通交流平台，建立学校与学生交流机制；后勤保障部充分调动后勤工作委员会、修缮工作委员会等专业委员会主观能动性，对相关问题进行统筹协调。三是丰富学生参与体验渠道。"创意寝饰"、楼道文化评比等

图 11　开展岗位劳动竞赛

活动，吸引同学自己动手美化宿舍；"五一"学生深入后勤，参与蔬菜切配、面点制作、环境清扫、修枝剪叶，沉浸式体验劳动之美；围绕端午、中秋等节日开展传统文化宣教；毕业季专属套餐让毕业学子铭记"中南味道"，"毕业留言墙"让学子直抒胸臆寄语未来。

3. 推动服务管理升级，搭建三个平台

一是开通后勤微信公众号、改版后勤保障部官网，推出喜迎党的二十大、疫情防控、主题教育等系列报道，同步在各级媒体平台推送刊发相关报道1 400余篇，被央视频、人民网、中新网等校外媒体报道100余篇次。在讲好后勤故事、唱响主旋律、汇聚正能量上持续发力。二是智慧后勤让师生更舒心。学校建立涵盖校园环境、物业管理、能源管理、饮食服务等内容，集呼叫中心模块、受理承办模块、零修管理模块、仓库管理模块和服务监督模块于一体的综合服务平台，形成热线服务部门调度、各业务部门协同的工作机制，实现咨询建议、意见反馈、服务评价、维修受理、应急处理等服务的全覆盖。三是服务育人研究成果丰硕。《推行服务育人"三三"模式　发挥后勤服务育人功能》获评湖南省高校"十大"育人示范案例。湖南省高校思想政治工作精品项目《新时代高校服务育人机制探索与研究》《基于支部共建的高校后勤服务育人路径探析》，中南大学党建重点研究项目《新时代高校后勤党组织在"三全育人"过程中的作用研究》等服务育人经验得到运用推广。

三、2022 年开展的主要工作

（一）坚持以党建为基，把方向、管大局，激发内生动力

1. 加强政治建设

严格落实"第一议题"制度，打造"传达学习、研究部署、贯彻落实、跟踪督办"工作闭环。严格执行"三重一大"决策制度和《后勤保障部党委会会议、部务会议议事规则》，不断完善党委统一领导、分工合作、协调运行的工作机制，强化"首责主业"意识和班子成员"一岗双责"，党建业务工作同部署、同落实、同考核。按程序完成6名事业编制职工招聘和10名科级干部增补聘任工作。以巡视"回头看"和审计整改为抓手，进一步完善内部管理制度和内控机制。广泛调查研究，部班子成员聚焦后勤体制机制建设、师生急难愁盼事项，先后赴28个二级学院、相关职能部门、后勤各中心广泛调研，积极优化后勤服务。

2. 强化党性锤炼

多层次、全覆盖抓好党员、干部轮训，以开展"同频共振党的二十大，砥砺奋进新征程"线上线下知识竞赛、宿管阿姨与学生共同绘制"学习党的二十大"主题板报、与校团委联合打造"学习党的二十大"校园主题巴士等创新形式，广泛开展宣传宣讲。巩固拓展党史学习教育成果。组织红色影视展演秀比赛，后勤党员职工在"说""演""唱"等方式呈现红色影视作品的同时，领悟红色精神，传承红色文化（见图12）。各党支部结合主题党日、"一课一片一实践"等活动，持续推进党史学习教育。

3. 推进党风廉政建设

坚持以"教育为先、警示为先、预防为先"的原则，推进重点岗位、关键人员等不同层面谈话"全覆盖"。深化同级监督，扎实开展一月一研判。组织廉政风险防控手册修订，进一步完善健全各岗位尤其是重点岗位和关键环节监督相关制度。以党风廉政宣传教育月为契机，开展一次党的二十大精神专题学习、一次纪法宣讲和警示教育、一次廉政谈话、一次党支部纪检委员专题培训、一次青年职工廉洁教育"五个一"系列活动，引导后勤员工提升"尚廉""悟廉"的思想自觉和行动自觉，营造风清气正的政治生态。

图 12　开展红色影视展演秀活动

（二）坚持以师生为本，办实事、暖人心，解决急难愁盼

1. 积极改善学生食宿条件

对学生五食堂及校本部清真食堂全面维修改造，面貌一新的"高颜值"食堂提升师生就餐体验感；新开重庆小面、水果捞、小炒点菜、特色料理、山西面食等特色窗口，对二食堂四楼西餐厅进行提质升级，优化菜品结构，满足师生个性化用餐需求，得到了师生的点赞。优化学生住宿条件。一是改善寝室条件。利用假期对3栋学生宿舍全面升级改造，更换公寓式组合家具3 301套。二是提升生活品质。经公开招标遴选供应商，为学生宿舍更换国标一级能效冷暖变频空调。对学生宿舍热水系统全面改造，惠及7栋学生公寓共972间寝室。三是如期使用新建公寓。接管新建学生宿舍4栋，按要求完善相关配置，安排2 100余名新生入住。

2. 有效提升校园环境品质

校园道路焕然一新，改造道路面积达10 000平方米，优化师生出行环境，校园环境提质增效。一是开展卫生死角专项治理。对路标路牌、牛皮癣、花园、池塘、宿舍周边等卫生死角统一进行清理整治，美化校园环境。二是加强公共区域水域监管。多措并举改善各水域水生环境，投放观赏锦鲤，为校园增添一抹亮色。

3. 努力提供快捷便利服务

提升校园硬件设施。一是持续推进校园亮化改造，已累计新装、改造路灯 400 余盏。二是分批推进供电设施改造。完成改造及维护配电间、户外箱式变电站 10 余个，更换各类供配电设备 120 余台，改造 10kV 供电线路约 5 000 米；为三一大楼、图书馆、升华楼、科技楼等楼栋改造加压泵站。加强师生便捷服务。后勤服务热线全年受理报修 55 679 个，确保师生诉求事项"个个有受理，件件有落实"。定期对全校 538 台开水器进行了滤芯更换及除垢，对 471 台洗衣机进行深度清理消毒；针对师生反映新校区游泳馆淋浴热水供应不足的问题，及时进行设备扩容改造，满足师生需求。

（三）坚持以责任为重，战疫情、促改革，夯实发展根基

1. 精准施策，织密筑牢后勤防疫防线

一是及时修订更新方案。梳理更新疫情防控工作方案和应急预案，加强重点人群核酸抽检、冷链食品、饮食及生活物资供应等关键环节管理，杜绝简单化、"一刀切"、层层加码等做法，做到科学防控、精准防控。二是落实落细防疫举措。强化人物同防，全面开展新时代爱国卫生运动 2 次；加大校园消杀工作频次和力度，对全校食堂、公共楼栋、卫生间、洗衣房、校车、快递物品等进行全面喷洒消毒。加强场所管理，食堂餐桌增补挡板，鼓励错峰就餐、隔位就座；学生宿舍、公共楼栋严把入口关，图书馆、学科楼栋、学生宿舍、经营门店、幼儿园、校园宾馆等场所落实"场所码"，强化出入场所人员的轨迹信息化管理。校园宾馆累计做好 1 030 名隔离师生服务工作。保障物资供应。确保食堂、经营门店供货渠道通畅，保障师生生活物资供应；冷链食品严格验收消杀、索票索证。及时做好 27 次师生全员核酸检测、3 次加强疫苗接种的场地搭建、物资配送、值守消杀等保障工作。三是加强关键环节管理。加强人员管控，坚持员工健康监测"日报告、零报告"。充实一线防疫力量。在疫情暴发关键时期，部班子成员、部机关科室人员、各校区宿管站工作人员，利用午休时间下沉学生宿舍，全力保障疫情防控关键环节不出纰漏。加强防疫督管。发挥好部、中心两级疫情防控领导小组的作用，及时检查督促落实防疫举措，形成管理闭环和服务链条（见图 13）。

2. 优化机制，促进后勤改革达成阶段成效

进一步理顺后勤内部管理运行机制，优化岗位设置，严格岗位聘任，加强扁平化管理。实行收支两条线，实现无营业收入的部机关、学生宿舍管理中心、能源管

图 13 强化疫情防控举措

理中心、校园管理中心、修建服务中心人员经费及公用经费由学校单列预算；有营业收入的饮食服务中心和生活服务中心形成政策建议，通过盘活现有资源，激发员工活力，控制运行成本，切实提高服务效能。

3. 防范风险，不断强化内控安全管理

一是落实食品安全管理责任，与13家二级单位签订食品安全责任书。强化饮食服务、校园管理、经营门面从业人员食品安全责任意识，定期对各校区食品生产经营单位、饮用水使用管理单位开展专项检查。学校年度食品安全工作进行总结和部署，强化安全隐患风险管控。广泛开展安全教育。在国家安全教育日、防灾减灾宣传周、安全生产月、消防宣传月等时间节点广泛开展宣传教育。建立逐级监管机制。层层签订安全责任书1 337份。及时收集处理意见建议。共收到校长信箱等反馈信息

461 项，关注师生服务诉求，督促提高生活服务设施、提升后勤服务质量。严格合同管理，防范合同风险，完成合同专用章审核用印 580 份，严格采购管理，加强程序把关，保障流程规范。

（四）坚持以服务为要，抓特色、重实效，培育后勤品牌

1. 饮食服务暖心互动

全面推进 4D 厨房建设，进一步规范食堂现场管理。结合传统节日，开展"浪漫中南，我们一起跨年"；联合学工部及学院开展"诗韵端午，共品'粽'香"主题活动、问渠长廊雅集之"中秋情浓"活动，弘扬传统文化，提升学生动手能力；举办美食课堂，由资深厨师、青年厨师和职工代表结对传授制作经典菜品；精心设计"毕业专属套餐"，让毕业学子铭记"中南味道"（见图 14）。

图 14　丰富的饮食文化活动

2. 水电供应保障有力

全年安全供电 15 332 万度，较 2021 年增长 3.9%；安全供水 696 万吨，较 2021 年下降 4.1%。做好学校重大活动供水供电保障，完成节能监管平台三期工程建设，实现全校水电用量远程监控；强化管网漏水数据监控，检测漏点 240 余处，有效减少学校水资源流失；结合"世界水日·中国水周""全国城市节约用水宣传周""全国节能宣传周"，多途径开展节能、环保、绿色宣传。

3. 宿管服务贴心温暖

做好 96 栋学生宿舍近 5 万学生床位的安排、调整等工作，确保学生宿舍床位充分利用。全年累计安排 8 978 名本科新生、5 121 名研究生新生入住，完成 21 个学院 6 000 余名学生跨校区搬迁调整、10 000 余人次校区内住宿调整工作，审核办理 12 510 名毕业生离校手续。与共建党支部联合开展"礼仪小课堂""安全小课堂""摄影小课堂""急救小课堂"等系列活动，传授生活技能，传递温暖能量。评选 10

名"最美宿管阿姨",通过传帮带,有效提升宿管员业务水平。

4. 校园管理细致入微

游泳馆于2022年9月正式运营,接待师生员工游泳近万余人次。组织"植树培根,育学育人"义务植树活动,各校区共栽种树木150余株、地被植物1 000多平方米。结合毕业季,为毕业学子设置打卡点、赠送花种礼包、免费开放游泳馆,让毕业生深切感受后勤的温暖和祝福。持续加强物业外部监督,检查发现合格2 541项,待改进398项,不符合项144项。有序推进绿化维护、卫生保洁、灭四害、收发服务、院士楼管理、社区服务等工作(见图15)。

图15 师生植树共建美丽校园

5. 生活服务方便快捷

科学合理布局商业网点,现有门面51处,面积6 567平方米,及时完成租金收缴。校园宾馆累计接待16 868人次。做好会议接待588场,累计接待参会人员约4.4万人次。汽车队累计发车2.9万余趟次,安全行车约35万公里。加强全校530台洗衣机、542台开水器、175台热泵设备、6 459个出水点和刷卡器的日常维护。

6. 维修服务用心周到

稳步推进中央高校改善基本办学条件项目,2022年学校安排资金5 875.28万元,项目34项;用好新老校区维修专项资金,下达任务249项。完成日常零修37 000余次。

四、总结与思考

中南大学后勤保障部自觉以习近平新时代中国特色社会主义思想为指导，聚焦主要矛盾，化压力为动力，努力建立起与"双一流"学校发展目标相适应的后勤服务保障体系。一是以党的政治建设为统领，高质量党建引领高质量发展。夯实部党委及党支部组织建设，形成"一支部一品牌"，探索构建"服务育人"常态长效机制；发挥纪委专责监督职能，营造风清气正的良好政治生态。二是以中央审计、校内巡视整改为契机，理顺优化后勤体制机制。完善学校层面相关制度，不断提升后勤治理能力和治理水平；满足师生差异化需求，提高食堂师生就餐率；完善考核机制、建立激励方案，同步建强后勤管理人员和工勤人员队伍。三是聚焦师生关心关切，持续改善办学条件。持续消除老旧房屋安全隐患，做好学生宿舍修缮；持续推进宿舍热水系统、公共教室、室外供水供电基础设施提质改造；对学校图书馆、公共教学楼、学生宿舍、体育场地等重点部位基础设施进行提质更新。踔厉奋发勇争先，中南大学后勤保障部将为学校加快建设特色鲜明的世界一流大学提供高质量的后勤服务保障。

粮草先行　砥砺奋进

——江南大学后勤管理处年度工作报告

一、江南大学后勤基本概况

江南大学地处江苏无锡，是教育部直属、国家"211工程"重点建设高校和双一流学科建设高校。2022年是党的二十大召开之年，是全面实施"十四五"规划的关键之年，是学校"奋进计划"启动之年。江南大学后勤管理处紧紧围绕学校建设"世界知名、中国一流、江南风格的研究型大学"和"双一流"学科的战略目标，秉承"师生为重，服务为先"的服务宗旨，发扬"厚德、和谐、敬业、自律"的后勤精神，以党建为引领，以高质量发展为主线，持续推进后勤体制机制改革，优员增效，不断增强后勤服务感知体验和教育属性，不断提升师生满意度，为建设特色鲜明的高水平大学提供强有力的支撑。

2022年，学校荣获"江苏省高等学校能源管理先进单位"；学校申报的《奏响劳动教育号角 践行服务育人使命——江南大学"后勤学校"的探索与实践》被教育部思想政治工作司评为2022年全国思想政治工作精品项目；《劳动播种希望 实践收获成长——江南大学"小鼋花园"劳动教育实践基地建设》入选2022年江苏省高等学校劳动教育优秀实践项目，后勤品牌活动多次被"学习强国"、省市平台媒体转登。

二、制度保障、机制创优，全面筑牢后勤高质量发展之基

（一）坚持党建引领，抓实党风廉政建设

后勤管理处在后勤党委的领导下，以党风廉政建设为统揽，结合工作实际，狠抓制度建设，强化重点部位、重点岗位的管理和监督，全面推进党风廉政建设各项

工作，从源头遏制腐败现象。开展形式多样的党风廉政教育，建立党政联席会、工作例会等廉政常讲常说制度，关键岗位谈话与提醒制度。配合做好各类审计和重点部位和关键环节风险防控调研，规范内部流程体系，不断完善内控制度。部门重大事项严格落实"三重一大"决策制度和民主公开制度。

重视党史学习教育，充分发挥党支部的战斗堡垒作用，抓好党员、职工的政治理论学习和师德师风教育，增强"四个意识"，坚定"四个自信"，做到"两个维护"。全年深化教育部巡视问题整改3个，落实巡视问题整改26个。创新党建工作载体，构建"资源共享、优势互补、互相促进、共同提高"的党建工作新格局，各中心（部门）与学院学生党支部积极开展结对共建活动。

（二）健全工作机制，推行精细管理模式

后勤管理处以科学发展观为指导，持续推动后勤服务保障工作高质量发展行稳致远。下设三个科室、四个中心、一个挂靠部门、两个托管部门。三个科室包括：综合科、保障管理科、计划管理科。四个中心包括：饮食中心、物业中心、环境中心、会议中心。挂靠部门为校医院。托管部门包括：江大教育文化服务有限公司、长广溪宾馆。

持续探索与实践"一条指导、一块管理，条块结合"的后勤运行模式，多部门联动，条块融合。以校园大脑"运行服务指挥中心"为载体，对师生需求、校内资源、服务保障等进行"可知、可视、可控"化管理，加强业务在服务管理终端的延伸，实现条线职能与块上资源的整合。2022年全年师生满意度达88.63%。

组织开展后勤处第三轮后勤服务管理ISO9001质量认证工作，不断完善管理制度体系，制定和细化岗位要求，明确和优化工作流程。修订完善了《江南大学学生公寓管理规定》《后勤管理处饮食中心管理制度汇编》等管理制度流程。完善"片长制"网格化管理模式，加大网格化管理力度，每日开展常态化巡检，发现问题立行立改，全年处理片区上报事项296件次。

（三）聚焦队伍建设，优化人力资源管理

按照"党建引领、文化浸润，榜样示范，引培并重"的人才培养思路，不断加强人才队伍建设。完善全员量化考核与反馈机制，依托绩效考核办法，实行目标任务管理，强化整体考核，培养、实施同岗异级，实现"多劳多得、优劳多得、少劳少得、奖优罚劣"；加强后备人才队伍管理，修订《后勤管理处后备管理人才队伍建

设管理办法》，纳入学校劳务人才派遣考核体系，做好年度后备人才的遴选工作；实施在岗培训，定期研讨，建立有效的学习机制，定期组织开展服务技能、心理健康、紧急救护、消防安全、电梯安全等多种形式的培训，帮助员工优化服务知识、技能结构，提升管理水平和服务能力。

据统计，2022年工勤人员获评高级技师1人，获评技师3人；后勤管理处员工累计获得电工操作证、电梯安全管理证、电焊工操作证、消防员职业资格证、ISO9001内审员资格证、高压电工进网证、试验员、施工员等各类上岗证、资格证共计92张次。

三、理念先行、文化引领，持续擦亮后勤服务育人品牌

（一）拓展育人载体，深化育人体系

1. 提高站位，完善"全过程育人"机制

学校系统谋划制定了《江南大学"后勤学校"实施纲要（试行）》，明确了"后勤学校"的工作目标与任务、工作思路和内涵。学校正式发布《江南大学关于全面加强新时代劳动教育的实施方案》，将后勤学校纳入劳动教育主要的实践平台和项目之中。经过实践探索，江南大学后勤学校的育人理念、育人体系、组织机构、教学管理、师资队伍、工作载体日臻完善，工作特色明显，在创新服务育人模式方面，取得了积极成效。

2. 品牌主导，建设"全方位育人"平台

积极响应"后勤学校"建设号召，通过"后勤育人工作站""小鼋花园劳动教育实践基地"、厨艺课堂、生活课堂、安全课堂等平台，充分发挥后勤"浸润式"和"零距离"的育人优势，建设具有江南特色的后勤服务育人品牌。一年来，依托后勤学校开设大学生公选课3门，各类劳动技能课100余场，参与人数5 000余人，知识普及受益人数超万人。毕业季开展的"留下干净、感恩江南"倡议活动，共计有350间毕业生宿舍打扫干净如初后退宿，约占毕业生宿舍总数的21%。

3. 文化牵引，构筑"全员育人"格局

推进中心部门与学院开展多种形式的合作共建，利用楼宇、园区等载体特色，结合工作实际，积极培育特色文化，营造和谐的育人氛围。物业中心联动团委、学工等部门，合力打造"文化物业，家之情怀"。通过开展后勤员工岗位练兵、技能大

赛,服务大讲堂、服务明星评选等活动,使服务育人理念"内化于心、外化于行",以后勤员工爱岗敬业的工作态度、任劳任怨的工作作风和精益求精的工匠精神感染和教育学生,形成"处处有项目,人人皆育人"的全员育人工作格局。

(二)砥砺深耕笃行,构建生态校园

1. 制度创新,上下联动共建绿色校园

强化组织领导,统筹规划设计,成立"绿色学校建设与管理工作小组",由分管校领导担任组长,建立院系部门基层管理人员具体落实、节能管理主管部门主导推动、校级工作小组顶层规划的三级驱动模式。高度重视制度建设,编发"江南大学节约型校园建设指导意见""江南大学水电管理办法"等7项实施细则。构建以"指标化管理体系"为代表的管理机制,推进能源资源"定额使用、超额自理"的精细化管理模式,跟踪分析全校水电使用情况,统筹协调,兼顾利益,量化管理,促进节约用能长效管理机制的形成。

2. 颗粒归仓,绿色技术构建生态校园

遵循可持续发展理念,秉持能源最优化原则,探索出符合学校实际的建筑节能减排道路,助推海绵校园、生态文明校园建设。根据学校提出的雨水"颗粒归仓"综合利用概念,启动再生水、雨水等非常规水源利用工作,目前在部分学院楼、教学楼、学生公寓共建成7套。雨水回用系统将收集到的雨水经过处理后用于楼内冲厕。雨水回用系统投运后,每年为学校节约自来水约20万吨。基于建筑特性因地制宜采用屋顶绿化、地源热泵中央空调、光导管系统、太阳能热水等绿建策略。截至目前,学校共获得绿色建筑设计标识项目5项,获得绿色运行标识项目2项。

3. 文化聚力,低碳活动深入促教育德

学校参与编制《绿色校园评价标准》(GB/T51356—2019),牵头编制高校能源监管平台团体标准,承接并完成了教育部、江苏省、全国能专会等多项绿色研究课题。开设后勤学校绿色发展课堂,创建绿色学校育人工作站,定期开展"环境月""节能宣传周""低碳体验日"等主题教育活动,引导并激励师生参与绿色低碳主题学科竞赛,组织学生开展水污染防治、水生态修复、水资源协同保护等专项调研实践,传播绿色理念,帮助师生了解生态文明建设中的国情民生,倡导形成节约适度、绿色低碳的生活方式。

（三）依托信息技术，打造智慧后勤

1. 科学规划，群策群力

大力推进信息化建设，拓展和升级系统功能，提高服务效率与服务质量。树立"互联网＋后勤"管理服务理念，有效通过移动互联技术，实现管理服务流程的智能化，完善无纸化办公建设，改善师生服务体验，形成以"互联网＋"为服务设施和管理工具的后勤信息化建设新形态，实现"业务全覆盖、数据全收集、服务全方位、学习全贯穿"的工作目标。

2. 物联感知，科技赋能

汇聚多学科优势自主研发"数字化能源监管"平台，在物联网的体系架构下实现对校园内重点用能用水设施、设备的智能监测、感知、传输、分析、管理，将节能空间的发掘、管理制度的延伸、节能改造的切入，节能效益的评估等环节全面串接，实现了能源资源的可视化、可控化、智能化管理。各级赋能建设智慧校园平台，以能源管理为切入口，逐步升级强化平台功能建设，将物联感知融合应用于校园各类设备、资源，通过统一接入、统一管理、统一接口、统一标准的数据服务形成校园一体化智慧业务生态。

3. 迭代创新，转型升级

引进智能炒菜机、智能油炸炉、智能蒸箱等设备，加强菜品标准化建设；引入智能核磅系统，实施菜品生产闭环管理，切实保障供餐品质；升级"校园餐饮供应链管理系统"，实现了数据的集中化、内容的定制化和信息的共享化，提高了工作效率，提升了就餐满意度。优化"一体化保修平台"和"基础设施运管平台"，整合全校报修业务，精简工作流程，为师生提供便捷的维修服务，实现了楼宇物业的科技管理、信息管控、绿色节能等功能齐全的全生命周期安全管理。据统计，截至目前学生公寓网上报修系统报修接单 9 168 次，完成率 92%，学生评价好评率99.65%，完成率和满意率均保持较高水平。

（四）打造文明餐桌，守护舌尖美德

1. 多措并举，加强源头把控

对餐饮食材实行库房集中化管理，各食堂班组通过供应链系统线上申报采购计划，经食堂审批，采供部采购供后，班组当日领用，当日消耗，食堂全面实行"零库存"管理。对各食堂所用的米饭、肉类食品及部分蔬菜食材实行集中加工，按操作班组预订量统一配送，以"缺货速补，保障供应"为原则。通过溯源系统数据分析，分析师生需求，从原材料采购源头开始提供精准服务，实现配比有效调整，加强原材料采购、储备、配送、加工、全过程管理，强化各部门协作，有效减少浪费。根据食堂用餐日流量及畅销菜品引导采购，避免原材料堆积、损耗问题发生。提倡一料多菜，物尽其用，避免浪费。

2. 精细管控，强化过程管理

制定"菜品标准化"操作说明书，对各食堂推出的共性菜品，从选料、加工、烹制直至每份菜品销售量和售价实行统一标准。增加餐盘和碗筷的消毒使用频次，减少一次性碗筷及食品袋的使用量，减少浪费。在能源管理科的协助下，对食堂水、电实行"实时监控、指标管理"。米饭实行称重售卖，满足每位师生所需，减少粮食浪费。推出"大锅菜、小锅炒、分批炒"模式，按高、中、低 3∶5∶2 比例出菜，满足师生多元化需求，进而避免某一档菜品的浪费，节约成本，提高效益。推出"三红、三白"公益产品，限时限量供应，避免浪费。

3. 营造氛围，加大宣传力度

充分利用团委、学生会、学生社团等组织，加大对就餐者节约粮食、反对浪费的宣传力度。通过微信公众号、张贴广告、条幅宣传、视频播放等形式渲染良好就餐氛围，提升就餐者之间的餐饮文化。通过"厨艺课堂"活动，让学生与食堂师傅一起加工、制作饭菜，让学生亲身领会粮食的来之不易。开展"食堂开放日"活动，让学生近距离观摩食堂生产、加工场景，杜绝餐饮浪费。开设 e 江南饮食服务模块，推出"菜品展示""线上订餐"功能，让师生提前知晓各食堂当餐所供菜点的基本情况，根据自己喜好，选择菜品进行预订，各食堂根据订单，个性化定制，有效避免食材的浪费。

四、需求导向，担当作为，着力提升后勤服务保障时效

（一）落实疫情防控，做好稳价保供

坚持"守好门、查好卡、摸准人、做好事"的原则，全面落实后勤保障疫情防控工作。做好室内运动场馆、快递驿站以及公共浴室等人员聚集型场所防疫管控工作，做好 16 个园区、27 栋专业楼宇的消毒通风及楼道、厕所、电梯、食堂、会场、宾馆、商铺等公共区域的日常环境消杀工作。上半年和下半年筹建学校核酸采样小屋共计 15 个，增开点位 30 个，完成核酸采样 200 多万人次。制定完善校园封控期间

应急保障预案，校园封控期间，近500名后勤服务保障人员坚守岗位，以校为家，服从"8天轮休制"安排；针对食材、商品供货缺口，组织批发、零售、仓储、配送和生产基地，加强货源采购，畅通流通渠道，以数量的保证弥补了品种的不足，保障校园物价稳定。暂停堂食期间，一食堂专门向健康监测的限动师生提供送餐，累计配送隔离餐47 366份。

（二）完善基础设施，夯实条件保障

利用中央专项，争取校内资源，最大限度提供校园基础保障。完成中央专项房屋修缮与基础设施改造类工程项目28个，校内专项及小型维修项目18个，中小型机电安装类工程项目30多个，零星维修项目500余个，累计更换校园庭院灯近400个，完成化粪池应急清坑179次、管路疏通1.5万米，在一食堂、二食堂、三食堂安装了燃气报警装置等，提升校园基础设施安全系数。做好校园快递服务，累计完成快递派件219.53万件，收件6.12万件，尤其成功应对了开学季2.8万件/天的快递包裹入库量高峰。借助危废中转站，处置实验室废有机溶剂53吨、固废26.4吨、实验室动物试验废物3.923吨。开展爱国卫生检查，委托第三方开展蚊蝇消杀，对新生宿舍进行了跳蚤消杀，以及灭鼠、灭蟑螂、灭马蜂窝等工作。持续推进校园卫生死角分级整治，做好防汛抗旱、抗台、抗寒等工作预案，备好物资储备，落实应急举措。

（三）服务师生需求，提升感知体验

延长食堂午餐、晚餐供餐时间，增设餐位24个，缓解用餐高峰期人员拥挤的压力，更换米饭生产线，提升米饭口感，推出"好食生鲜"净菜服务方便师生；试点在第二教学楼打造交互空间，完成2间教室及6处公共区域的空间布局装饰改造，以及多间教室内1 400余张课桌椅的整体换新；在梅园、浩苑学生公寓新建两个"一站式学生社区"，构建园区学生共享空间；持续推进"生活热水进园区"工程项目，新增桂园公寓公共浴室淋浴位64个，改善园区学生洗澡条件；开展园区浴室设施维护检修，对91间淋浴间进行固定花洒换装，提高宿舍洗澡效率；完成了郁金香专类花卉展种植工程、植树节苗木种植工程等7个绿化项目，更换了109个花箱、近500m^2花坛花境内花草共4次，打造了6处极具观赏性的太湖石微景观。

（四）主动破解难题，服务学校发展

针对因扩招带来的新生宿舍床位缺口问题，制定并落实解决方案。组织实施了

澈苑 73 号楼等 127 名学生集中搬迁，配合完成了医学院实习生、宜兴研究生院升学新生两批次 260 余名学生的搬迁退宿工作；完成了澈苑 73 号楼住宿整体调整和园区改造，以及臻善楼原有公寓的整体修整和配套设施的施工。同时，通过对床位资源摸排挖潜、零星空床位合并规整等常规途径，以及放开非毕业班学生走读、国内交换生延迟开学、租赁长广溪宾馆应急房源等举措有效落地，在新学期前拓展床位近 400 个，有效解决了 2022 年新生床位缺口问题，保障了两个校区 8 676 余名新生的入学住宿。

（五）助力脱贫攻坚，彰显责任担当

充分发挥支部党员模范带头作用，抽调优秀党员李丽兵赴贵州省从江县进行定点帮扶工作，用实际行动为扶贫工作尽责尽力。加强与对接贫困县政府的联系，采取线上线下相结合的方式，全力帮助销售贫困地区，特别是从江县、通榆县的滞销农产品，助力贫困人口持续增收。全年累计采购大米 20 000 斤、干木耳 4 000 斤、食用油 4 740 箱，共计 1 255 208 元，超额完成预定指标，为打好打赢脱贫攻坚的决胜之战、收官之战贡献应有之力。

五、砥砺奋进 奋勇争先

过去的一年，江南大学在疫情防控转段中稳健开局，在风险挑战叠加中行稳致远。后勤人深刻认识到，必须始终坚持以习近平新时代中国特色社会主义思想为根本遵循，必须全面贯彻新发展理念，着力构建新发展格局，统筹推进后勤体制机制深层次改革，激发和增强后勤发展活力。

站在"奋进计划"的起点，新征程呼唤新作为。展望 2023 年，江南后勤人将以习近平新时代中国特色社会主义思想为指导，围绕学校"'十四五'规划"和"奋进计划"发展目标，以满足师生对校园美好生活的需求和服务学校发展为根本出发点与落脚点，以后勤高质量发展为主基调，以"精细化、标准化、专业化、信息化"为抓手，按照"服务更精准、保障更有力、管理更科学、育人更有效、校园更美好"的工作目标，不断深化后勤体制机制改革和服务保障模式创新，着力破解制约后勤可持续发展的短板和薄弱环节，持续提升师生获得感、安全感和幸福感，努力打造"安全、规范、满意、高效"的新型高校后勤。

实干笃行建美丽校园 服务育人促质量提升

——兰州大学后勤保障部年度工作报告

一、基本情况

兰州大学后勤工作伴随着学校的发展，经历了近115年的风雨历程，后勤服务在改革创新中逐步提高。2000年，学校成立后勤管理办公室，设立9个后勤实体，实现了"小机关、多实体"的管理模式。2003年，学校成立后勤管理处、后勤集团，实现甲乙方分离。2018年7月，学校组建成立了后勤保障部，将原后勤管理处部分职能和后勤集团、场馆中心合并，实现了学校后勤行政管理职能、服务保障职能、经营职能和监督评价职能的统一，形成了"大后勤"的格局。后勤保障部现有员工1 939人，其中事业编制员工79人，聘用制员工1 860人（截至2024年4月数据）。

后勤保障部党委作为学校党委领导下的基层党组织，全面领导后勤保障部工作，负责职工的思想政治教育、组织建设、干部管理、意识形态、安全稳定、党风廉政建设、群众组织等工作，为后勤发展提供组织与监督保障。后勤保障部纪委履行监督执纪问责职责，接受学校纪委和后勤保障部党委领导。

后勤保障部工作职责：根据国家和学校有关节能政策，编制整体节能规划、方案，制定节能规章制度，组织实施节能改造项目，负责学校水电暖气等供应保障；根据学校总体发展规划，编制后勤业务范围内的基础设施维修改造计划，组织实施学校授权限额内（100万元以下）维修项目的申报立项、预算编制、施工管理和验收结算；负责学校自营食堂、学生公寓、体育场馆、教室、会议室、学术交流中心、公共楼宇、林场等区域的管理运行和物业服务工作；负责社会化合作经营（委托经营）食堂的日常监管；负责学校保障性公务用车、通勤车的运行管理，提供公共交通保障服务；负责受托范围内经营性房屋的管理及学校文化创意产品的设计、开发、制作和销售。

后勤保障部自组建以来，在学校党委、行政的正确领导下，在各单位、各部门的大力支持下，取得了一定成绩。面对新的机遇和挑战，后勤保障部将秉承"立德树人，三全育人"的宗旨，以学生为中心，以教师为主体，坚持"管理求质量、激励求效益、创新求发展"的理念，凝聚人心，汇聚智慧，积极践行"夯实基础、理顺关系、细化流程、完善制度、提升效率"的思路，倡导"协作、进取、创新"的精神，贯彻"细心服务、精心管理、用心经营"的方针，全面落实"管理精细化、制度规范化、队伍专业化、手段信息化、服务个性化"的改革任务，为实现"健康、绿色、开放、共享、可持续"的一流后勤建设目标而努力，为学校双一流建设提供坚强有力的支撑保障。

二、组织架构

后勤保障部下设管理和服务两大类机构，管理类机构8个，分别是综合办公室、计划财务办公室、人力资源办公室、节能与信息化办公室、采供办公室、安全生产与服务质量监督办公室、维修工程管理办公室、后勤保障部工会，按照学校机关职能部门内设机构进行管理；服务类实体机构8个，分别是商务中心、餐饮服务中心、城关教学区物业服务中心、家属区物业服务中心、榆中校区物业服务中心、公共设施中心、学生公寓中心、运输服务中心，按照准企业化运行模式进行管理。

后勤保障部内设实体服务机构按照职能分工又划分为经营性中心（如餐饮服务中心、商务中心、公共设施中心、运输服务中心）和保障性中心（如物业服务中心、学生公寓中心）。经营性中心通过向师生提供各类服务，师生根据个人需求购买服务，确保中心的正常运转。保障性中心由学校根据制定的服务标准向后勤保障部购买服务并核拨相关费用，确保中心的正常运转。2018年后勤保障部成立以来，通过明确各类服务标准、加强质量管理、完善绩效考核、强化监督检查等措施，使后勤服务水平和服务质量得到明显提升。同时，通过加强后勤信息化、机械化和绿色化建设，使后勤服务便捷性和高效性得到显著改善，师生满意度逐年提升。

（一）队伍建设情况

一是制定了《后勤保障部队伍发展规划（2019—2025年）》，明确了核心团队建设思路，推动管理人员能上能下机制建设；二是建立了完善的绩效考核评价体系和薪酬分配体系，以绩效分配为杠杆，充分调动员工工作的积极性；三是进一步打通了聘用制员工晋升渠道，选聘优秀的聘用制员工担任中层管理干部和部门负责人；

四是在干部选拔聘任、薪酬分配、福利待遇中打破身份限制，实现了聘用制员工和事业编员工同工同酬。

（二）内控建设情况

一是进一步完善了后勤领域各类规章制度，根据后勤管理和发展需求，2018 年以来修订和完善了各类制度 77 项，涉及治理决策、人力资源、财务审计、招标采购、资产物资、经营监管、风险防控、安全生产等各方面，规范了权力运行；二是聘请专业机构紧密围绕后勤各项业务工作编制了《后勤保障部内部控制手册》，以实际业务为基础，建立防止和控制各种风险的机制和流程，确保后勤各类业务安全规范运行；三是成立了内部控制小组，由专人负责，独立运行，根据后勤保障部发展规划、阶段性重点工作，并结合财务、采购、工程等领域高风险点，制定并实施内部控制工作计划，定期、不定期开展监督检查工作，进一步降低各类风险造成的影响。

（三）财务运行情况

后勤保障部是校内二级核算的职能部门，实行会计委派制，由学校财务处委派专人对后勤保障部进行财务监督和管理。后勤保障部参照企业化运行模式实行全面预算管理，强化后勤业务工作的计划、实施、考核，提高财务管控能力。同时，建立以经济目标考核为手段的经营模式，健全对各项经济责任指标的控制与考核机制，充分调动各中心增收节支的积极性。

三、亮点工作

（一）持续推进绿色校园建设

兰州大学后勤保障部深入贯彻习近平生态文明思想，全面落实国家关于绿色低碳发展的工作部署以及教育部推进绿色校园建设的要求，高度重视节能降碳工作。通过政策规划顶层设计、能源管理制度建设、用能信息化平台构建、基础设施节能改造、合同节水改造、新建建筑实施能源托管、太阳能光伏板建设、自建污水处理厂等实现非常规水源利用、节能产品推广使用、学校产学研用协同发展及绿色校园环境育人，系统全面推动学校绿色校园建设，形成明显示范和引领作用。

1. 用能系统电气化改造——新建建筑实施能源托管（BOT）服务项目

在学校新建的研究生 1#、2#学生公寓以及南区生活中心建筑中，首次采用能源费用托管服务方式，为其提供能源供应保障。该项目建设有光伏发电系统、供暖热源系统、供冷冷源系统、热水（洗浴）系统于一体的综合能源供应保障系统。项目启用后，受益学生公寓面积达 5 万平方米、制冷面积 4 000 平方米，日产生活热水 180 吨，年均发电量 63 万千瓦时。经测算，项目预计年节约标准煤 1 377 吨，年减排二氧化碳 1.075 万吨，减排粉尘 67.67 万吨，减排二氧化硫 245 吨，减排氮氧化物 121 吨。数据表明，该项目在减少碳排放和污染物排放方面具有显著的效果，将为学校实现"双碳"目标起到积极作用。

项目的建成运行标志着兰州大学榆中校区成为西北地区第一个低碳校园。建成的智慧能源站通过智能数字化的管理模式，学生可按需求刷卡轻松实现宿舍内洗浴、使用热水等服务功能，不仅为学校节约能源费用，提高能源利用效率，还为学生提供了更加舒适、便捷的生活环境。

2. 建筑用能智能化管理——节能监管平台、地下管线信息系统、供水管网探漏系统

一是节能监管平台建设。2015 年，学校投资 500 万元，在城关校区搭建了节能监管平台，实现了城关校区水、电、暖消耗量在线采集、分析和监管。2016 年，学校投资 1 500 万元，在榆中校区搭建了节能监管平台，实现了学校公共楼宇在线监测全覆盖。同时，对城关校区供暖管网进行了热计量控制改造，实现了供暖远程监测控制。2017 年，利用中央高校改善基本办学条件资金 108 万元，对学校办公楼进行了用电分户计量改造。2019 年，利用中央高校改善基本办学条件资金 258 万元，对学校各公共楼宇进行了分层计量改造，为学校实现定额管理奠定了基础，提升了用能智能化管理水平。节能监管平台主要由全单位能耗、水电监测、水电分项、环境参数、用能指标、能耗指标、年度能耗排名热能系统等 8 个面板组成，可实时分析显示学校用能用水概况。

二是地下管线信息系统建设。针对学校地下管线情况复杂，难以摸查，在维修改造时经常性地挖断水、电、暖、通信等线路，造成资源大量浪费的情况，2018 年学校投资 380 余万元，建立了覆盖兰州大学全校区的地下管线 GIS 系统，系统可实时了解管线运行情况，实现各部门之间信息的科学组织、共享和协作，提高了工作效率和管理水平。

三是供水管网探漏系统。2018 年学校投资 100 余万元在城关校区教学区建立了供水管网渗漏报警系统，该系统能够及时检测供水管道上出现的漏点并报送维修人员，及时对漏点进行维修，减少水资源浪费，提高能源管理能力。同时，能够减少

因长期渗漏造成的地面塌陷、楼宇倾斜等安全隐患，确保师生人身安全。

3. 提升科研成果转化能力——自建污水处理厂

学校榆中校区地处榆中县中部，属于典型的温带半干旱大陆性气候，近年来为了提升校区生态环境，校区周边萃英山绿化面积进一步扩大，绿化用水呈递增趋势，水资源短缺矛盾日益增加。为提高非常规水利用效率，缓解学校绿化用水压力，学校采用自行研发，处于国际领先水平的固定化微生物技术，设计建设日处理6000立方米/天的污水处理厂，于2005年8月正式投入运行，目前已运行近19年。通过污水处理厂将校区污水处理后用于校园绿化，实现污水零排放，有效地提高了水资源的利用效率。按照污水处理厂实际运行情况，每天约处理1200立方米污水计算，每年可节约水费80余万元。

4. 充分利用社会资金—实施部分合同节水改造项目

为响应甘肃省水利厅推广合同节水项目的号召，深入挖掘学校节水潜力，后勤保障部实施了部分男生公寓卫生间合同节水改造项目，对城关校区3#、4#、10#学生公寓卫生间小便池进行了节水改造，项目总投资120万元。项目实施后，学校每年可节约8 900吨水，每年节约经费3万元。同时，该项目还成功实现了改造区域内无污染物（尿液）排放的目标，并将废物利用起来，通过从回收的尿液中提取的尿激酶用于临床治疗，起到了较好的社会效益。

（二）深入践行"三全育人"服务理念

后勤保障部始终坚持以习近平新时代中国特色社会主义思想为指导，落实立德树人根本任务，发挥高校后勤管理育人、服务育人、劳动育人的作用，致力于培养德智体美劳全面发展的社会主义建设者和接班人。后勤保障部主要承担学校劳动课的授课和考核工作，以集体劳动和特色劳动等方式开展教育教学活动，实现树德、增智、强体、育美的综合育人价值。集体劳动的重点是在系统的文化知识学习之外，有目的、有计划地组织学生参加生产劳动，教授基本的劳动技能和知识，让学生动手实践、出力流汗，接受锻炼、磨炼意志，培养学生正确劳动价值观和热爱生活的品质。

按照学校劳动教育相关要求，后勤保障部结合工作实际，制定了《后勤保障部劳动教育实施方案》，进一步完善了劳动教育实施途径，大力提升了学校学生劳动教育效果，打造了具有兰大特色的劳动教育文化体系。相关业务中心制定了劳动实践指导手册，按网格区域划分开展基础劳动课，并拍摄教学视频上传至"到梦空间"平台供学生们学习观看。在承担基础劳动课的同时，后勤保障部又结合业务工作开设了兴趣养成特色劳动课，包含烹饪班、园艺班、救生培训班、电工培训班等，让学生们走出教室，走出课本，走进食堂后厨、花房、游泳馆，体验做菜、种花、游泳救生，增强学生的基本生活技能。

后勤保障部一直在实践中不断探索完善劳动教育体系，凝练学生热爱劳动的校园文化，形成多方面、多层次劳动育人的强劲合力，构建符合新时代要求的劳动教育格局，为其他学校提供经验和借鉴，通过分享教育模式、教学资源和实施经验，帮助其他学校更好地开展后勤劳动教育，促进高校劳动教育的改革和发展。

1. 加强劳动教育师资队伍建设，为开展好劳动教育奠定基础

一是在后勤招聘员工的过程中，注重员工特长归类整理，利用现有人员，招聘专业人员，壮大师资队伍，储备劳动教育相关专业的人才，配齐、配强师资队伍，为开展劳动理论教育和实践探索奠定良好的师资基础。二是增加员工技能培训次数，提高员工业务技能，更好地激发员工学技术、练本领的热情，着力打造学习型、技能型、创新型的师资队伍，设置更加专业生动的课程内容，教育引导师生认识劳动教育对个人发展和国家富强的重要意义及价值，深刻理解劳动教育在新时代的丰富内涵。

2. 充分利用后勤现有资源，发挥劳动育人主阵地优势

后勤保障部负责校内多处教学、公寓等楼宇的管理与服务，为劳动课的有效开展提供了便捷的场地资源。在课程设置方面，通过结合学校食堂、学生公寓、萃英山花房、电工房、操场、教学楼等楼宇建筑功能设置，优化课程设计，进一步强化劳动教育现场教学体验。劳动课场地涵盖校内多处楼宇，课程内容也基于后勤岗位设计，授课过程中穿插校史文化、后勤文化，在开展劳动教育的同时也有助于学生加深对后勤工作、校内建筑、校史文化的认识与理解，提升学生参与校园治理的内生动力，发挥劳动育人阵地优势。

3. 建立标准规范的劳动教育全过程流程，提高教学成效

一是授课开始前，各负责部门制订教学大纲、设计课程内容、建设线上教学资源，推进课程规范化、标准化；梳理各类劳动步骤、环节，注重示范引导，强化规范意识，引导学生从最基本程序学起，关注细节、强调质量、避免随意。二是授课过程中，各部门劳动课的考核评价以教学大纲为依据，将过程性评价与结果性评价结合起来，健全和完善学生劳动课评价标准、程序和方法，避免形式主义；授课老师围绕"为什么劳动、劳动是什么"等重点问题进行讲解说明，让学生理解劳动的意义与价值。三是授课结束后，引导学生总结、交流，分享劳动体验和收获；引导学生将反思交流与劳动改进结合起来，充分发挥学生的主动性；引导学生对劳动实

践进行整体构思，综合运用所学知识、技术，不断优化劳动实践，使学生在劳动中获得成长。

（三）稳步提升后勤服务保障能力

后勤保障部始终坚持"以学生为中心、以教师为主体"的服务理念，在各领域持续推动服务标准化建设，通过完善服务标准、细化服务流程、强化业务培训、加强监督检查等手段，后勤服务质量和水平得到明显提升，师生满意度逐年提高，为学校教学科研活动提供了坚实的保障。

1. 干部攻坚克难能力明显提高

面对后勤发展难题和复杂问题，通过多年的教育培养引导，后勤干部主动站位、靠前指挥，解决问题的能力和斗争精神明显提升。一是完成了各类拆迁、清退等急难险重任务。完成了榆中校区综合市场、塑料四厂、会宁路商户清退工作；完成了医学天桥下小卖部、二分部小卖部及14号楼西北角违建、一分部视野杂志售卖亭及自行车棚等区域的拆迁工作。二是圆满完成疫情防控各项保障任务。班子成员认真履行"一岗双责"，实行网格化监督管理，管理干部主动担责，深入一线，亲自指挥开展各项防疫工作，一线员工履职尽责、恪尽职守，在师生就餐、学生宿舍管理、公共区域消杀与管理、核酸检测保障、公共设施保障、家属区管理、员工管控、员工个人防护、物资储备、监督检查等方面全面落实疫情防控工作要求，确保疫情防控工作不失一地、不漏一人。三是全面深入开展党史学习教育，切实解决师生员工急难愁盼问题。后勤保障部党委统筹推进"我为群众办实事"实践活动，持续为师生送服务、解难题、办实事，共计收集并解决各类疑难问题61项，不断提升干部谋事创业能力。

2. 服务保障能力和水平明显改善

一是在学术交流中心和丹桂苑餐厅开设教工自助餐，启用专家楼餐厅，更新食堂设施设备，推出文创月饼、文创雪糕、年菜、蛋糕等，丰富师生就餐需求。二是在学生公寓楼内安装直饮水机、洗衣机、洗鞋机、吹风机等便民设施，在榆中校区学生公寓内新增浴室、自习室等，进一步改善学生住宿条件。三是对榆中校区萃英山、花海、景观大道及城关校区新知大道周边、丹桂苑周边环境进行提升和维护，进一步美化改善了校园环境。四是推动实施各家属区老旧小区改造、加装电梯、基础设施改造等工作，同时完善家属区服务设施建设，增加了洗车机、饮水机、充电桩等设施，改善教职工生活条件。五是推动公务用车改革，规范公务用车管理，强化校区通勤保障能力，减少交通安全事故，圆满完成了各类用车保障任务。

3. 服务多样化明显增强

通过开放部分校内市场，引入竞争机制，充分激发后勤内部"造血"能力。先后引进苏州科桥餐饮公司、西安晏煌餐饮公司、泉润百合、郑州老兵餐饮、天香百合、天猫超市校园店、永冠超市、"菜鸟驿站"、中国邮政、共享单车、自助咖啡机和打印机等社会企业，满足不同学生的个性化需求，丰富了师生选择。

4. 后勤信息化和机械化水平明显提升

随着后勤事业的发展及师生对于美好生活需求的增加，师生对于更加人性化、便捷化和高效化后勤服务的意愿需求日益强烈。后勤保障部积极响应师生诉求，建立了一系列适合后勤发展需要的信息化系统，如公务用车管理系统、人力资源管理系统、智慧物业管理系统、物资管理系统等，进一步杜绝了管理漏洞，提升了管理水平。同时，为了提高工作效率，节约用工成本，后勤保障部在各个工作区域配备了机械化设备，如室内外扫地车、垃圾清运车、洒水车、送餐机器人等，进一步提升了后勤服务质量。

（四）部分获奖情况

2018年，后勤保障部餐饮中心荣获"健康食堂"等多项荣誉。后勤保障部荣获"城关区2018年度绿化承包单位年度考核优秀单位"。后勤保障部运输服务中心被评为"东岗辖区2018年度交通安全先进单位"。

2019年，获得了国家机关事务管理局、国家发展改革委、财政部联合颁发的"节约型公共机构示范单位"荣誉称号。

2020年，荣获中国教育后勤协会"教育后勤信息化先进单位"荣誉称号。

2021年，荣获甘肃省"节水型高校"荣誉称号。荣获中国教育后勤协会"防疫先进单位"荣誉称号。

2022年，授予后勤保障部餐饮服务中心甘肃省烹饪协会副会长单位、职业技能等级认定基地。

2022年，我校节水工作入选水利部、教育部和国家机关事务管理局公布的全国节水型高校典型案例。

2023年，荣获中国教育后勤协会颁发的"最美后勤人（团队）"荣誉称号。

2023年，荣获中国教育后勤协会颁发的"后勤服务育人劳动教育示范基地"荣誉称号。

2023年，荣获全国节水办公室颁发的"节水型高效典型案例"。

厚植绿色发展理念　打造一流育人环境
——首都师范大学后勤保障部年度工作报告

首都师范大学建校于 1954 年，是国家"双一流"建设高校，北京市和教育部"省部共建"高校。学校占地约 98.06 万平方米，建筑总面积约 84.70 万平方米，由校本部、北一、北二、东一、东二、良乡、来广营、通州、秦皇岛等 9 个校区组成。学校现有教职工 2 419 人，各类学生总数 27 330 人。学校后勤保障部成立于 2019 年 1 月，由原后勤集团和原后勤管理处合并组建。原后勤集团党委和原机关党委后勤管理处党支部合并，组建后勤党委。后勤保障部为正处级直属服务保障机构，主要为学校各项事业发展提供后勤保障和服务。

一、基本情况

后勤保障部秉持着师生对美好校园生活的向往就是后勤人的奋斗目标，以高质量党建为引领，以推动党建和业务双融合、双促进为抓手，努力推进后勤内涵式发展，提升后勤精细化管理水平，加快构建中国式现代化后勤治理体系。

当前，学校后勤已从过去的自办型后勤模式转为监管型后勤模式，除少部分业务外，物业（校区、公寓）、餐饮、车辆、商贸等均已经实现服务外包，通过学校层面的招投标遴选优质的社会企业提供校园后勤服务。

二、组织架构

后勤党委设党委书记 1 人，副书记 1 人；后勤保障部设主任 1 人，副主任 4 人。截至 2024 年 3 月，后勤保障部有职工 256 人，其中事业编制 45 人，合同制 72 人，劳务派遣人员 133 人，劳务人员 6 人。各类服务外包人员 1 100 余人。后勤保障部现有综合办公室、人力资源办公室、质量监管办公室、采购办公室、工程管理办公室、智慧后勤和能源管理办公室 6 个职能科室，以及校园物业中心（分为物业运行部、物业管理办公室）、饮食服务中心、学生公寓服务中心、综合服务中心、家属区物业中心 5 个中心。后勤职能科室主要承担学校后勤综合业务管理、人力资源管理、工程货物及服务采购、基础设施修缮改造、后勤服务质量监管、能源管理和后勤信息化建设等工作。中心主要为学校提供餐饮、学生公寓管理、动力运行保障、校园和楼宇保洁、车辆运输、商贸、绿化美化、校园生活服务和住宅物业管理服务等。

三、亮点工作

（一）坚持党建引领，推进党建与业务工作融合发展

后勤领导班子成员围绕《如何提升后勤内涵式发展》主课题，在接诉即办、节能降耗、采购管理、育人积分、校园美化、餐饮改革等子课题领域开展专项调研，召开教师和学生专场调研座谈会 8 场，问需于师生，问策于基层，形成 12 方面的成果转化工作措施。召开"后勤党建与服务保障深度融合""铸魂增智、正风促干"后勤党支部书记主题沙龙，邀请学校组织部、宣传部、纪委等部门领导出席指导，集思广益，为后勤发展碰撞思想火花。组织联动驻地外包服务企业党组织，联合开展组织生活，激发外包服务企业党组织模范带头作用，增强基层党组织的政治功能和组织功能。召开党建引领后勤一体化建设表彰会，引领社会企业树立"一盘棋"思想，提升企业的社会责任感。中秋佳节，召开一体化建设座谈会，自聘职工与企业代表分享"首师同心"校徽月饼，畅聊服务体会，共话育人蓝图。运行部党支部与明德物业党支部联合开展主题党日，为思想充电，为实干赋能（见图1）。

图 1　座谈会与实地调研

为持续提升后勤服务保障水平,健全接诉即办体系,后勤党委建立"书记抓、抓书记"的工作机制,后勤党委书记、党委委员、党支部书记统筹负责所辖中心科室的接诉即办工作。将市民服务热线、书记校长信箱、68901000、后勤回音壁(现已升级为后勤服务监管平台)等纳入接诉即办管理体系,设置专人跟踪回访,畅顺与服务对象的信息沟通渠道。2022年共受理接报修业务105 034件,回音壁673件,市民服务热线18件,校长、书记信箱86件,均已按工作流程完成处理和回复。后勤党政班子定期带领各支部、各中心、科室负责同志深入海淀和良乡各校区面向机关各部处、各院(系)、单位师生开展服务保障意见征集座谈会,靠前服务,问需于师生。

后勤高度重视宣传工作,加强意识形态阵地建设。2022年,累计向学校投递新闻37篇,后勤网站发布新闻60篇。在首都师大后勤微信公众号发布172篇,含党建、业务动态、服务导航,策划展板30块。积极推动后勤微信视频号的使用,拓宽宣传维度。注重宣传的时效性和准确性,努力做好宣传的标准化和规范化,让师生快速了解后勤服务信息,全面系统认识后勤工作,呈现后勤党建引领服务保障的良好面貌。

(二)加强能源管理,创建绿色学校,持续推进校园生态文明建设

为加强用能管理,学校进一步健全能源管理组织机构,成立了由校长为组长、主管后勤工作副校长为副组长的节约型校园建设领导小组,定期召开工作会议,研究部署节能工作。优化能源管理岗位设置,在后勤保障部成立智慧后勤与能源管理办公室,实施专设机构的专人负责,完善能源管理制度,组织实施用能控能工作。目前,学校能源管理工作有制度可依,有档案可查,形成了能源使用管理、能源统计、能源公示、节能改造等四条工作主线,实施能源管理负责人制度、耗能单位季报制度、能源消耗公示制度、碳核查及管理体系认证制度,以及能源利用状况报告制度,持续开展了碳排放报告和碳排放权交易工作,定期开展能源审计,组织参加能源管理相关工作培训,开展节能工作宣传教育,有计划地实施节能技术升级、设备设施技改等管理工作(见图2)。学校接受世界自然基金会捐建的30千瓦分布式太阳能光伏发电系统,年发电量约3.5万度,对文科教学楼提供照明电力,在系统运行的25年内,可减少碳排放约900吨;在公共浴室安装太阳能热水系统,每年可节省市政热力约15%,节约标煤55吨;在良乡校区引入市政中水,自2016年以来已节约使用自来水29.5万吨。校本部、北校区及东校区分别建有中水站,每年生产使用中水约8万吨。学校从环境改善、资源节约、能源回收、三全育人和科技创新等五个维度系统推进绿色学校建设,近年来在垃圾分类、能源管理、节水、绿化、

制止餐饮浪费等方面均取得显著成绩。2020年，学校获评国家机关事务管理局、国家发展改革委和财政部联合授予的"公共机构能效领跑者"奖牌。2022年，学校的《科技助力"光盘"育人以厉勤俭》获评2021—2022年公共机构能源资源节约十佳示范案例。同年，学校率先通过市教委组织的绿色学校创建验收，创建工作案例被国家发展改革委纳入全国优秀案例集。2023年，节水工作获得认可，学校节水建设获评节水型高校典型案例。2024年，学校获评北京市水务局、北京市机关事务管理局、北京市发展和改革委员会共同颁发的北京市公共机构水效领跑者（2024—2026年）（见图3）。

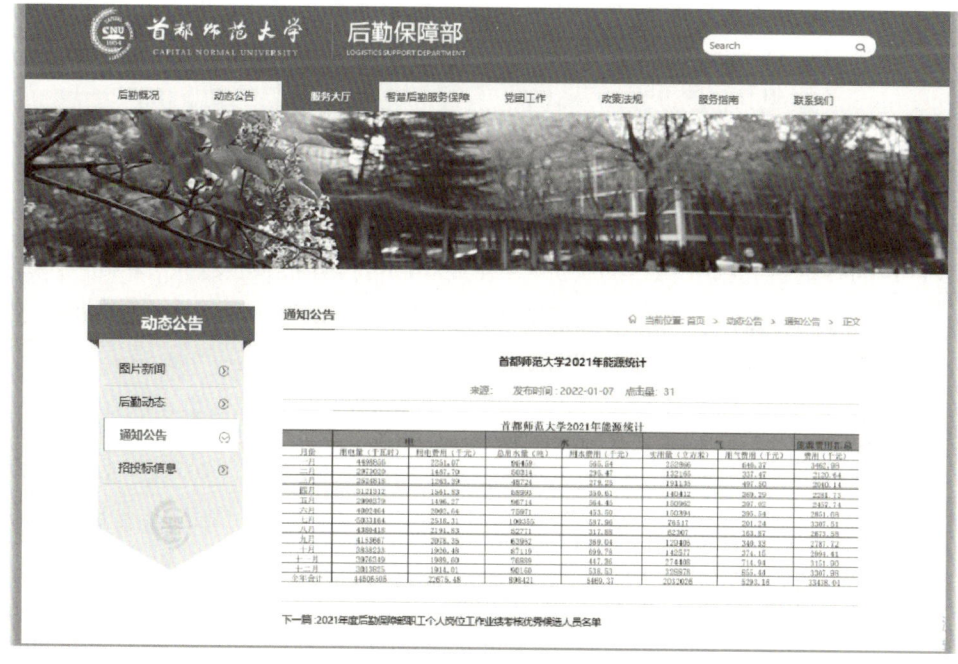

图2　学校能源使用统计

图3　学校部分荣誉

(三)开发育人积分系统,推行"育人星光计划"

为深入学习贯彻习近平总书记关于教育的重要论述,认真落实高校立德树人根本任务,践行"三全育人"理念,落实垃圾分类、光盘行动、劳动教育等具体要求,后勤创新提出"积分育人"理念,并积极牵头建设积分育人平台"育人积分系统"。该系统以量化积分形式,规范学生日常行为,并打通了消费抵扣渠道,形成"获取积分——消费抵扣——获取积分"育人良性循环,帮助学生养成良好的习惯,助力学生"德、智、体、美、劳"全面健康发展。在积分获取端,学生可以通过多种途径以主动或者被动方式获取育人积分,例如荣获奖学金、学科竞赛奖、艺术体育竞技奖、科技创新奖、新媒体优秀项目奖、宿舍评优等奖项表彰,获得论文、著作、专利等科研成果,参加志愿服务、劳动实践,做到垃圾分类、就餐光盘,以及拾金不昧、公共报修等良好品行等。在积分抵扣端,学生以无感式自动兑换优惠券、企业微信扫码等抵扣方式在校内许多与生活学习密切相关的场景中使用育人积分,例如校内自助售货机、咖啡机、洗衣机、校内超市、打印店、理发店、文具店、奶茶店、水果店等。目前该系统已经在学校使用,受到学子们的广泛好评。为了惠及更多学子,学校联合系统合作开发单位决定实施"育人星光计划",将"育人积分平台"捐赠给全国 500 所高校使用。2023 年 11 月,教育部、中国教育后勤协会、北京市教委和院校代表在学校共同启动"育人星光计划"(见图4)。2024 年 3 月,学校举办后勤育人新业态建设暨"育人星光计划"推进工作座谈会,中国教育后勤协会、北京市学校基建后勤管理事务中心有关领导出席会议,清华大学、中国人民大学等十余所在京高校后勤负责人参加会议并积极响应。2024 年 3 月 30 日至 4 月 3 日,学校受邀参加中国教育后勤协会年会暨第七届中国教育后勤展览会,会上学校党委常委、副校长宋军应邀作两场主题报告,徐惠参加"后勤育人 对话浦江"活动,围绕加快建设后勤育人共同体、有效提升学生参与度和幸福感等交流发言。展会期间,学校受邀设立专门展区展示建设成果,中国教育后勤协会会长刘建平专程前往调研,对"育人积分平台"和"育人星光计划"给予高度肯定。截至目前,学校已给校内学生奖励赋分 3 049 余人次,合计 11.1 万余积分。另有 13 所高校先行接入使用,覆盖学生总人数已达 24.4 余万人。

(四)推进饮食供给侧改革,打造环境宜人智慧食堂

智慧食堂整体采用科技简洁的风格,从功能分区、桌椅布局、灯光设计等多个

图 4　学校主导的"育人星光计划"

维度进行优化升级，共设置 4 个就餐区域，分别为开放式多功能就餐区、半开放多功能就餐区、中央大厅就餐区、西式吧台就餐区。其中多功能就餐区配置了多媒体设备，可用于召开会议等活动，不同于传统的会议室，该就餐区灯光柔和、色调偏暖，是正式会议延展交流、座谈茶歇的不二选择（见图 5）。食堂以机器人标准化烹饪为核心，采用自动称量结算及标准套餐，依托物联网和大数据技术，提升监管水平和经营效率，实现了原材料标准化、生产智能化、售卖自助化，科技范儿十足，代入感强劲，集约式管理成为独具首师特色的学生食堂。自投入运行以来，智慧化的就餐环境成为首师校园网红打卡地，不同就餐服务模式填补了师生多样化的就餐服务需求，自助称量计费的售餐方式落实了节约粮食、光盘行动的具体实践，机器人炒菜、自动分餐迈出了智慧科技与校园餐饮服务有效结合的步伐。沉浸式的大屏幕、层次有序的灯光设计、幽雅的环境等都成为兄弟高校调研活动、留学生跨年联谊活动、首师味道评选暨厨师技能大赛等活动的心仪场地。

图 5　学校智慧食堂

（五）开设劳动课程，不断拓展后勤场景育人功能

在大思政格局下，为落实党的教育方针和立德树人根本任务，促进各类课程与思政课相互配合，形成互促互进协同效应，实现全员全程全方位育人，服务首都四个中心建设，学校后勤挖掘服务场景潜力，开拓劳动教育实践渠道，通过组织学生参加实际的劳动实践，培养良好的劳动意识和劳动习惯，树立起"崇尚劳动、热爱劳动、辛勤劳动、诚实劳动"的观念，提升学生综合素质，促进学生全面发展、健康成长。2021年以来，学校后勤以劳动教育基地（花艺、烹饪、学生公寓党建阵地）为依托，开设1门必修课，2门选修课，N种实践活动（收纳课程、义务植树、垃圾分类、光盘行动等），形成1+2+N的课程布局。该课程自开设以来，有效促进了学生参与绿色校园建设、校园生活垃圾分类、光盘行动等文明校园创建工作。开课以来，得到教育部、北京市教委等政府部门、中国教育后勤协会等行业协会，以及其他兄弟院校的关注与支持，分别接受了北京电视台、《人民日报》、中国网等多家媒体平台的宣传报道，产生较大社会影响力。学生普遍认为本门课程的开设很有意义，能够感受获得感。学生们将劳动课程学习感悟的宝贵内容延伸到生活当中，真正做到爱生活、爱劳动，作一名新时代富有劳动精神的大学生。课程中烹饪、走进劳模访谈模块的设置，既帮助学生们掌握了生活技能，更有助于走近劳动、感受劳动进而尊重劳动、热爱劳动（见图6、图7）。

图6　烹饪课堂

图7　花艺课程

四、其他工作介绍

（一）夯实饮食基础，努力抓好餐饮服务品质提升

建立饮食服务中心财务账号，实施全成本独立核算；平衡餐饮服务公益性与经营性关系，最大程度保障对学生食堂公益性政策支持和投入，制定标准菜谱和服务规范，保障学生基本需求；加大力度引进优质餐饮企业，除校本部学一食堂、杏园、膳园餐厅外，其他食堂均由优质餐饮企业提供餐饮保障，满足师生多样化用餐需求。

（二）改善公寓条件，积极营造温馨宜居住宿环境

积极拓展学生宿舍住宿空间、学习空间和文体活动空间，持续改善学生公寓居住、安全、卫生条件，提供贴心、便捷、智能的生活服务保障。丰富学生公寓文化，建成书雅轩、党员活动室，成立公寓党员先锋队，开展"四微"系列活动（讲好"微党课"，感悟"微分享"，探索"微实践"，做好"微公益"），吸引学生参与垃圾分类等志愿活动，营造环境育人氛围（见图8）。

（三）办好实事项目，实招推进干实事暖民心工程

科学规划学校基础设施改造，建立项目库，滚动实施，全面提升学校基础设施

图 8　新春安全交流活动

保障水平。每年实施 10 余项实事工程项目，改善提升师生校园工作学习生活环境。强化对施工项目的质量、安全、进度、投资等全过程管理，确保项目保质保量、如期安全地交付使用，更好地服务教学科研和师生生活。

（四）全面深化改革，促进后勤保障水平提质增效

加强对社会服务企业的管理监督，制定《后勤保障部外包服务监督管理办法》，各实体中心根据工作实际制定《校园物业外包联营企业监督管理具体办法》《学生公寓外包联营企业监督管理办法》《饮食服务中心联营企业监督管理办法》等制度细则，提高服务质量和管理效益。坚持做好后勤社会化改革，通过服务托管、劳务派遣等多种社会化形式提升服务保障能力。

（五）坚持安全发展，提升后勤安全本质运行水平

新冠疫情肆虐期间，后勤党委、行政统筹疫情防控和运行保障，定期召开各分指后勤负责人协调会，及时协调解决服务保障问题，成立抗疫战时党支部，党员干部发挥带头作用，确保封控区内物资供应；开展校园"益剪"互助式理发服务，搭建与师生联系的桥梁；联系属地街道协调"超市发""华光超市"签约供保，满足驻校师生多样化需求。后勤干部职工高度重视防火防汛、设施运行、食品卫生、宿舍管理、人员防疫等安全工作，持续完善各类应急预案，提升安全管理能力和保障

水平。通过狠抓责任落实，强化培训演练，规范操作流程，加强检查督查，从严从细落实安全生产工作。

五、思考和总结

高校后勤正在从"以服务为中心"向"以育人为中心"转变，应当始终立足于高校环境，突出育人目标。科技赋能和新质生产力的崛起，为高校后勤建设带来了新的机遇和挑战。未来，高校后勤部门需要继续加强科技研发和应用，推动后勤工作的智能化升级和专业化发展；同时，也需要注重培育和发展新质生产力，推动后勤工作的创新发展和绿色发展。此外，高校后勤部门还需要加强与师生之间的沟通和互动，及时了解师生的需求和反馈，不断改进和提升服务质量。通过构建和谐的师生关系和营造良好的校园环境，为师生的学习、生活和发展提供有力保障。

高校承担着人才培养的重要使命，是"为党育人 为国育才"的重要阵地。学校将牢记"立德树人"的根本任务，继续坚持用习近平新时代中国特色社会主义思想铸魂育人，全力践行好"三全育人"理念，落实好垃圾分类、光盘行动、劳动教育等具体育人要求，助力学生成为"德智体美劳"全面健康发展的社会主义建设者和接班人，成为可堪民族复兴大任的时代新人！

战疫情　强保障　保运转　严作风　重育人
创建师生满意后勤

——南昌大学后勤服务集团年度工作报告

一、基本情况

南昌大学后勤服务集团成立于2003年，是江西省高校后勤社会化改革中成长起来的一家集经营、管理、服务为一体的多行业、多领域的现代化高校后勤产业集团。工作范围涉及餐饮服务、物业服务、运输服务、水电保障、幼儿教育、住宿接待、图书代办、驾驶培训、通信快递和印刷等，为学校教学、科研和5万余名师生员工工作生活提供后勤保障。

二、组织架构

截至2022年底，集团共有各类职工2 000余人，在编职工150人（其中正处2人，副处4人，正科5人，副科5人，科员9人，专技岗50人，工勤岗75人），集团签订劳务合同人员1 000余人，其余为合作单位或外包单位聘用人员；集团领导班子成员10人，学校任命6人，集团自聘4人（见表1）。

表1　机构设置

机关部门	党委（总经理）办公室	后勤服务大厅
	纪委办公室	工会
	团委	人力资源办公室
	资产办公室	督察（平安建设）办公室
	财务办公室	工程与招标中心

续表

保障类部门	物业中心	天健物业
	东湖物业	餐饮中心
	水电中心	运输中心
经营类部门	经营办公室	通信中心
	接待中心	幼教中心
	快递中心	印刷厂
	图书代办站	节能公司
	驾驶培训公司	

三、管理模式

南昌大学后勤服务集团是按市场经济模式运行组建成立的，实现了对学校后勤资源进行优化配置和重组，进一步理顺学校和后勤服务部门的关系，做到事企分开，产权明晰，按现代企业制度和市场化运作，以实现学校后勤管理体制和运行机制的根本转变。按照事企分开的原则，将后勤的行政管理职能与经营服务职能分离，进一步理顺甲乙方关系。甲方为后勤管理处等职能部门，代表学校行使后勤行政管理职能；乙方为后勤集团，承担校内后勤服务和经营服务职能。

四、主要工作

2022年是党的二十大召开之年，是学校深入实施"十四五"规划，推进世界一流大学建设的重要之年，也是学校"第三个十年"内涵发展的冲刺之年。一年来，后勤服务集团坚持以习近平新时代中国特色社会主义思想为指导，以加强政治理论学习为基本抓手，以围绕中心服务大局为总体计划，以创建师生满意后勤为根本宗旨，不断推动后勤服务事业发展迈出新步伐、实现新突破，高质、高效完成各项工作任务。尤其在疫情防控封闭管理期间，团结带领广大师生及后勤员工，紧抓重点、突破难点，尽心尽力做好各项后勤管理和服务保障工作。

（一）齐心协力战疫情

2022年3月至5月，江西省内疫情形势严峻，学校封闭管理67天，后勤服务集团按照学校要求及时部署、压实责任，集团主要领导带头履职尽责、身先士卒，带领 1 500 余名一线服务保障人员留守各个校区，负责封校期间的各项疫情防控工作，共克时艰，圆满完成了学校交办的各项疫情防控任务和后勤保障任务（见图 1）。

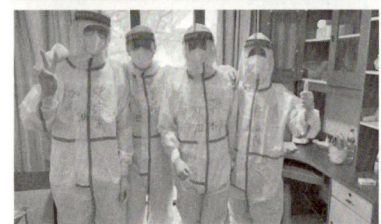

图 1　后勤职工积极参与疫情防控工作

学校后勤紧急采购防疫物资口罩 250 万个、酒精 30 000 瓶等，投入约 230 万元，确保及时配送。后勤部门协助完成 146 轮全员核酸检测，涉及 51 万余人次。餐饮中心和各食堂克服重重困难，既要保证非封控楼栋师生有序购餐，又累计为封控楼栋师生集中送餐 75 万份；物业克服校内工作人员骤减的困难，所有员工全岗调配、联合作业，完成了公共区域的消杀和医疗垃圾的清理工作，组织人员送水到各封控楼栋，单日最高送水达 3 600 桶；运输中心严格落实班车"日消毒"和"每趟消毒、通风"制度，严格执行"四验一带"，积极配合疫情防控期间师生员工用车需求。驾驶员 24 小时随时待命，圆满完成了医护人员接送、医疗物资和核酸样品运送和隔离师生接送工作；快递中心加大所有快递站点的管控力度，严格对快递场所和物品进行消杀，杜绝进校快递的病毒传播风险，为师生发放快递 275 000 余件；经营部门组织大型商超，通过线上预订、线下派送方式为师生提供生活必需品，确保封校期间留校师生的正常物资供给，维持了商户在封校期间物价稳定；水电中心安排人员定期地对各开闭所、配电间，供水系统，特别是学生宿舍配电间进行了检查，确保了封校期间校内师生员工正常用水用电；后勤部门临危受命，党员干部带头进入学校隔离点承担后勤服务保障工作，前湖北院服务大楼离观察点累计接待了留观师生 472 人，前湖南院隔离点最高峰同时接待了近 100 名留观人员。值得一提的是，疫情防控期间集团未出现一例新冠确诊病例。

(二）实干担当强保障

2022年，集团保障部门实干担当、无私奉献，以高度的责任心圆满完成了各项后勤服务保障工作。

水电工作：一是确保全校各校区供电供水的日常保障、突发事情的应急、抢修、施工水电保障等工作，全年累计抢修800余次；二是保障了学校疫情防控、教学、科研及生活服务及各种大型会议与活动的水电供应；三是积极组织节能宣传工作，制作并向师生发放了《随手节约一小步，节能降耗一大步》节水、节电、用电小知识宣传单；四是定期检查水电漏损，全年供水管路查漏抢修约300余处，减少了总计约1万吨/月的漏水量，查找并抢修路灯、地下线路损坏点200余处（见图2）。

图2 水电中心职工水电抢修

餐饮工作：一是保障了食品安全，维护了饭菜价格稳定，为校内师生提供了较好的用餐服务，在迎新期间食堂开设值班专窗延长就餐时间至24点，增加菜肴花色品种，提高饭菜质量，并保证开设足量清真服务窗口；二是大伙食堂的限制最高菜价，并提供1毛钱米饭、小份菜、限价菜、1元特价菜、免费汤等，切实让利于师生；三是建立食堂服务窗口，专职服务人员现场解决食堂投诉和用餐需求，增强与师生的互动；四是开设自营外卖，优化菜品结构，增加碟装菜、小碗菜、烧烤、油炸等，丰富品种，满足学生的需求；五是定期组织开展品鉴会、后厨参观等活动，加强师生与食堂的沟通（见图3）。

图3　学校食堂就餐环境

物业工作：圆满完成了校园环境管理、设施维修、秩序维护、公寓管理、雨污管网养护等各项保障。一是为学校迎新生、校运会、新生体检、四六级考试、毕业生招聘会及其他活动共计约154场次提供了物业服务保障；二是向学校相关部门起草书面维修报告756份，集中维修毕业生寝室4 241间，进行应急抢修119次，累计完成零星维修43 320余次，月平均维修满意度达99.98%，月平均完工率为99.41%；三是全年共疏通污水口1 940个、雨水口1 767个、化粪池1 009座，累计清淤量达408.4 m^3，有效保障了雨污管网的排水通畅；四是做好了青山湖及东湖校区的绿化养护工作；五是做好了智能报修系统的优化、智能化洗衣服务的升级工作（见图4）。

图4　物业人员日常培训及工作场景

运输工作：一是全年车辆安全运行150余万公里，班车接送教师员工上下班8 000余班次，地铁口运行1 034余次，接送医学院学生前往各医院见习350趟，各院、系学生到单位实习165趟；二是往返红色教育基地瑞金、井冈山近142余趟，行驶80余万公里；三是校车行驶70余万公里，完成学校大小学术、会议20余次；四是保障了校内各行政部门、教学部门、附属单位用车5 000余次（见图5）。

图 5　学校校车

工程与招标中心：一是完成现场勘查、工程设计、预算及控制价编制、工程招标、工程施工管理、组织工程验收、工程决算、付款审核等工作的工程项目20项，累计金额6 890 820.06元；二是完成水电维修抢修工程项目工程、日常维修项目工程决算审核3 065项，累计金额870万余元（见图6）。

图 6　学校商业街改造

(三)稳中求进保运转

2022年,集团保持稳中求进的发展态势,克服疫情不良影响,圆满完成了预定经营目标,财务收支保持平衡。

1. 经营办开拓市场,挖掘潜力,超额完成部门业绩指标,店面出租率达97%以上,营业额较去年增收10%;对全校三个校区(六个园区)经营办管辖的店面建立了详细的商铺档案,真正做到了"一店一册"。

2. 通信中心零差错、零投诉完成了收发机要、挂号25 600余件,普通信件、报纸、杂志37万余册。完成了各校区各部门的校园网、内线电话的日常维护,全年维修60余次,保障了通信畅通。

3. 幼教中心汇编完成团队文化建设的园本图书三册——《团队文化建设园本教程》《开学动员分享大会汇编》《沟通的艺术培训实录》,对外树形象,对内搭平台,切实提升教师队伍专业化;全年四个分园累计开展"温情三八女神节活动""端午节活动""快乐六一活动""中秋主题活动"等各类活动50余次;托育中心完成了发改委120万元资金的科学规范使用,大大完善了托育中心的硬件设施,并于11月获得了"南昌市首批婴幼儿照护服务机构示范单位"光荣称号。

4. 图书代办站做好了学校教材采购、发放及结算工作。全年销售图书总计51万册,较去年增加9万余册,超额完成目标管理任务。

5. 印刷厂圆满完成学校各单位的印刷任务,截至12月底,预计完成销售收入251万元左右,上交集团利润23万元。

6. 快递服务中心做好了疫情期间快递消杀工作;在11月初完成了全面整合工作,11月2日新增东湖校区快递服务中心;全年总派件量为276.6万件,日均派件量约9 220件。

(四)压实责任严作风

1. 坚持日常经常,压实责任"链条"

一是组织集团领导班子成员认真学习《党委(党组)落实全面从严治党主体责任规定》;其他班子成员根据工作分工,按照"一岗双责"要求,抓好分管的党风廉政和作风建设,切实将主体责任落到实处;二是严格落实党内政治生活制度,一年例行廉政谈话9次,纪委处理信访件4条。

2. 坚持长效实效,严把作风"关口"

一是坚持科学规范决策程序,严格按照《后勤服务集团党政会议议事规则》贯彻民主集中制，凡涉及集团改革、发展、稳定的重大问题和"三重一大"事项，均经由领导班子集体讨论后作出决定，确保决策的科学化、民主化和规范化；二是层层签订《党风廉政建设责任书》《廉洁从业承诺书》；三是集团纪委深入各部门（中心）开展调研，有序梳理各部门（中心）的廉政风险点，厘清思路，提出相应的防控措施，完善了"后勤服务集团廉政风险点和防控措施一览表"。

3. 坚持筑牢防线，常敲法纪"警钟"

一是结合学校要求，开展党风廉政建设宣传月活动，制定《后勤服务集团2022年"党风廉政宣传教育月"活动推进表》，细化目标任务，明确责任部门，严格时间节点，按时完成各项活动。二是加强制度建设，推进监督关口前移，制定了《后勤服务集团纪委工作制度》，主要包括：工作职责和权限、党员廉洁自律制度、党风廉政建设和反腐败工作制度、党风廉政谈话制度、党政领导干部述职述廉制度、党风廉政教育工作制度、纪委工作保密制度、日常监督制度。相关资料见图7。

图7 党风廉政建设活动

五、亮点工作

（一）党建引领，打造"红色后勤"

南昌大学后勤服务集团坚持党建示范引领，深入推进"勤心向党·匠心服务"党建品牌创建，强化政治理论学习，持续开展"党员示范岗""优质服务月""最美后勤人"评选等活动，推动党建工作与后勤业务工作深度融合。

1. 开展形式多样的学习活动

一是按照《南昌大学后勤服务集团党委年度工作计划》，重点抓好《《习近平谈治国理政〉第四卷》和党的十九届六中、七中全会及党的二十大精神等政治理论知识的学习。2022年，各支部及全体党员认真学习政治理论知识，五个支部开展学习共计40次，讲党课43人次，其中领导班子成员上党课15人次，党员微党课38人次，并按照要求召开了2021年度组织生活会及民主评议党员；同时，要求集团广大党员干部充分利用好"学习强国"、江西网络干部培训学院、赣鄱党建云等线上学习平台，确保学习效果。为全面学习全面把握全面落实党的二十大精神，集团于12月14日特邀马克思主义学院杨换宇教授作专题辅导报告。充分利用红色教育资源开展实践教育活动，组织广大党员前往南昌舰主题公园、建军雕塑广场参观，前往修水秋收起义纪念馆开展红色教育，前往井冈山开展重温红色记忆实践活动，累计385人次。相关资料见图8。

图8　党委领导班子及党员开展理论学习

2. 发挥先进典型的模范带头作用

以实际行动迎接党的二十大胜利召开，集团党委组织开展了党员示范岗评比活动，评出在各个岗位表现突出的15个党员示范岗并予以表彰，切实起到党员的先锋模范带头作用（见图9）；开展了"优质服务月"活动，各党支部及部门（中心）开展了一项又一项实实在在的服务活动，做了一件又一件与广大师生的工作、学习和生活密切相关的具体实事。据统计，共提供走访慰问、无偿献血、权益座谈、隔离服务、挂牌上岗、水电节能宣传、24小时服务热线、中秋节赠送"校徽月饼"活动、线上意见征集等各类特色人性服务16项，评选出20名"最美后勤人"。线上调查问卷显示，师生对后勤服务满意度高达92.39%。

3. 党建带团建激发团组织活力

在集团党委的领导下，团委围绕共青团建团100周年和第60个学雷锋日开展了"团徽荣耀 青春畅想"云上主题朗诵比赛和"红歌传唱100年 团员精神代代传"云

图9 后勤党员示范岗人员

上红歌比赛系列活动,累计105人次参加活动;开播"红色故事电台"46期共发布138篇;全年组织迎接新生、慰问城市清洁工、养老院服务等志愿服务活动5次,累计200余人次参加。相关资料见图10、图11。

图10 团委开展各类活动

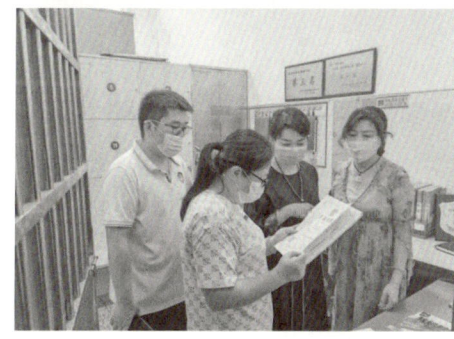

图 11　后勤督察（平安）办开展检查及培训工作

（二）筑牢防线，打造"平安后勤"

1. 强管理、重考核，层层落实安稳责任

一是实行安全稳定责任追究制，层层签订《2021 年度后勤服务集团综治及安全稳定工作责任书》《2021 年度后勤服务集团消防安全管理责任书》；二是坚持领导带班制度和中心 24 小时值班制度，有问题及时妥善处理；三是将综治工作纳入干部职工考核范畴。

2. 严制度、强督查，平安建设成效卓著

一是完善安全检查制度，做到安全工作每日抽检，每月全面排查，重点部位重点巡查，全年共抽检 800 余次，专项排查 40 余次；二是开展"查找身边的隐患"活动，查找隐患并整改 100 余条，督查部门对整改情况逐一进行复查销号，确保校园和谐稳定。

3. 重教育、抓培训，全面树牢安全意识

一是组织学习安全生产法，进一步加强防电信诈骗、防溺水、防踩踏、防欺凌和消防、用电、交通、食品卫生等的安全宣讲等共 16 场，开展安全生产"大家谈"

"班组会"等学习活动31场,开展知识技能培训和应急救援演练11场;二是贯彻落实总体国家安全观,组织观看国家安全、网络安全警示教育专题片19场,参与"第一责任人安全倡议"活动738人次,线上消防培训交流参与1 000余人次。

(三)立德树人,打造"育人后勤"

后勤员工既是服务者也是教育者,具有言传身教、潜移默化地影响学生、打动学生、教育学生的独特优势,后勤是高校落实立德树人根本使命,做好三全育人的重要力量。

1. 聚焦"榜样力量"深化全员育人

后勤一线职工人数多,与学生学习生活接触时间长,他们的一言一行对学生人格的塑造和行为习惯的养成有重要的影响作用,能起到春风化雨、润物无声的教育作用。后勤通过设立党员示范岗、评选"最美后勤人"活动、后勤官网设置"榜样力量"专栏等系列举措营造全员育人氛围(见图12)。近年来,不少后勤先进典型受到各类主流媒体报道,比如:拾金不昧的保洁员罗小梅,危急时刻及时抢救晕厥学生的东湖校区餐饮员工,日夜兼程护送出现心理问题的学生回家的驾驶员;微笑婆婆——保洁员饶元香用自己的辛勤劳作和朴素真诚的笑容感染学生,无数后勤员工以诚信友善、无私奉献、勤劳俭朴的良好品格潜移默化地引导学生成长成才。

图12 师生向后勤递送锦旗和感谢信

2. 办好"暖心小事"做好全过程育人

从学生入校到毕业，后勤工作与学生的学习生活息息相关，学生成长成才的每个环节都离不开后勤。新生入学时，后勤提供了温馨的接站服务；学生在校期间后勤经常性地开展各类食品安全、交通安全、消防安全、人身财产等安全教育宣传活动；期末放假学生回家时，后勤组织"校车助行"活动；每年9月后勤开展"优质服务月"活动，免费向学生提供各类后勤服务，展示后勤人的"工匠"精神，让学生更了解、理解后勤，更好地实现"服务育人"；学生毕业时，后勤免费发放"毕业典礼午餐券"，表达对每位毕业生的深情厚谊，让毕业生感受到来自母校和后勤的温暖与真情；在学校疫情封控期间，后勤员工不分日夜、坚守岗位、无私奉献，保障了校内封控师生的餐饮及日常生活需求。

3. 搭建"实践平台"实现全方位育人

后勤为学校顺利开展教育教学活动提供有力保障，也是学校全方位育人的重要阵地。在传统节日，后勤部门组织学生开展各类活动，比如端午节包粽子、冬至包饺子、中秋节赠送校徽月饼等活动，丰富学生校园文化生活，是一堂深受学生欢迎的劳动教育课和中华传统文化教育课；后勤每年开展学生星级寝室评比活动，选树培育"五星级寝室"，推进健康向上、格调高雅、和谐温馨的寝室文化建设，引导学生"扫一屋，然后扫天下"，彰显主人翁意识；为引导和鼓励学生"自我管理、自我服务、自我教育、自我监督"，后勤设置的学生社团，文明纠察队、学生公寓委员会、知勤社等学生社团，提供了各类学生勤工助学和志愿服务岗位，让学生亲身参与到后勤管理、服务各个环节中。

六、获得的荣誉

在学校党委、行政的正确领导下，学校后勤部门运行顺畅、安全有序，全体职工上下团结一心，形成了良好的创业干事氛围。自2017年以来，学校后勤工作获全国高校后勤信息化先进单位称号2次，全国高校后勤业服务百强单位荣誉1次，全国高校后勤物业管理标杆项目荣誉1次，江西省高校后勤物业管理优秀单位5次，江西省高校后勤协会学生公寓管理专业委员会先进单位1次，首届江西省高校学生公寓文化建设案例唯一的一等奖1次，全国高校学生公寓管理社团组织建设工作先进单位1次，江西省餐饮管理先进单位1次，获"中国好食堂"及"A级食堂"荣誉1次，南昌市食品药品监督管理局示范单位荣誉1次，南昌市卫生保健示范单位及新锐杯教学竞赛团体一等奖 1 次,幼教园所获卫生保健示范单位 1 次。后勤各部门均获南昌大学第七届中国国际"互联网＋"大学生创新创业大赛系列工作先进集体、南昌大学抗击新冠肺炎疫情工作先进集体荣誉称号。

七、总结与思考

自 2003 年以来,学校后勤经历了三次改革,历次后勤改革均促进了后勤服务能力的提升,后勤服务基本保障了学校教学、科研、师生生活的正常运行,保障了学校历次重大活动,为学校发展提供了基础支撑,但仍然存在以下问题:

(1) 后勤改革发展的顶层设计和政策配套较少,以往的政策法规和如今的发展不相匹配。

(2) 学校后勤经费投入不足,后勤基础设施设备老化,更新缓慢,无法满足教育高质量供给需要,甲乙方管理矛盾凸显。

(3) 后勤队伍建设和人才发展困难重重,自办后勤用工机制不活,难以引进专业化人才;一线员工待遇低,老龄化突出,整体素质低,流动性大,无法适应高质量发展需要。

(4) 校内统筹协调不到位,并校、扩招、多校区办学、新校区建设等,使得不同校区的后勤管理工作难度加大,不能统一管理,统一平台。

(5) 学校机构多次拆分重组、合并,使得部门间边界不清,职能交叉,多头分散管理现象明显。

为进一步理顺和优化管理机构,学校计划实施后勤一体化管理改革,拟组建南昌大学后勤保障处（后勤服务集团）,按照"小机关、多实体、强监管、大服务"管理模式,整合后勤管理处、后勤服务集团、学生宿舍与教室管理中心、资产管理处、实验室与设备管理处等部门相关职能,健全一体化后勤服务保障体系,全面促进学校后勤回归教学、科研、师生生活服务本位的全校后勤事务、校园管理职能部门和校园后勤服务与保障工作主要实施机构。

后勤保障处（后勤服务集团）下设综合管理办公室、后勤质量管理与一站式服务中心、财务结算办公室、餐饮管理与服务中心、节能与环境保护管理服务中心、学生社区与物业管理服务中心、公共事务服务中心、后勤经营管理办公室和后勤监察专员办公室等 9 个二级机构（见图 13）。

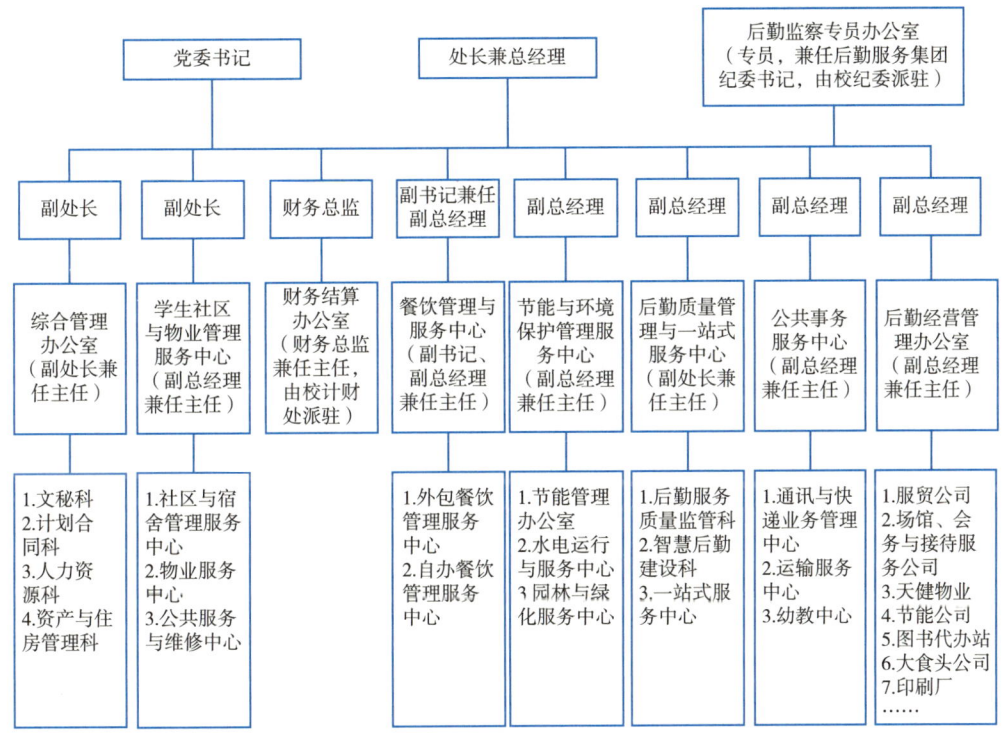

图 13　新组建的后勤保障处（后勤服务集团）组织架构图

新组建的后勤保障处（后勤服务集团）将坚持以师生为中心的服务理念和"三全育人"宗旨，不断深化后勤体制机制改革，促进后勤逐步实现由以保障校园基本运行为主向为学校高质量发展提供强力保障支持为中心转变，由为师生提供基本生活保障向着力打造美好生活供给转变，主动对接学校要求、师生需求、员工诉求，努力提供多元化、高质量的后勤保障服务，建设师生满意后勤，以高质量党建引领高质量发展，为学校"江西底色、中国特色的世界一流大学"建设贡献后勤力量！

以"五化一型"建设推动高质量发展,努力构建新型高效完善后勤保障服务体系

——西南财经大学后勤服务年度工作报告

一、基本情况

西南财经大学坐落于"天府之国"成都,有光华、柳林两校区,辖地2 300余亩,是教育部直属的国家"211工程"和"985工程"优势学科创新平台建设的全国重点大学(见图1)。

图1 校园景色

西南财经大学后勤服务总公司(以下简称西财后勤)是在原总务处基础上于2000年9月设立的企业化管理单位,实行学校领导下的总经理负责制,确定了乙方主体管理模式,自主经营、独立核算。近年来,后勤服务总公司锚定学校事业战略发展和师生美好校园生活新向往,紧紧围绕后勤主责主业,聚力提升"精细化、精准化、精益化"管理服务水平,以凝练"'三精'育人"文化聚心,以"五化一型"

建设聚能，努力提升"服务师生、服务育人、服务一流"能力。2022年，学校在百所高校后勤服务"动态竞争力指数"排名第15位。

二、组织架构

（一）组织机构

西财后勤下设综合办公室、人力资源部、财务部、企划部4个管理部门和饮食服务中心、学生公寓管理中心、校园管理中心、物业管理中心、修缮服务中心、接待中心、校医院、幼教中心和交通服务部9个经营实体，服务范围涉及全校师生的吃、住、行、医疗保健、通信、维修及能源供应等多个方面，承担着为学校教学、科研提供后勤保障的重要职责，担负着管理育人、服务育人的使命（见图2）。

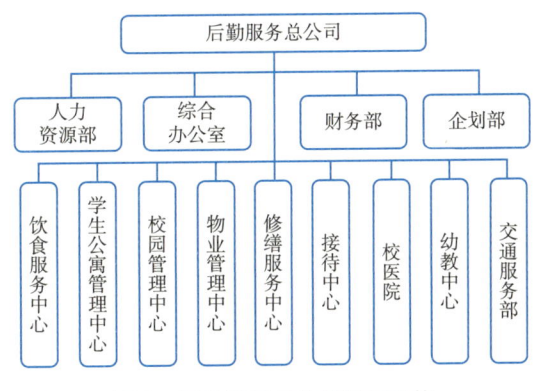

图2　后勤服务总公司组织架构

（二）人才队伍建设

西财后勤在改革之初便实行了员工制度，全员"就地卧倒"，打破"身份壁垒"，按需设岗、以岗定编、逐级聘任、竞聘上岗，建立起以绩效为目标的考核体系，实现了学校事业编制员工和后勤自聘员工在岗位管理、工资绩效等方面的相对公平。2022年8月，进一步深化人事分配制度改革，实行"以级定薪、以岗定酬"的薪酬管理体系，大力推进职业化专业化后勤员工队伍建设。推行员工职级管理，构建起以技能水平、综合素养、工作经验为关键指标的"3类38档"职级评价体系，突出职业化专业化队伍"生涯规划"动力牵引；将薪酬分配与目标绩效考核紧密挂钩，多劳多得、优劳优酬，实行月度精准考核、年度综合考核，多维评价、及时奖惩，形成了"评聘分离、竞争上岗、过程考核、年终总评"人事分配制度改革制度体系，体现了围绕新时代学校事业发展深化后勤内部治理改革，推动后勤"三精"高质量发展的鲜明导向。

（三）工作制度建设

自后勤社会化改革以来，为使后勤各项管理服务工作逐步走向正轨，公司结合国家相关法律法规以及学校和后勤工作的实际情况，以人事、财务、岗位责任制为重点，陆续制订了《人事分配管理办法》《资金审批权限调整办法》等一系列管理制度，在人事、财务、行政等方面建立起了一套行之有效的管理制度体系，使后勤管理工作的开展有章可循、有据可依，并适时根据国家相关法律法规的变化和后勤工作中遇到的新情况、新问题，不断对制度进行修订和完善，使后勤各项管理工作逐步规范化、制度化、科学化；同时，加大各项规章制度执行情况的检查力度，为后勤提升管理服务效能、提高服务质量打下了坚实基础。

党的十八大以来，根据中央和学校新的规定，公司又陆续对很多制度进行了修订和完善，并按照规范好用的原则将后勤管理制度分类编目，为后勤各项工作的顺利开展提供了坚实的制度保障。

近期，公司启动了新一轮的制度修订工作，后勤管理服务制度体系将日臻完善。

三、亮点工作

（一）五化一型建设

西财后勤坚持以"五化一型"（网格化管理、信息化建设、常态化安全管理、规范化内部管理、专业化队伍建设和学习型后勤组织）为着力重点，深化后勤"三精"筑基工程。

推进"网格化"管理实践，构建自我良性运转新格局。网格化管理实施主要分为"三步走"。一是"六定"措施筑基，将两校区共划分出 305 个网格，细分出 2.2 万余类、共 9 万余项网格管理要素，定区域、定事项、定人员、定标准、定考核、定激励，1 300 名员工一员一格、一格一责。二是信息系统赋能，开发网格化管理信息系统，员工发现问题，第一时间上报、流转、处置和反馈，让后勤服务在网格内落实、矛盾风险在网格内化解、师生满意在网格内实现。三是督查考核加力，引进 9 名学校本科毕业生，组建网格化管理督查小组，实施网格化管理月度和年度绩效考核，构建起网格化管理完整闭环。

推进"常态化"安全管理，筑牢后勤发展安全稳定基石。成立安全生产管理工作委员会，制定覆盖服务保障各个领域的 8 项安全管理制度体系，构建起常态化、制度化、体系化安全管理工作机制。把网格化作为安全管理重要抓手，实行安全风险责任传导和分级动态管理，实现巡检巡查常态化、隐患整改消除常态化、培训演练常态化、考核管理常态化。狠抓重点领域安全防控，建成食材快检工作站，组建食堂安全专项督查组，积极推进学校食品安全信息系统建设，重要敏感时间节点联防联控，以安全保稳定促和谐。

推进"信息化"建设，切实增强后勤发展战略支撑。西财后勤秉承"让智慧后勤成为智慧校园全场景的重要一环，让智慧后勤融入数字化校园建设的整体规划"的理念，自主建立起信息化建设专职团队，采用"自主开发＋购买成熟产品＋探索与第三方机构合作"的灵活建设模式。目前，建成"西财智慧后勤服务大厅"，自主开发上线 40 余个项目。线上报修系统，师生可以直接在手机上预约维修时段，提交现场照片对维修情况进行描述，实时跟踪维修工单和进行评价；自习室预约系统，第一时间接收学生预约信息、签到信息、反占座信息，并通过检查记录学生是否诚信履约，避免了公共资源浪费；教职工健康体检预约系统，教职工只需要在手机上预约或变更预约时间，就可以根据自己的日程安排前往校医院体检，避免长时间排队等待；建成智慧食堂，引进智能晨检仪、智能留样柜、智能验货机、人像门禁系统等，提升餐饮安全科学精准管理水平。"智慧后勤"信息化建设，畅通了沟通、便捷了服务、规范了管理、提高了效率。

推进"规范化"内部管理，持续增强后勤管理服务效能。设立后勤服务信息监督平台，坚持首问负责制，无论是师生对菜品味道提出建议、对实践课程提出咨询、对服务保障提出投诉、对工作人员提出表扬，坚持马上就办、一办就办好，快速响应、快速流转、快速处置，做到件件有回应、件件有落实，有效化解危机和舆情。健全服务行为标准规范，编印 30 个涵盖后勤保障服务主要领域的一线窗口岗位服务行为规范，实行规范着装、亮牌服务，设立"服务示范岗"，主动接受师生监督。

打造"职业化专业化"员工队伍，持续推进学习型组织建设。坚持"请进来、走出去"，向同行业学对标学，与学校工商管理学院 EDP 中心合作，自 2019 年创新实施管理业务骨干能力提升计划，每年制定系统培训课程计划，坚持每月开展 1~2 次集中培训，至今已开展第六期，强化培养历练提升本领。采取"抓骨干＋强基础"的思路推动员工职业生涯发展。"抓骨干"突出以个体职业生涯规划为重点，155 名员工明确了"一专多长"职业发展路径；"强基础"突出以业务团队为重点进行团队生涯规划,对标社会第三产业标准和学校后勤定位,加强与对口职业院校的合作,最终实现个体生涯发展与良好基础团队相贯通,共同发展、互为助力,强化生涯规划助推发展。以实施"创新项目计划"为牵引,引导后勤管理业务骨干坚持问题导向、坚持系统思维加强调查研究,聚焦部门重点突出问题,通过科学研究把握事物的本质和规律,15个部门组建以管理业务骨干为项目主要成员的课题组,每年开展课题立项研究,给予专项经费资助,找准推动"一流后勤"建设的切入点、着力点,把解决问题的思路和对策研究透彻,强化研究导向提质匠心。

(二)"四位一体"育人体系

西财后勤着力构建以服务行为、服务环境、服务活动和服务技能为主要内容的"四位一体"服务育人体系,系统化推进育人工作,切实担负起后勤育人使命,更加主动地融入学校"三全育人"和"五育并举"大格局,实现全员育人、全程育人、全方位育人。

1. 服务行为育人,"以情感人"贴近师生

一是加强师德师风建设。通过正面宣传引导和负面案例警示相结合,加强师德师风专题学习,开展"师德建设月活动",抓好幼儿教师、医护人员和"三基地"课程授课教师师德师风建设,增强后勤员工育人的责任感和使命感。二是健全服务行为标准规范。编印一线窗口岗位服务行为规范,实行规范着装、亮牌服务,设立"服务示范岗",主动接受师生监督。三是大力弘扬"员工是不上讲台的老师"理念。推行微笑服务、主动服务、亲情服务,传递西财后勤服务温度,定期评选"西财后勤孺子牛""服务之星""育人标兵""优秀服务团队"等服务育人先进典型,用身边人身边事教育身边人,鼓励员工见贤思齐。

2. 校园环境育人,"以景怡人"成效显著

一是营造干净整洁的校园环境。按照"三精"要求,用心做好两校区校园公寓区域环境卫生,让学生感受到洁净之美,感受到学习生活的舒心。二是美化优化校园生态环境。用心做好校园树木、花草、湖水日常养护,精心打造校园景观小品,实施区域绿化改造和景观工程,建好"毕业花海",让学生感受生命之力、自然之美,在"花园式"校园中陶冶情操。三是广泛开展"绿色节约"校园文化活动。开展世界粮食日及中国粮食安全宣传周等绿色生活和生态文明主题宣传教育,广泛开展"三节"活动,指导"GREEN SWUFE"社团开展垃圾分类活动,培育学生节俭环保意识和社会责任品质。四是多措并举稳步推进绿色校园建设。推广使用节能灯

具、空气源热泵系统等节能设备,持续加强校园节能监管,努力改善绿色校园建设基础设施条件(见图3)。

图3　校园景色

3. 文化活动育人,"以文化人"生动高效

一是精心组织"节气有时·节日有食"西财味道系列美食文化活动。推出将"西财味道带回家",开展"'粽'享美食、欢乐相聚""霜降重阳"等节日节气和"广元美食进西财"等特色美食活动,让师生在品尝美食的同时感悟中华优秀传统文化之美。二是举办"学生公寓文化节"系列活动。举办"寝室之星"文化节,开展"最美楼妈"评选,推出毕业季"最美寓见""书信传情""毕业搬"等活动,展示新时代大学生健康向上的精神风貌,增强学生与学校的情感链接。三是开展红十字志愿服务活动。精心组织开展防艾主题宣传教育、防灾救灾应急救护知识普及、无偿献血及造血干细胞志愿者入库和关老爱幼志愿服务活动。四是体系化开展后勤育人文化信息宣传。通过"西财后勤"发布安全、健康、生活常识知识宣传教育,打造了"寻味西财""乐居西财""美丽西财""健康西财""西财勤学堂""后勤故事"等一批育人文化名片,勇担后勤育人之责。

4. 劳动教育育人,"以劳塑人"晋升一流

充分发挥劳动教育资源优势,创新构筑起"三基地三实践"劳动实践教育体系,高质量打造烹饪技能实训基地、红十字救护实训基地和耕读田园果蔬种植实训基地,由后勤开设3门劳动教育通识课程和成建制开展3项高质量长期坚持的劳动实践项目。"烹饪技能实训""果蔬种植技能实训""红十字救护实训"通识劳动教育课程成为秒选"金课","学生厨神争霸赛""耕读田园丰收季系列活动""红十字应急救护技能比赛"吸引学员积极参与。深入推进"我校园·我维护""我寝室·我清洁"

劳动实践和食堂后厨第二课堂劳动实践"三项目",全面助力学生"四自"能力提升。创新推出"西财·勤学堂"劳动教育品牌,精心整合现有劳动教育资源,博采烹饪、救护、农耕等众家之长,为西财学子们量身打造的劳动教育网络学堂,帮助同学"解锁"了一批生活必备新技能,学校获评全国第一批"后勤服务育人劳动教育示范基地"。

(三) 助力脱贫攻坚

为推进巩固拓展脱贫攻坚成果同乡村振兴有效衔接,根据教育部财务司《关于开展2022年政府采购脱贫地区农副产品工作的通知》、学校《2021年第21次校务会决议》及《2021年度帮扶金川县实施方案》相关工作要求,从脱贫地区采购农副产品作为食堂食材。2022年度从金川购买牛肉、猪肉、蔬菜、花椒等农特产品,帮扶采购总金额约277万元;2023年共采购金川及美姑农副产品金额共计270余万元,助推乡村振兴谱新篇。

(四) 制止餐饮浪费

西财后勤从强化管理和宣传教育两方面多措并举抓好厉行节约,积极构建校园节粮新风尚。

在强化管理体系方面,坚持遏制浪费与提升供餐水平两手抓。一是致力于加强供餐服务全链条的节约管理,倡导"少炒勤炒"减少因过度备餐造成的餐饮浪费;加工过程中严格按照标准操作,充分提升原材料利用率;实施控油措施减少原料浪费。二是调整供餐模式、创新技术手段,如相继推出小包子、素菜双拼、特色菜大小份;创新推出"好饭不怕晚"活动提升晚到师生用餐体验;开设"低油低盐低糖"营养健康菜品;不断打造节日节气美食活动"金名片",打造有温度的西财"三顿饭"。三是加强"智慧食堂"建设,实现师生消费、食品采购、验收、生产、库存全流程信息化管理;启用智能留样柜、智能秤等设备并搭建食品安全智能化管理平台,实现生产关键环节的信息化、智能化管理和监管,减少加工生产浪费。

在宣传教育方面,积极开展主题活动多措并举强化厉行节约。一是以世界粮食日为契机进一步构建食堂厉行节约宣传阵地,引导师生科学点餐、餐餐光盘。二是举办光盘有礼活动并设立厉行节约监督岗,志愿者督促师生践行光盘,于小餐盘内践行"大文明"。三是每学期组织"食堂开放日"活动,邀请师生代表在食堂管理人员陪同下参观食堂后厨并开展座谈沟通交流,一方面体会劳动不易并树立节约意识,另一方面对食堂供餐服务提出良好建议,有助于食堂不断提升管理水平。

四、总结与思考

（一）坚持党的创新理论凝心铸魂

持续推进政治理论学习落在一线见到实效，坚持不懈用党的创新理论凝心铸魂。坚持通过理论学习中心组学习会、党委会、党政联席会、党支部"三会一课"和员工政治理论学习会，深入学习习近平新时代中国特色社会主义思想，及时跟进学习最新重要讲话精神，围绕后勤主责主业深入开展学习研讨。班子成员以身作则、带头学习，党员干部先学一步、学深一层，围绕学校中心工作，结合后勤主责主业，以点带面、以面促全，加强对支部党员和部门员工对政治理论的宣讲阐释，用通俗易懂的语言让员工对党的创新理论听得更明白，用工作实践案例让员工对立场、观点和方法掌握得更准确，坚持学思践悟、坚持学做结合，真正武装头脑、指导实践、运用到服务保障各项工作中。

（二）加强党建引领

坚持党建引领增强"两个功能"，以高质量党建引领后勤高质量发展。坚持把党的政治建设摆在首位，坚决贯彻落实党中央、教育部党组、四川省委和学校党委决策部署。加强领导班子自身建设和基层组织体系建设，推进全面从严治党纵深发展，加强党员队伍和员工队伍建设，充分发挥"'三精'育人"党建工作品牌和后勤主题文化的示范、引领和激励作用，把高质量党建转化为加强党的领导的政治优势、团结凝聚后勤员工的组织优势、保障学校事业发展的服务优势，不断增强支撑保障学校一流建设的政治担当，全面推动服务师生、服务育人、服务一流再上新水平。

（三）构建"一流后勤"保障服务体系

锚定学校事业发展同频共振，加快构建"一流后勤"保障服务体系。紧紧围绕学校聚焦服务教育强国建设、加快推进财经特色鲜明的世界一流大学建设和迎接西财百年华诞等中心工作，以高度的政治自觉和强烈的使命担当，持续在巩固拓展巡视巡察整改成效上下功夫，在促改革抓发展上见实效，全面推动"三精"高质量发展提质增效"五大工程计划"，守正创新推进"四位一体"后勤育人体系建设，持续加强后勤职业化专业化队伍和人员梯队建设，加快构建优质高效完善的新型后勤保障服务体系，以后勤可持续发展为学校事业高质量发展汇集资源提供保障，在学校"新财经"战略升级新征程中回答好"后勤何为"。

构建高效、阳光、智慧的后勤服务保障体系

——成都大学后勤处年度工作报告

一、基本情况

成都大学创建于1978年,是改革开放后首批地方城市主办的全日制普通本科院校。学校实行省市共建、以市为主的办学体制,是四川省、成都市重点建设大学,也是第31届世界大学生夏季运动会运动员村承办大学(见图1)。

图1 成都大学

成都大学后勤处在学校领导下,坚持党建引领,以"三服务、三育人"为宗旨,恪守"师生为尊,服务为本"服务理念,落实"后勤育人"方针,为建设特色鲜明、国内一流、国际知名的应用型城市大学提供高效、阳光、智慧的后勤服务保障。

二、组织架构

后勤处现有员工1 000余人,设有12个科室(中心),分别是综合科、财务科、

信息科、质量运行科、招标管理科、物资管理科、餐饮中心、维修中心、能源中心、绿化中心、物业中心和文印中心。后勤处承担了全校餐饮保障、能源供应、校园维修、绿化保洁、物业、校内交通、病媒生物防制、公务用车、文印、教师公寓等管理服务，目前运营学生食堂9个，教工食堂2个，保障全校物业服务面积约160万平方米。

以学校中长期规划为依托，以"自尊、自强、自爱、自修"的校训为引领，后勤处从工作实际出发，结合不同岗位，立足员工积极性、主动性和创造性，制定科学、规范、彰显后勤文化特点的制度，使得后勤制度具有针对性、操作性、文化性、创新性。结合后勤服务实际，构建"超前服务"的服务标准、流程，导入ISO9001质量认证体系，推动后勤管理工作科学化、规范化，提升后勤服务专业水平。

后勤处以"领导核心岗、管理关键岗、技工骨干岗、一般普通岗"四个层次的梯队岗位模式，建立人才引进储备、岗位交流机制，坚持岗位培训和持证上岗，力争把政治素质好、业务能力强的优秀员工选拔出来，聘任到适合的岗位上，做到人尽其才，才尽其用。采用"走出去，请进来"多种方式加强人员培训，年初制定"订单式"培训计划，年终审核完成情况，形成"人人争先"的浓厚学习氛围。

三、亮点工作

（一）深耕后勤信息化建设

近年来，借大运会契机，学校信息化建设发展突飞猛进，实现了5G网络全覆盖，硬件、软件建设更上新台阶。学校信息化技术已充分融入教学、科研以及行政管理的各个环节。目前，已基本建成高速、稳定、安全的信息化基础设施，统一数据中心为核心的信息化支撑软件平台，以及后勤、教务、科研系统等20余个业务系统构成的管理服务信息化体系。

1. 开通"成都大学后勤服务订阅号"微信公众号，为做好后勤宣传报道工作，讲好后勤故事，唱响后勤主旋律，弘扬后勤正能量，每年推送后勤精品推文百余篇；细化"成都大学后勤服务订阅号"功能，对菜单和相关信息进行分类，接入智慧后勤、后勤微新闻、后勤服务联系方式、教工餐厅菜单、后勤处官网、建议与意见，便于师生查看后勤信息。

2. 秉持让"数据多跑路，师生少跑路"思路，后勤处搭建了基于"成都大学后勤服务订阅号"的"智慧后勤"应用系统，实现微信平台对一卡通充值、公寓电控充值、网上报修、失物招领、投诉建议等功能。一卡通充值、公寓电控充值线上化，实现支付宝、微信等多种方式线上充值，充值金额实时到账；网上报修设有报修类型、上传图片、问题描述端口，利用后台数据实现维修效率分析，极大提高了维修效率；失物平台的失物信息，可使失主快速找回失物；师生通过投诉建议功能表达诉求，后勤快速反应。

3. 学校投入 100 余万元建设食品安全相关管理系统，包含智能晨检、智能留样、智能验货与 AI 智能视觉行为分析系统。智能晨检系统实现食堂人员通过管理一体机在 10 秒内完成手部卫生等检测，同时进行健康证期限提醒，完成考勤打卡；智能留样系统通过智能留样冰箱进行留样，对留样的重量和时长进行监管，使用留样辅助仪可打印对应菜品标签，提高留样效率和规范；智能验货系统通过智能验货机验收货物，保证验收环节操作准确无误、责任主体可追溯；AI 智能视觉行为分析系统凭借 AI 智能视觉分析，对后厨操作过程进行安全管控识别，并以数据化形式呈现给决策者。多措并举，进一步推动学校食品安全管理工作提质增效。

4. 构建能源管控系统，利用综合能源信息化平台，实现能源监测管理，节约能源开支；实施编制外聘用员工信息化管理系统，实现编制外聘用员工的人事智能化管理。

5. 依托中国电信天翼云客服平台，设立 84616001 后勤"一号通"服务热线（见图2），建立便捷的师生快速沟通反应机制，7×24 小时为校内师生提供后勤热线服务，及时沟通、解决问题，回访率 100%。

图 2　后勤"一号通"

6. 学校投入1 500余万元建成了80间公共智慧教室，有效推进了教学模式从以教师为中心的传统课堂转向以学生为中心的研究型课堂，激发了学生参与课堂互动的积极性。研讨型智慧教室通过分组研讨系统，实现一键投屏、小组对比、二维码分享板书等功能，显著提升课堂教学效率；精品录播智慧教室通过音视频采集设备，实现授课过程的无感知录制并上传到平台，进行资源共建共享；虚拟演播教室采用虚拟演播室技术，通过VR全景可以实现1∶1的真实化、逼真再现。

7. 学生公寓智慧化建设。实施迎新系统，新生在报到前可登录迎新系统，提前了解相关信息，在报到时可通过刷条形码，10秒内完成报到手续；学生公寓搭载动态人脸识别系统，学生刷脸出入，后台对学生信息进行分析，提升宿舍管理效率。

因为深耕后勤信息化建设，学校获得了"全国教育后勤信息化建设优秀单位""先进单位"等荣誉称号。

（二）厉行节约，反对餐饮浪费

厉行节约、反对食品浪费一直是中华民族的传统文化道德，为继续传承和弘扬传统文化精神、遏制"舌尖上的浪费"，学校积极响应上级部门号召，进一步贯彻落实《中华人民共和国反食品浪费法》《四川省厉行节约制止餐饮浪费行为行动方案》的文件精神，多措并举，推广多种反对铺张浪费的方法，获得"四川省厉行节约反食品浪费学校"称号。

1. 继续加强组织领导

各食堂经理作为食堂具体负责人，按照节约生产奖惩制度、食堂物资领用制度，继续落实日常食堂食品加工过程中的各类铺张浪费的工作，从食品生产环节减少餐厨垃圾的产生量，减少食品浪费。

2. 继续加强宣传培训

（1）加强员工的节约意识。各食堂每月定期召开员工工作大会，学习《成都大学后勤处餐饮中心厉行节约反对铺张浪费制度》，对员工的节约意识进行培训，使员工在粗加工、精加工、烹饪和售卖等环节中做到食品原材料不浪费、食品不浪费，从源头抓好食堂节约反铺张浪费工作。

（2）继续提倡学校各食堂在就餐低峰期时，少炒勤炒，减少因烹饪产生的餐饮浪费。

（3）加强全校师生节约意识。一是营造以勤俭节约为荣的氛围，在食堂入口、出口、就餐大厅、售卖窗口做好反对浪费的宣传标语、横幅，如"珍惜粮食，勤俭节约""厉行节约,反对浪费""光盘行动""拒绝浪费,珍惜粮食""文明用餐,不做剩男剩女"等宣传标语或者标识。二是计划在下半年世界粮食周开展倡导节约、反对铺张浪费全校性的知识宣传教育活动。

3. 优化供餐服务,践行光盘行动

(1) 继续推行不同方式的餐饮售卖模式,改变传统单一的供餐模式,推行经济套餐、小份菜、小份面、小份米线、自助餐、早餐包子馒头分大小,同时在售卖窗口设立米饭自助免费添加点等,鼓励学生因需购买,节约粮食,避免食物浪费。

(2) 一食堂、三食堂、四食堂、七食堂率先优化食堂供餐工作,食堂暖心精细的供餐延时服务工作。延时服务主要是延长午餐和晚餐供餐时间,午餐每日供餐延时至13:00,晚餐供餐延时至21:00,晚餐延时服务主要售卖夜宵。延时服务不仅可以使得疫情防控期间,减少人员聚集、学生能错峰就餐,还能在一定程度上减少原材料的浪费。

(3) 利用互联网+,继续坚持光盘行动,定期推出光盘挑战活动,借助大运会契机,连续光盘打卡7天,即可获得食堂餐券和精美礼品。

4. 提升烹饪技术,丰富餐饮种类

提升食堂师傅烹饪技术,主动参与餐饮单位开展的美食套餐交流活动,继续充实食堂一线工作人员的力量,补充新鲜血液,后勤处餐饮中心推行师徒制度,以厨师长带徒弟的方式,增强师傅的厨艺技术。丰富餐饮供应种类,成都大学后勤处自创"锅净大侠"美食小火锅、小碗菜美食品牌、厨师招牌菜,不但受到广大师生喜爱而且餐饮浪费得到明显改善。

(三) 持续打造绿色低碳的美丽校园

1. 打造"春华秋实、夏绿冬香"的美丽校园

学校绿化总面积83万平方米,校园绿化率100%。学校空间布局因地制宜,以点、线、面景观打造相结合的方式,发挥校园的丘陵地貌优势,以园林景观为主线,结合各类乔灌木及花卉植物特点,呈现出"春花秋实、夏绿冬香"的校园环境氛围。依据校园丘陵地貌地形打造了石榴园、枇杷园、桃花园等植物专类园;以园林景观建设为主线,形成了春有樱花、贴梗海棠、紫叶李竞相开放,夏有蓝花楹、三角梅、荷花争相斗艳,秋有桂花、银杏,冬有腊梅傲立枝头;嘤鸣湖成群戏水的水鸭、鹿鸣湖结伴而行的黑天鹅、黄桷树、柳树,使校园季季有花、四季常青、鸟语花香。(见图3、图4)

图3　美丽校园　　　　　　　　　图4　嘤鸣湖

2. 推进系列改造工程，扮靓校园

通过大运友谊林风貌提升优化、建筑物外立面清洁、嘤鸣湖湖畔廊架建设、玻璃栈道修建、食堂外侧景观提升、两湖生态治理、休憩绿地便道打造、不锈钢长椅长凳安装，两分类垃圾桶更换等工作，进一步优化、完善校园环境建设，增强校园环境协调感及美感；实施"点亮校园"泛光工程项目，通过对楼宇及绿地增设氛围灯的形式，增加夜间照明度，提高校园夜景的观赏度；安装布置300吨文化石、天然泰山石校训碑、运动员手模墙、运动雕塑、熊猫景观小品、"文新三老"等雕塑，构建水清石秀的校园艺术风景画，营造艺术性的校园文化环境。

3. 推进绿色低碳新校园建设

近3年来，成都市政府先后投入43亿元建设绿色低碳新校区，同时对老校区既有建筑进行绿色改造，学校绿色校园建设取得显著成效。在大运村前期规划建设中，通过科学设计，合理利用地形进行建筑布局，减少土方量；针对成都夏季少风、湿热的气候特点，充分利用建筑"冷巷"原理达到节能效应；建筑设计通过BIM模型优化，对建筑的朝向、体形系数、窗墙比确定等进行精准分析，实现室内空调节能，有效降低建筑碳排。抓住大运村建设机遇，学校建成了全省第一个校园餐厨垃圾处理装置——成都大学一体化厨余垃圾处置站（见图5），每日可处理近10吨餐厨垃圾；建成了4组地埋式分类垃圾回收站，实现人机交互、用户识别、投放技术、清运管理、满溢报警、自动开锁、自动除臭、自动灭火等功能。

4. 厚植绿色低碳新文明风尚，推动绿色发展转型

为深入践行绿色发展理念，后勤处组织师生、员工开展节能宣传周、世界水日、中国水周、粮食安全宣传周、森林日、植树节等环保主题相关活动；利用微信订阅号推文对生态保护等进行宣传，通过线上线下联动，各方参与，倡导全校师生转变行为模式、生活理念，推动绿色发展转型。

图5 厨余垃圾处置站

学校荣获四川省"十佳"最美校园、四川省绿色学校、园林式校园荣誉称号。

（四）主动作为，服务大运

2023年夏季，第31届世界大学生夏季运动会在成都顺利举行。后勤处高度重视大运村落户成都大学的机遇，按AB角组建服务保障团队，成立12个工作专班及党员先锋队，科学安排，统筹推进大运村建设和学校日常后勤服务保障工作。后勤服务保障团队发挥主人翁精神，以高度的责任心、使命感和执行力，克服时间紧、任务重、头绪多、要求高、人手不足等困难，凝心聚力、促建设、保服务，从大运会筹备、赛时服务保障、赛后恢复做到全员参加、全程参与、全力以赴，为大运会的圆满举办贡献后勤力量（见图6）。

图6 大运村

1. 积极筹备,全民全程参与

大运会筹备期间,后勤处精心做好了国际大体联官员多次到校调研考察接待、大运会代表团团长会议用餐接待服务工作。国际大体联官员一行莅临学校考察就餐环境、住宿环境、校园环境,用"榜样"一词高度称赞成都大学大运村工作基础。后勤处组织实施"泛光工程"、文化石和建筑外立面整治等12项校园风貌整治项目,扮靓校园,提升学校设施保障功能;强力推进大运村排水管网病害治理、大运村维修改造等13项"营城"项目建设,确保项目顺利实施和按期完成。提前筹谋、科学调度维修、餐饮、能源、物业保洁、绿化、病媒生物防制任务,精准实施"校村转换"各项工作,实现从学校到运动员村的华丽变身。面对大运会两次延期举行带来的种种困难,三年以来,后勤处完成大运村运动员公寓6 200间宿舍10万余套家具的拆除及安装、搬迁以及墙面粉刷,20栋学生宿舍共4万余件配件更换与维修,保障下沉大运村人员及场馆中心、排球场馆、注册中心数千人用餐,接待校内外客餐服务4万余人次;对约5 628平方米公寓地板胶进行特效清洁及打蜡处理;完成开荒保洁卫生、除醛祛味处理,作业面积约20万平方米;清洗建筑外立面面积近8万平方米;花卉栽植20余万株。

2. 全力以赴,确保大运村赛时正常运行

赛事期间,为保障大运各项工作顺利实施,后勤处在赛事侧组织55人下沉大运村住宿服务、水电气、餐饮服务等五个业务口,直接参与大运村赛时运行。其余人员在村外侧全力做好大运村辅助区餐饮保障、校园环境美化、电力改造、维修等学校后勤保障工作,村内村外齐驱并进,为大运村正常运行保驾护航。

3. 全力推进,恢复学校教学、科研、生活秩序

赛后,后勤处再接再厉,全力推进将学校恢复如初。对撤场供应商精准施策,在25天内完成代表团公寓79 444件布草和5 411台洗衣机撤离、20栋学生宿舍房间和公区环境消杀、代表团约6 200间房间家具拆除与安装、校园整体物业和绿化、教学楼的交接、食堂恢复、校内维修维护、大运资产交接等工作,确保学校教学、科研、生活秩序正常。

(五)构建多样化后勤育人模式

后勤处借助校园空间整合改造、不同文化氛围营造、举办结合传统节日节气的特色烹饪活动和节粮、安全、防艾、环保宣传等公益活动,开设"川菜烹饪理论与实践"选修课、"花卉栽植与花境营造"等实践项目、设立勤工助学、学生通讯员等

岗位，构建场所、环境、文化、传统、课程、活动、岗位等多元化育人体系，做美环境育人，做实服务育人，做强劳动育人，和谐育人氛围，建设后勤育人高地。

一是场所育人。充分利用建筑物闲置空间，打造现代温馨的学习休闲区，利用屋顶平台打造露天剧场。延伸食堂功能，开放食堂就餐区域，让食堂不只是就餐场所，还能成为学习、休闲、娱乐的场地。

二是环境育人。升级宿舍、教室、食堂硬件设施，改造内环境，使学生在学习中舒心、生活中放松。通过空间整合，优化环境、便利师生。结合学院特色，创设三室一厅，为教师提供良好环境；在学生宿舍打造三室一厅，全力营造一个"安全稳定、清洁文明、和谐奋进"的橙子之家；打造学生事务空间，实行一站式服务，简化办事程序。

三是文化育人。校园内进行厉行节约、食品安全、廉洁自律、爱护公物、"后勤24小时"（见图7）等文化宣传，营造文化氛围，增强学生的文化素质。

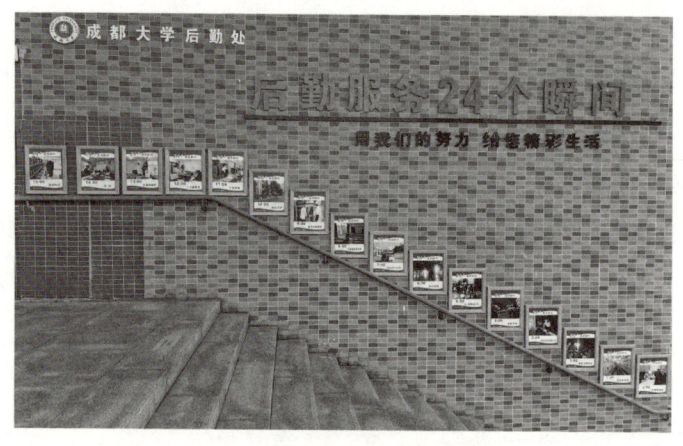

图7 后勤服务24个瞬间

四是传统育人。结合传统节日节气，举办特色烹饪活动，组织端午包粽子、春分做春分馍馍等，让学生更加了解中国传统文化，提高学生对传统饮食文化的了解，丰富其人文素养。

五是课程育人。开设了"川菜烹饪理论与实践"综合素养课（见图8），参与"劳动教育"实践项目，包含"日常用电常识""花卉栽植与花境营造""小吃制作"，培养学生的生活技能。

六是活动育人。开展公益活动，如食品安全、消防安全、节粮节水、防艾宣传、反诈宣传、安全用电常识、保护学校一草一木、保护环境等，向学生宣传食品安全、消防安全常识，增强学生的安全意识、节约意识、反诈技能。

图 8 川菜烹饪课

七是岗位育人。设立志愿服务岗、勤工助学岗位、社会实践岗、通讯员岗等，让学生参与到后勤工作，从从业者的角度去认识后勤工作，培养劳动意识，认同和宣传后勤工作，学会感恩。

八是管理育人。成立"伙管会""宿管会"等，让学生通过参与餐饮管理、宿舍管理工作学到宝贵的管理经验和工作经验。

四、总结与思考

成都正在创建全面体现新发展理念的公园城市示范区，成都大学作为城市大学，坚持公园城市的大学表达，全力建设河湖环绕、文化浓郁、气韵生动的一流现代校园。特别是成都大运会运动员村落户学校以来，推动学校办学条件和校园风貌极大提升，塑造了城园相融、蓝绿交织的优美校园格局，以学校为窗口向全球大学生运动员生动展示了中国高校的万千气象，实现了"办好一个会、激活一座城、提升一所校"。今后，后勤处将对标学习先进大学后勤管理经验，积极探索后勤用工制度改革，谋划做好新形势下后勤服务保障工作；持续实施后勤数字化战略，构建智慧后勤体系；有计划、分步骤实施碳达峰行动的要求，推进合同能源管理，持续打造节约型校园；充分用好大运会成果，以开放的心态进一步落实"质量后勤""平安后勤""文化后勤""智慧后勤""廉洁后勤""开放后勤"六个建设，全面推进建成与成都大学高水平发展相匹配的国内一流后勤保障体系。

以"三化"为主线,推进"六个后勤建设"构建与学校"名校民办"建设发展相适应的后勤保障体系

——浙江树人学院后勤服务保障年度工作报告

一、基本情况

浙江树人学院后勤保障处(后勤服务有限公司)历经数次改革,努力探索一条既符合学校实际又具有民办高校特色的后勤发展之路。后勤保障处作为学校机关部门代表学校行使后勤工作的规划、协调、监督和管理职能,按照"小机关、多实体、全成本、大服务"的管理体制与运行机制,秉承"尽心尽力为师生,优质服务在后勤"的服务宗旨,以"精细化、标准化、品质化"建设和转型发展为总要求,不断践行创新、协调、绿色、开放、共享的新发展理念,持续构建"品质后勤、绿色后勤、育人后勤、平安后勤、智慧后勤、活力后勤"为建设目标的现代后勤服务体系,为学校的教学、科研及18 000余名师生日常生活提供"有更高质量和有更高温度"的后勤保障服务。

后勤保障处以"学校十四五发展规划"为指引,认真落实后勤发展新理念、新举措、新要求,从助力学校履行立德树人使命以及师生对美好校园生活期盼的基本任务出发,努力工作,不断取得阶段性的进步。近年来,我们先后荣获了浙江省"三星级绿色学校"、教育部"全国急救教育试点学校"、中国教育后勤协会"后勤服务育人劳动教育示范基地"、浙江省"节水标杆院校"等多项荣誉称号,学校后勤的影响力得到进一步提升,不断推动着后勤人奋发作为的信念和动力,推动着后勤高质量发展的生动实践和理论提升。相关资料见图1~图3。

图 1　校园整体风貌

图 2　后勤毕业季活动

图 3　荣获奖项

二、组织架构

（一）组织架构体系

后勤积极推进内部体制改革，按照管理、服务、经营三个模块进行调整，进一步优化资源配置，提高运行效率。

后勤保障处现下设综合事务办公室、采供服务中心2个管理部门，公寓服务中心、饮食服务中心、物业会务中心、信息化与水电中心、卫生所5个业务部门。后勤服务有限公司下设总经理办公室、商贸部2个部门，3家下属企业（见图4）。目前，后勤员工共计530余人。

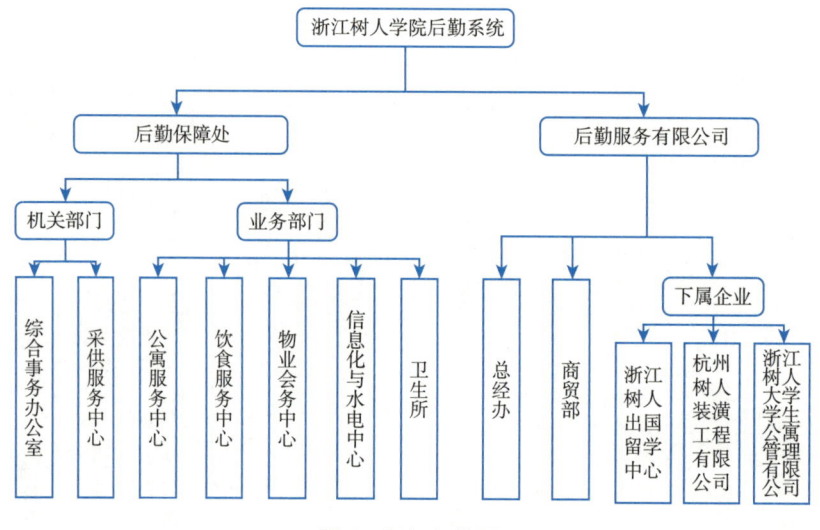

图 4 组织架构图

（二）队伍建设及员工培训体系

后勤保障处高度重视人才队伍建设，持续加强员工培训，形成了"经营管理能力培训——专业技术能力培训——岗位技能培训"三个层次培训体系。做好员工职业规划，使员工与后勤事业共同进步共同发展。

1. 实施后勤"2030"核心人才发展战略

从对后勤的成长和长期发展、对后勤的稳定和效率、对运行的成本、质量和短期效益作贡献等维度，对各级管理者分类实施各有侧重的评价，重点创造好晋升机制和事业平台机制，给予年轻人更多的赋能、更多的角色机会、较高的身份认同、更好地收获和成长。一年来，23位后勤员工获得了职称、技能和学历的提升（见图5）。

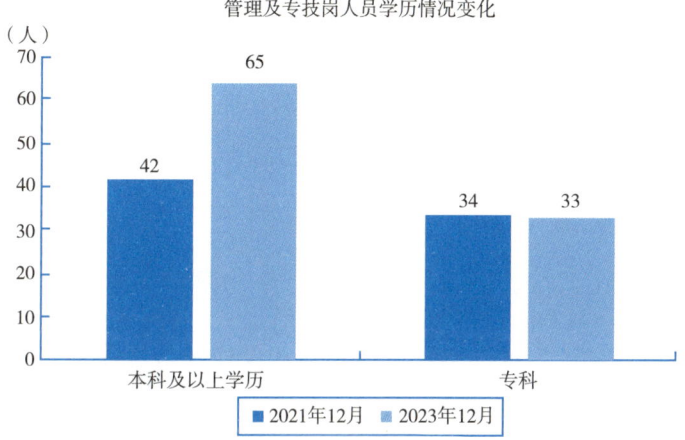

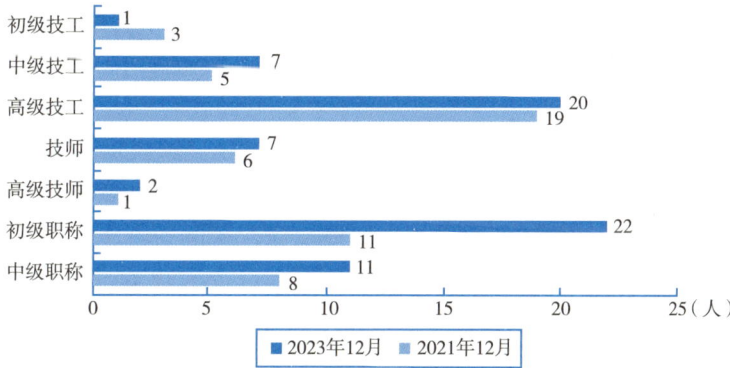

图5 员工学历及职称技能提升对比图

2. 建立后勤服务"育人导师"队伍

通过搭建后勤服务育人平台,建立了一批长年工作在后勤一线、具有丰富实践经验和一定理论基础的后勤服务育人师资队伍,既提升了后勤服务内涵,又实现了个人价值(见图6)。

图6 育人导师聘任仪式

3. 推行后勤青年大学生多岗轮换和交叉锻炼培养

通过部门内部的多岗位锻炼，管理部门和服务实体之间的轮岗交流，开展项目交叉锻炼的培养模式，使其认真积累基层工作经验，提升系统谋划能力、决策能力、组织协调能力和执行能力以及应对急事、大事的能力，成为后勤事业发展的中坚力量。

三、亮点工作

通过落实"五项举措"，推进"六个后勤"建设任务，是后勤实现高质量发展战略的主要方法，在认真实践中"六个后勤"建设工作取得了较好的发展。

（一）"品质后勤"有了新内涵

品质后勤"三化"建设的基本目标，也是后勤服务转型的标志。

1. 落实"十件民生实事"，提升师生的获得感幸福感

从 2021 年开始，后勤连续推行"十件民生实事"项目，这些民生实事项目一直发挥着后续的影响。如：餐厅的建设，在硬件设施改善的条件下，服务功能也不断深化，特别是老师餐盘中的菜肴精细化、个性化程度在提升，口味也不断丰富，2022 年又新增的两个 A 级餐厅；包括校园空间建设，部分项目已成为师生的打卡地标，内部服务也越来越多，其中越湖时光的会务服务，2022 年就达 190 余场之多；包括校园的应急救护培训等项目，经过几年的沉淀，都在各个层面取得了长足发展；包括校园环境有了更好的改善……

2022 年，我们围绕师生的需求，同时为了让师生更多感受到学校事业发展中的获得感和幸福感，经过认真谋划，提出来年度"十件民生实事"，通过认真部署，加大执行检查，较高质量地完成了"树人之家招待所建设与运营服务""拱宸桥校区北校区Ⅲ径场 station – E 服务站建设运行""两校区 AED 布局完善""拱宸桥校区学生社区快递驿站布点"等十余项重点服务创新和机制优化工作。"十件民生实事"已经成为后勤的一项重要工作机制，在落实"尽心尽力为师生"的服务理念，致力于美好校园生活构建上，发挥着不可替代的作用（见图7）。

2. 建好"物业大管家"，推出有温度的品质化服务

管家服务主要在于减少管理层级，由"管家"总揽一线服务，通过提升服务的时效性和精准性来强化师生的服务体验。2022 年，我们创建"服务大管家"工作机制，力求营造美好环境，传递美好体验。一方面，我们对服务流程进行了梳理和优

```
2021年后勤十件实事
    （一）"一技在手，安全有我"救护培训          （六）"食澄"校园会客厅建设和运营服务
    （二）自助集市station—E建设和运营服务       （七）车管家自助洗车点设立和运营服务
    （三）"越湖时光"休读中心建设和运营服务      （八）缔造幸福家滋味—共享厨房建设和运营服务
    （四）树人之家商业服务改造升级工程           （九）电骑能量站（车棚）等设施建设
    （五）泳乐杨汛桥—游泳馆运行服务             （十）惠在后勤，服务共享体验日

2022年后勤十件暖心实事
    （一）"大白衣""蓝骑士"，核酸检测守护你      （六）鲜美实惠便捷师生，年货集市多元体验
    （二）暖心接驳车，安全又便利，温馨家校路    （七）考研教室小当家——助备考一臂之力！
    （三）食源五元营养餐，实惠美味超有爱       （八）卫生所拍了拍"你"说要关注自身健康啦
    （四）"一校两区"物联难？文件物品穿梭当日达！（九）"照亮"校园路，温暖师生心，为绿色出行"加油"
    （五）越湖书香共"读"美好，暖心商服"特惠"师生（十）"中药冰置，微波暖心"，亲情公寓零距离

2023年后勤十件民生实事
    （一）两校区AED布局完善                     （六）拱宸桥校区清乐园与商贸街的商业服务提升与完善
    （二）杨汛桥校区健康小屋规划建设             （七）两校区文印服务建设和提升
    （三）拱宸桥校区宿区快递驿站布点             （八）树人之家招待所建设与运营服务
    （四）两校区学生岗位实践发布集成平台         （九）物业管家服务项目拓展
    （五）拱宸桥校区北校区田径场station-E服务站建设运行（十）两校宿区停车场地规划与改造
```

图 7　2021—2023 年后勤十件实事

化；另一方面，整合后勤多方服务资源，深化服务内容；再者，我们对管理职能进行设计，以原先管理员为主体，加载管家服务内容，不断增加个性化的服务内容，提升后勤工作价值感；同时，开展岗位聘任和培训，掌握管家服务的基本要求。管家机制有一个创建和提升的过程，通过在理念、方法和应用层面的不断总结，进一步谋求服务体验的提升（见图 8 和表 1）。

图 8　管家团队培训

表1　后勤保障处"内聚人心、外塑形象"管家团队培训一览表

培训场次	培训主题	培训内容	参训人数	培训成效
1	认识自己	后勤管家团队成长计划	70	让每一位管家了解什么是管家、管家的工作职责和岗位的成长计划
2		管家工作标准化实操手册（1.0版本）		让每一位管家直观地掌握实操技能
3	卓越服务	掌握管家职业素养及团队合作	68	加强管家服务专业培训，从管家行为与仪态、会务服务、参观接待等具体服务季节把控，实现标准化、精细化、品质化为师生提供管家服务
4		掌握管家行为与仪态规范、参观接待等		
5		掌握管家服务品质化细节把控		
6	见贤思齐	分享其他高校调研、研修班学习成果的成果	70	三人行必有我师，对标学习其他高校、优秀管家案例及经验，实现互学互助、理论与实操的双提升
7		管家代表"以学促进"交流		
8		处领导为管家团队上课		
9	温故知新	管家服务案例复盘	69	以小组讨论、集中复盘相结合，盘点以往经典案例，实现举一反三的效果
10		管家个人行为问题探讨		
11		各小组分享学习成果及培训评优		

3. 精心暖心的服务逐渐成为后勤人的行动自觉

随着"三化"工作的推进，完成了"后勤标准化——人力资源模块"的编印，同时落实了年初布置的"十项制度"建设，后勤管理和服务标准化的体系进一步完善。"精细化"的内涵进一步明晰，以围绕"精细化"要求而创建优化的，以"精心、贴心、暖心"为特征的服务举措得以不断丰富和实施，为师生提供多方位优质的服务，让师生体验到获得感与幸福感，已成为服务部门的行动自觉。一年来，后勤开展了"为考研学生送温暖""冬至请你吃水饺汤圆""食源TOGO便当""开学季文印新生免费服务""运动会/军训免费饮料补给""健康小屋""大件行李暖心驿站"等五十余项暖心服务。这些服务举措，很好地认真落实了"以人为本、师生至上"的后勤工作基本原则和价值追求。2022年后勤服务总体满意度达99.79%，连续三年把不满意度控制在1%之内，2022年的服务投诉共60条，相较去年比前年大幅缩减80.18%的基础上，又进一步缩减53.125%（见图9）。

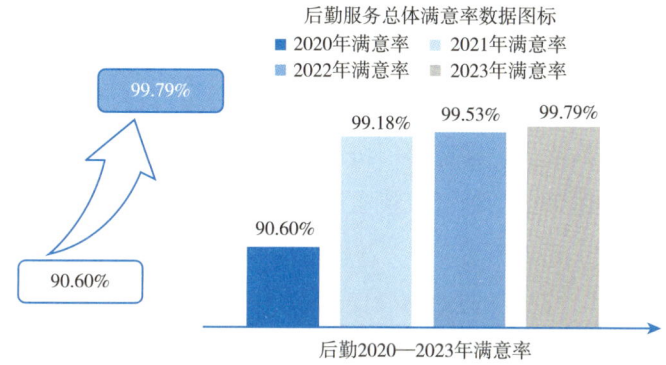

图 9　2020—2023 年师生满意度情况

（二）"育人后勤"彰显新特色

高质量现代化后勤保障体系不仅要确保后勤管理水平、服务质量、保障能力、运营效率的不断提升，在"十育人"方面，还要面临师生的考试。

第一，我们在"育人"理念的统领下，把后勤工作场景和"十育人"的各个要素相结合，优化服务流程，不断提升后勤服务育人的承载能力建设。围绕学校"节水、节粮、节能"任务，结合绿色学校创建，挖掘后勤在节水型高校建设、制止餐饮浪费、实施国家"双碳"目标中的应用场景；围绕公寓管理和文明寝室创建，建立学生自治队伍和志愿者队伍；围绕校园商业资源，提出从"产品、渠道、营销"一体化的产学融合实践；依托餐饮服务，建立烹饪、咖啡等技能培训场景；围绕卫生所健康管理职能，推进校园急救教育基地建设；依托校园绿地资源，建立农作物种植基地建设等，以不断增强后勤的育人阵地建设（见图10）。

图 10　育人基地建设

第二，从"理念树立""习惯养成""实习实践"等多维路径出发，设计后勤课堂，充分发挥后勤"育人"功能。后勤从培养学生的"家国情怀、文明素养、自我管理、实践能力、生活技能"等五个方面出发，完善顶层设计，建好育人平台，培养育人导师，抓好课程建设，推进部门协同，认真开展实践，初步形成了"以劳动教育为核心，五维一体"的后勤育人新格局，不断推进着育人后勤建设的发展（见图11）。2022年开设了"农事劳动""急救培训""文明寝室""咖啡师培训""烹饪培训""花卉培育"等3门劳动必修课和6门选修课程，一批长年工作在后勤一线，具有丰富实践经验和一定理论基础的师资队伍也逐步建立。一年来我们共开展了1 122节课时的教学工作，帮助4 481名学生拿到劳动课学分和639名学生获得各类技能证书（红十字救护员证）。一年来，我们向362名学生提供后勤服务岗位和校内社会化引进企业的实践岗位，目前正在推进"20名店长"培养计划，帮助学生提升就业创业能力（见图12）。

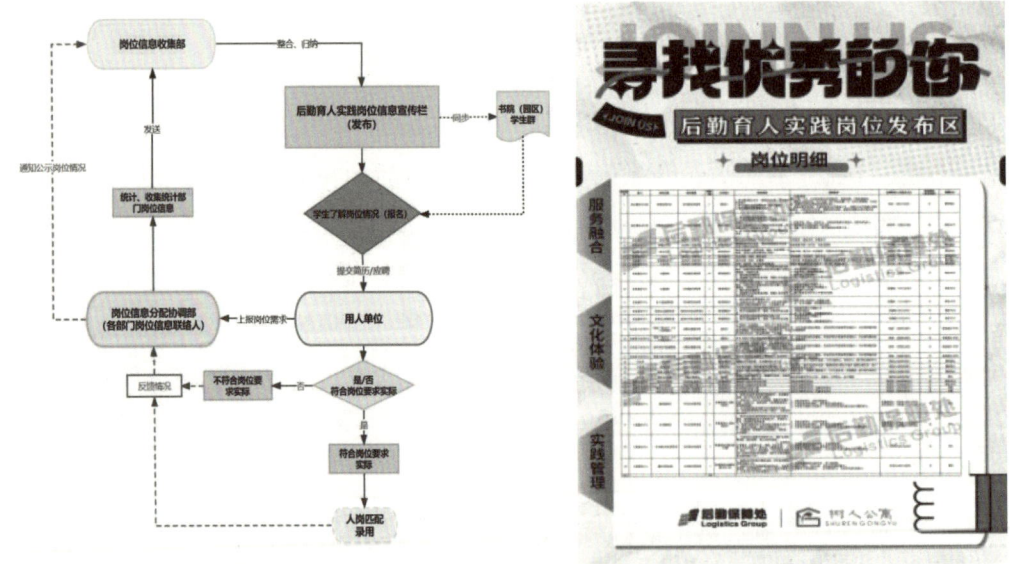

图11　后勤育人学生实践岗位平台

（三）"绿色后勤"谋得新发展

从绿色校园建设到下一步的低碳校园建设，是国家贯彻可持续发展的战略。我们在开展绿色校园建设和评估工作的基础上，整改13个方面的薄弱环节，着手低碳校园建设任务。一是以节能宣传为契机，结合"'箱'遇美好、'碳'索环保之旅"纸箱环保计划活动、"光盘行动""垃圾分类"等活动，引导师生树立节能减排意

图 12　20 人店长计划

识。二是对拱宸桥校区进行智慧路灯改造计划，实现远程开关操作和时间调整；完成拱宸桥校区一二级水表更换改造，实现用水信息实时监控，整合数据进行分析，可用于对水管漏损情况进行判断。三是通过健全并落实节水管理制度，开展节水型校园建设，获得年度节水标杆单位、年度节水型高校、年度浙江省省级公共机构节水型单位三项荣誉（见表 2）。

表 2　2021—2023 年度学校生均水电耗能情况

年份	总能耗（tce）	总水耗（m³）	生均水耗（m³/人·a）	生均电耗（kWh/人·a）
2021 年	3 417.59	1 017 849	52.41	1 267.04
2022 年	3 078.33	804 633	39.53	1 049.5
2023 年	2 921	782 936	39.12	798.9

（四）"智慧后勤"焕发新动能

学校以"应用为王，服务至上、简洁高效、安全运行"的工作思路开展数字化后勤建设，驱动覆盖后勤管理、服务、监管等各项职能模块的治理方式变革。一方面，坚持信息化与师生需求、与后勤业务工作密切结合，通过自建和依托第三方合作的办法，不断推进智能硬件建设，一年来推进了智能水表、智能洗衣、智能取餐、智能物流等项目建设，不断提升智能管理和服务的智能体验。另一方面，从实现资源的互享互通，向师生提供安全、及时、高效的后勤服务出发，推动了"新生床品、校服订购系统""采购会签系统""零星维修线上申报系统""重点设施设备巡检系统""拱宸桥路灯智能控制系统""拱宸桥校区高配房电控平台""商业运营财务系统""原材料溯源系统"等十余项应用系统建设和改造升级，并实现了"微后勤综合服务平台"与"掌上树人"对接。这些软硬件的建设，进一步推进了后勤的"智慧餐饮""智慧物业""智慧维修""智慧监管""智慧商贸""智慧快递""智慧公寓""智慧能源""智慧医疗"等项目的建设进程，赋能后勤的保障能力和保障水平的提升（见图13）。

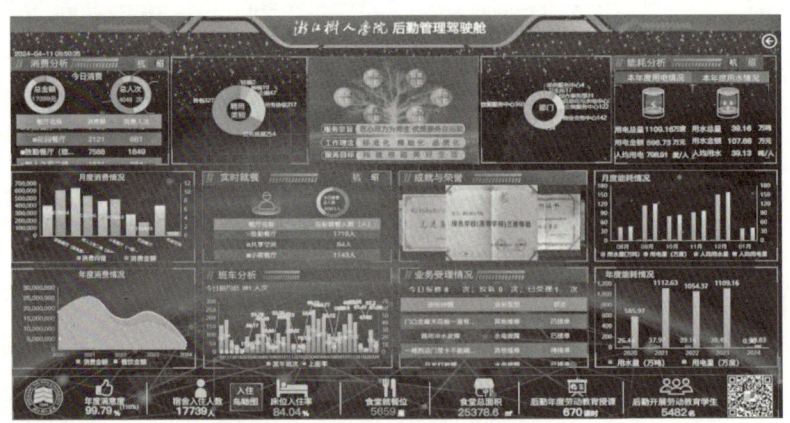

图13 浙江树人学院后勤管理驾驶舱

（五）"平安后勤"取得新成效

抓紧抓实抓细各项责任措施落实，牢牢守住安全生产底线。努力实现了后勤安全生产责任事故"零"发生工作目标。

第一，建立"日巡查、周检查、月排查"的常态化隐患排查工作机制，严格落实责任，加强联动配合，提高隐患排查治理效率和水平，确保"平安校园"建设涉及后勤的方方面面得到有效落实和全面提升。

第二，认真落实上级文件规定，开展专项检查和整改工作。2022年共收到上级主管部门安全通知文件累计37份，并按照要求把具体任务落实到每个责任部门，同时结合文件要求，主动开展"安全生产月""平安护航亚运"等各类活动，筑牢安全生产防线。

第三，修订与完善了"饮食服务中心突发事件应急预案""公寓管理中心重大、突发事件应急预案（简明培训手册）（学生公寓火警应急预案程序、学生公寓停电停水应急预案程序、学生公寓突发事件应急预案程序、电梯困人应急救援综合演练、电梯事故与故障的应急措施和救援预案）""二次供水水质污染预防措施及应急预案""浙江树人学院防抗自然灾害应急预案""浙江树人学院突发公共卫生事件应急预案"等八个方面的应急预案,并开展各类应急演练活动,提升员工安全防护能力。

第四,2022年,后勤部门为规范电瓶车充电管理,新增加车棚70米,充电位75个;加强重点设备的内控管理,对特种设施设备运用追溯巡查系统管理;对公寓地下室进行清理清除,安装照明,并且出台《地下室管理制度》;落实了弱电间清理,并做好保洁、巡查和上锁管理等任务;开展燃气安全专项培训、高空作业工作技能培训、防汛抗台培训、致勤园区高层公寓消防疏散演练等活动共计72场次,覆盖人数达到11 500左右(见图14)。

图14 平安后勤相关培训活动

(六)"活力后勤"展示新气象

"方向大致正确,组织充满活力"是后勤得以持续发展的基本条件。2022年,学校从以下几个方面进行了认真的推进:

1. 建立"管理目标责任制",推进工作闭环管理

2022年为"后勤内部管理建设年",学校将推进后勤高质量发展的整体目标分

解76个子目标落实到各个部门,并以部门工作架构和岗位说明书为依据,最终落实到个人的工作目标,让组织的每个成员明确自己工作的方向和工作的意义。管理目标作为年度考核的主要内容,通过目标考核和结果运用,调动各级管理者的工作积极性和创造性,主动完善工作举措,提升工作效率、转变工作作风。通过一年的努力,各部门均完成工作目标(见图15)。

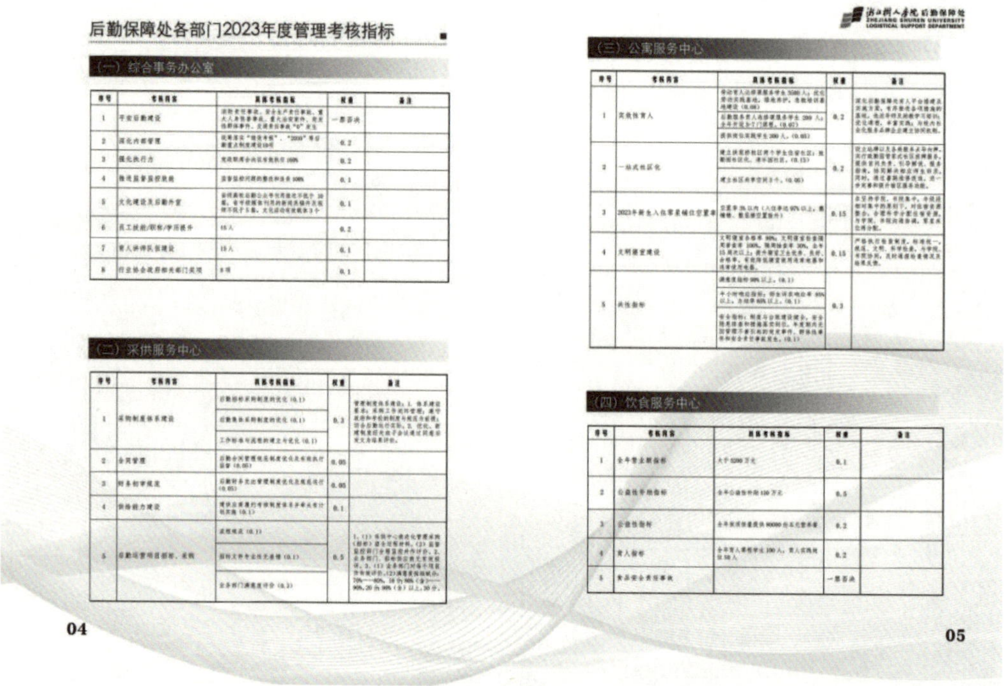

图15 后勤各部门年度考核指标

2. 建立健全"十项重点制度",提升管理规范化水平

2022年后勤完成了《后勤保障处绩效考核及分配管理暂行办法》《后勤保障处经济合同管理规定》《专业场馆服务管理办法及物业场馆对外服务标准》《研究生公寓管理制度》《商业用房租赁管理办法》《浙江树人学院校园传染病防控管理制度》等十八项重点制度建设任务,主动理顺后勤管理模式,建立合理的运行机制,完善公正、公开、透明的队伍管理体系,优化和梳理工作流程,并采用岗位公开竞聘和干部能上能下的工作机制,进一步推动后勤的发展活力。

3. 开展"三抓三比"活动,推进学习型组织建设

后勤党总支围绕中心抓党建,抓好党建促发展,组织开展了14次比学活动,通过坚持典型引路,培养树立身边事迹突出、特色鲜明、影响深远的先进典型,教育和激励员工立足岗位,创造佳绩(见图16)。通过注重统筹兼顾,把推进学习型组织建设与促进后勤服务工作结合起来,在后勤形成相互学习、争当先进的良好氛围。维修工"罗叔"被学校授予了"校长嘉许奖"(见图17);《青年时报》以"将心比心,做大学校园最温暖的守门人"为主题大篇幅地报道了门卫高翠红一线工作事迹;周建萍用黑板报传递师生情谊,深受师生欢迎,成为后勤管家(见图18)。这些都为后勤事业可持续发展夯实了内生动力。

图16　员工培训大会

图17　校长嘉许奖颁奖仪式

图18　周建萍用黑板报传递师生情谊

四、总结与思考

后勤管理是学校的重要构成部分,也是学校教育教学得以开展的有效保障,学校的内涵式发展,需要有高质量发展的后勤服务。从基础保障型到品质服务型,最后实现服务育人型的后勤保障,是高校教育后勤的升级迭代路径,需要学校不断把握好后勤发展规律,实现服务保障的转型升级。

现代教育后勤服务体系的构建可以推进后勤的高质量发展，学校通过完善党建引领的业务提升体系、育人导向的服务提升体系、结构化的人才提升体系、质效并进的内控提升体系、内涵发展的文化提升体系等"五大"工作举措，聚焦于"六个后勤"的主任务，持续深化后勤服务"标准化、精细化、品质化"建设，实现"标准化、融合化、绿色化、智能化"为主要特征的现代教育后勤管理体系，不断推进后勤高质量发展。

后勤服务要不断创新服务机制和推进精细化管理，不断满足师生个性化、多样化、品质化的需求。同时高校后勤又要在助力学校落实立德树人使命，以及节能节水、垃圾分类、零碳校园等国家战略实施上发挥自身作用，才能更好回答教育强国背景下，后勤何为的历史命题。

精细管理 多元赋能 构建高质量后勤服务保障体系

——金华职业技术学院后勤管理与服务中心年度工作报告

一、基本情况

金华职业技术学院创办于1994年，1998年经教育部批准成立，是教育部批设的首批高职院校之一。学校立足职业教育、不断传承创新，先后被列为国家示范校、国家优质校、浙江省重点校和国家"双高"校A档建设单位，获评全国职业教育先进单位，入围全国高职"服务贡献、国际影响力、教学资源、育人成效、实习管理、教学管理、学生管理"七个"50强"，入选国家乡村振兴人才培养优质校、国家级职业教育"双师型"教师培训基地，入选全国高职院校"服务贡献典型学校、学生发展指数优秀院校、资源建设优质学校、教师发展指数优秀院校"等四大榜单。招生专业58个，其中国家高水平专业群2个，国家重点支持建设的示范专业3个，四年制高职试点专业2个，本科教学点专业1个，联合专升本办学专业4个，全日制在校生2万余人。

金华职业技术学院后勤管理与服务中心（以下简称"后勤中心"），履行后勤服务保障职能，主要承担校内基础设施建设、餐饮保障、学生公寓管理、校园绿化养护、校园环境及公共区域的卫生保洁、设施设备修缮服务、商贸管理服务、疾病监测、健康咨询、驾驶培训服务等职能。历年来，后勤中心始终秉承"一切以师生为中心"的服务宗旨，以建设"幸福、品质、廉洁、智慧"后勤为发展目标，以师生需求为导向，不断加强自身建设，在管理中加强服务，在服务中体现暖心，全力打造"安心、暖心、专心、全心"的"四心"后勤服务保障体系。近年来，后勤中心先后获得"国家级节约型公共机构示范单位""浙江省绿色学校（高等学校）三星等级"等荣誉称号，并当选为浙江省教育后勤基建协会第二届理事会副会长单位（见图1、图2）。

图1　国家级节约型公共机构示范单位

图2　浙江省绿色学校（高等学校）三星等级

二、组织架构及队伍建设

近年来，为适应学校"双高"建设、职本申办需要，后勤中心积极推进机构改革，进一步优化资源配置，通过精简纵向管理层级，有序推进扁平化高效管理，增强内部协同能力，强化精细化管理，不断提升服务保障效能。后勤中心现有在编在岗职工43人，编外用工500余人，下设办公室、防保科、校园建设科、监督科、经营管理科、修缮与工程科、商贸管理科、楼寓管理科、膳食科、理工驾校等10个科室。后勤中心党委下设2个在职党支部、1个离退休党支部。

人才队伍是事业发展的基础，后勤中心高度重视人才队伍建设，坚持以人为本，建立健全岗位目标责任考核制度，科学规划构建形成立体式的后勤队伍培养体系。一是理念先行，创建学习型组织。广泛宣传"三全育人"理念，着力提升员工育人理念和主动服务、靠前服务意识，通过树立典型、评先评优等方式发挥优秀员工的示范引领作用，互学互鉴，共同提高。二是强化培训，提升专业素养能力。通过"春泥"党建文化品牌建设，科学制订"春泥"项目系列培训三年计划：强基、提质、培优。通过系统化培训，不断提升队伍整体素质和专业水平，全力打造一支高素质专业化后勤服务队伍，为学校后勤高质量发展奠定坚实基础。

三、亮点工作

（一）固本强基，守正创新，着力夯实党建之基

1. 党建引领，"春泥"赋能发展

后勤中心党委通过建立"春泥"劳动教育实践基地，大力实施"春泥"工程，

以全体党员为基础，成立"春泥"党员先锋队，挖掘树立劳动典型人物，发挥榜样模范作用，指导学生深入开展"春泥"保障系列活动、"春泥"文化系列活动、"春泥"暖心系列活动（见图3、图4）。

图3 "春泥"劳动教育实践基地启动仪式

图4 "春泥"劳动教育——清明粿制作实践活动

后勤中心党委以"114"体系构建后勤劳动实践育人新格局，全力开展育人实践活动（见图5）。第一个"1"是以后勤中心党委建设为中心，成立"春泥"党员先锋队，树立"春泥"劳动典型人物，发挥党建引领作用。第二个"1"是通过建立N支（个）"春泥"劳动教育实践队伍和"春泥"劳动实践基地，奠定"春泥"工程的保障基础。"4"是开展"春泥"项目系列培训、"春泥"保障系列活动、"春泥"文化系列活动、"春泥"暖心系列活动，培养劳动实践能力，提升育人工作成效。利用"春泥"工程培训系列活动对食堂从业人员进行食品安全、业务能力等各项培训。组织开展西点师考证和餐饮从业人员厨艺技能比武活动，定期举行食品安全应急演练和消防知识应急逃生演练，有效提升了员工的消防安全意识和应急处理能力，队伍整体素质和服务水平得到有效提升（见图5、图6、图7）。

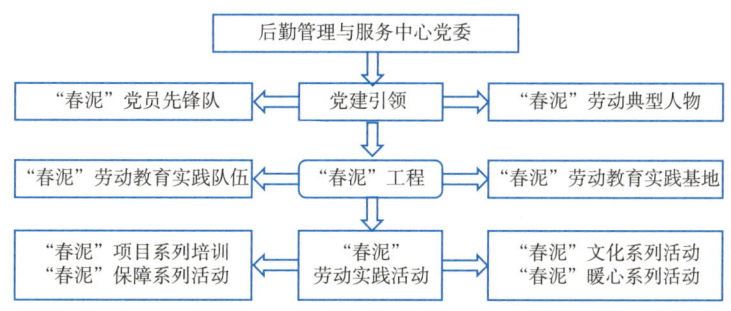

图5 "春泥"114劳动实践育人体系

图 6　西点师考证培训　　　　图 7　厨艺技能比武大赛

"春泥工程"自建设以来，挖掘树立劳动典型人物 3 名，发挥榜样模范作用；举办"春泥"项目系列培训和活动 20 余次，参与人数达 3 000 余人次。后勤中心在中国高等教育学会劳动教育专业委员会与金华职业技术学院联合举办的"新时代职业院校劳动教育改革发展研讨会"上，作"春泥"品牌建设的典型案例分享，职教之音、中国高等教育培训中心、"潮"闻天下、劳动教育评论等媒体宣传报道，有效增强品牌影响力和推广辐射效应（见图 8）。

图 8　在新时代职业院校劳动教育改革发展研讨会上作典型发言

2. 同频共振，助力乡村振兴

后勤中心始终坚持党建与属地党建相融合，后勤党员干部主动融入学校改革发展大局和乡村振兴大环境，以符合新时代新环境本科条件下高质量后勤保障体系为标准，从细节出发，从实际出发，始终干在实处、走在前列、勇立潮头，努力打造智慧后勤、文化后勤、活力后勤、品质后勤，全面建设美丽校园、平安校园、健康校园、幸福校园，推动全面建成小康社会和实施乡村振兴战略同频共振。

后勤中心党委持续开展与武义县供销联社党组、塔石乡政府等的结对共建工作，多次组织"党建引领 服务共融——武义农产品走入金职"活动，甄选具有代表性的武义优质农产品、宣平小吃进金职校园，开展宣平小吃试吃、农产品展销活动，并在餐厅设置"宣平小吃"档口；与婺城区塔石乡就美丽乡村建设、农副产品销售、农民职业技能培训、定向招工、学生实践基地建设、促进农民增收等开展合作，多次组织义诊、送药、慰问等活动；精准开展教育消费帮扶，通过乡村振兴馆832专区采购食用油等援疆产品，举办年货节组织售卖新疆香梨、阿克苏苹果、新疆灰枣等援疆农副产品，促进浙江援疆地区农民增收、农业增效和农村消费（见图9）。

图9　与武义县供销联社党组、塔石乡政府等开展结对共建工作

3. 品牌铸魂，构筑清廉后勤

后勤中心将廉洁文化建设作为贯通融合"三不腐"的重要抓手，通过构建"党建阵地、廉洁基地、职工园地"三大阵地，深化"讲廉、督廉、思廉"三廉举措，努力打造"勤学善思、守廉践廉"的后勤特色"思廉"品牌。一是通过和金华市委党校、武义供销联社、塔石乡党委、移动通信、中国联通、顺丰速运等开展结对共建，相互交流学习党风廉政建设工作（见图10）。二是建设"春泥"党建品牌，以全体党员为基础，成立"春泥"党员先锋队，通过"春泥"系列培训活动，将反腐教育和廉政文化进一步深入传播到基层党组织和干部职工中。三是通过在重要时间节点张贴横幅、转发"廉洁过节提示卡"，提醒全体员工抵制"四风"，节日期间恪守纪律底线，清廉过节，大力弘扬新风正气（见图11）。

图 10　与金华市委党校交流学习　　　　图 11　党风廉政建设工作

（二）数字赋能，创新驱动，着力提升后勤新质生产力

纵深推进数字赋能是推动高质量发展的必要手段。实施后勤领域数字化改革，依托数字化技术提升整体治理效能，是构建高质量后勤服务保障体系的关键举措之一。后勤中心针对能源管理、食堂采供、服务保障等领域开展深入调研，以创新驱动发展，推动数字化改革，着力提升后勤新质生产力。

1. 创新能源管理模式，建设"低碳"校园

后勤中心充分依托数字化技术，开展智能化能源管理平台与分布式光伏发电项目建设，有效推动节能减排、降本增效，助力实现"碳达峰 碳中和"目标。

一是开展分布式屋顶光伏建设。依托分布式屋顶光伏建设，利用太阳能资源，改善学校的能源结构，打造低碳校园，降低碳排放，助力碳中和。针对项目可利用的楼寓屋顶面积和光伏板分布情况进行数据分析建模，实际利用楼寓 41 栋，屋顶面积约 26 870 平方米，选用单晶硅双波 550Wp 组件 10 700 块。建设容量为 5.909MW，并网类型采用"自发自用，余电上网"模式，光伏发电量占学校总用电量比例 23%，实际消纳 91%，预计每年产生 550 万度清洁能源电力，可为学校降低二氧化碳排放量约 4 000 吨/年（见图 12）。

二是智慧能源管理系统。在能源管理领域开展校企合作，引入合同能源管理模式新机制，建设校区数智化能源管控系统。该系统与校园供电、宿舍用电、VRV 空调、安防系统、屋顶光伏、水泵自控等系统全部联通，实现能源数据全面融合、能源状态深度监测、大数据辅助分析、用能异常预警告警等功能，是学校能源管理决策和设备运维管理的数字化管理工具（见图 13、图 14、图 15、图 16）。

该平台包括：①设备层、数据采集部分：主要由水表、电表、压力传感器、温湿度传感器，以及第三方信息化系统组成；②网络层、数据通信部分：以交换机、

图 12　分布式屋顶光伏

通信管理机、防火墙及相关网络线路组成；③云服务层、数据存储部分：通过学校网信中心虚拟机转发数据，将数据存在阿里云服务器的数据库中。④应用层、软件功能部分：主要包括 3D 大屏、调度监控模块、能源分析模块、运营维护模块、辅助决策模块、绩效管理模块、实施运维模块、配置模块等 8 个子系统 30 余项功能。

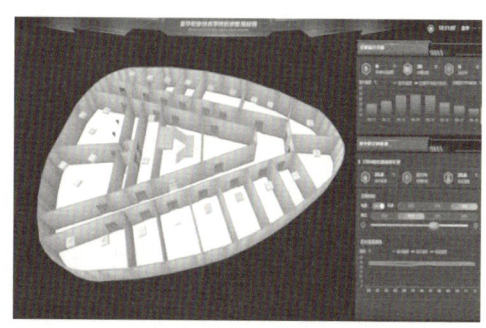

图 13　智慧能源平台 3D 驾驶舱　　　　图 14　VRV 空调 3D 监控图

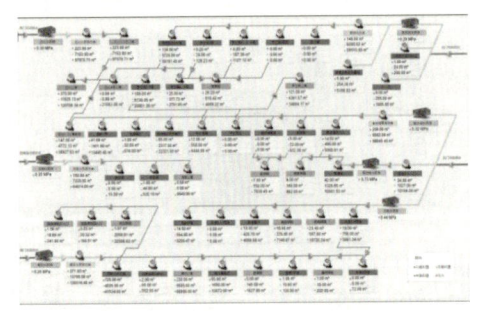 

图15　全校水管网监控图　　　　图16　水泵房监控图

2. 推动建设清廉食堂，打造"阳光厨房"平台

围绕"建设清廉食堂，提升师生满意度"总目标，结合学校食堂实际运行情况，深入推进食堂廉政建设，依托数字化赋能，打造"数智食堂e平台"（见图17、图18），不断提升学校食堂饮食物资采供管控的规范化、标准化和数字化水平，严把食材采购安全关，有效控制物资采购成本，切实保障食堂食品安全。"数智食堂e平台"通过系统联网运行流程，极大地优化了采购过程，实现采购信息无缝衔接，采购、配送、库存状态实时监管等，使采购全过程透明化，清晰可见。结合卓有成效的管理与实施，有效缩减食堂采购人员与设备，节约采购、运输成本等，确保每一批采购的食材可溯源管理，保障师生饮食安全。

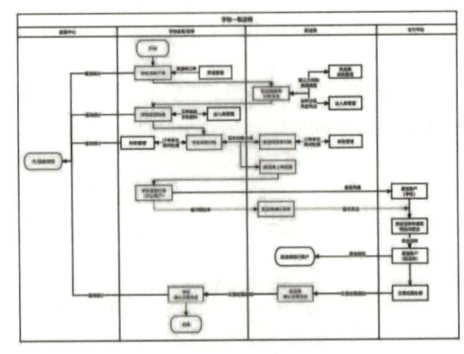 

图17　数智食堂e平台　　　　图18　校园数智食堂

3. 强化全方位服务保障，实现"一站式"服务

后勤中心本着让"让师生少跑腿，让数据多跑路"的理念，加快数字转型和信息化建设，以师生日常生活服务保障为出发点，整合学校各类服务资源，打造线上基于微信的"金职事事通"平台+线下"一站式师生服务大厅"相融合的"一站式"服务体系，为全校师生提供一站式、个性化、智能化的服务体验，实现服务统

一申请、集中办理、统一反馈、全程监管。有效提高了服务保障效率和质量,满足师生的多元化需求(见图19)。

图19 一站式师生服务大厅

(三)服务为本,"厚情"润物,着力构建三全育人新格局

十年树木,百年树人。教育之于心灵,犹雕刻之于大理石。后勤中心聚力构筑"厚情"文化品牌,实施"123暖心服务工程"总路径,建立"春泥"劳动教育实践基地,推动后勤服务育人工作向广度和深度发展,自觉肩负新形势下后勤育人的使命任务。

1. 坚持"123工程"路径,践行服务育人

"1"是以"厚情"服务育人文化品牌为核心;"2"是以建设服务型、示范型后勤中心为目标;"3"是以党建引领、师生实事、实践活动为抓手,不断推动学校后勤高质量发展。开展"迎新开学季,服务暖人心"活动,新生报到当天,各公寓门厅24小时接待新生入住,设立温馨提示咨询台及新生失物招领服务。新老生报到、离校时,组建爱心车队开展志愿服务,积极践行"三为"精神。"校园美食文化节"暨厨艺大赛、"植树节"植树活动、"粽情端午,'毕'有未来""中秋佳节送月饼""捕鱼节""阳光跑道"等系列活动成为师生参与度和美誉度极高的招牌项目,"三八妇女节"鲜花祝福、教师节游园活动、"情系夕阳红、服务暖人心""光盘行动践行者""我与学生同劳动"垃圾分类游戏等接地气的活动更是收获优质评价和满满口碑。举办校园常见传染病防治讲座、应急救护培训等,提高师生健康知识和应急处置能力,开展健康宣传教育进学院、进教室、进寝室"三进"品牌活动,增强广大学

生的疾病预防意识和能力。"厚情"文化品牌建设成效初显（见图20、图21、图22）。

图20 "植树节"植树活动

图21 防艾活动

图22 幸福捕鱼节

2. 依托"春泥工程"载体，开展劳动育人

大力实施春泥工程，带领学生深入开展"春泥"安全保障系列活动、"春泥"传统文化系列活动、"春泥"暖心系列活动。"纸上得来终觉浅，绝知此事要躬行。"实践活动对学生德育、劳育教育，有着其他活动不可替代的作用。一是拓宽与学生的沟通交流渠道。举办学生后勤体验岗活动，鼓励学生"在体验中感受后勤""在岗位上服务后勤""在参与中优化后勤"，拓宽后勤中心与学生的沟通交流渠道，鼓励学生积极参与后勤工作，真正口口相传宣传后勤服务，体现服务价值。二是鼓励学生积极参与勤工俭学。为同学提供勤工俭学岗位，如办公室文员、后勤服务大厅的学生助理、校园配送员、秩序维护员、垃圾分类分拣员、食堂售卖员等，这些岗位让学生在参与管理、享受服务中增进对后勤工作了解，在润物细无声中提高动手能力与劳动实践本领，也促进后勤提升服务质量。

3. "厚情"服务，以心暖心，加强协同育人

后勤中心始终聚焦师生需求，不断创新、优化、迭代升级服务能力。积极探索共建"一站式"学生社区，推动形成后勤协同育人机制，打造优质商业综合体，结合"文化、休闲、智慧"理念，注重布局，凸显主基调，将企业文化与金职文化完美融合，打造立体育人环境。一是打造"一站式"快递服务。引进顺丰快递和中邮驿站两大快递服务企业，整合国内大部分快递公司的服务网点，配备自提柜式无人车，实现无人自助取寄件（见图23、图24）。最大限度地方便师生寄取快递，促进校园快递的规范化和信息化，解决师生收发快递的难题，无人车进校园的新闻被包括《人民日报》在内的多家国内重要官媒关注点赞。寒来暑往，当遇到"双十一"大促、"6·18"大促包裹量暴增、开学季迎新大包裹入校、毕业季老生离校包裹寄递等情况时，中心提前谋划，做好应对。提前准备备用场地，新生入学提醒须知，延长营业时间，增加志愿者现场引导服务等，后勤人的暖心服务使快递成为与师生之间的沟通纽带。

图23　快递无人车　　　　　　　　图24　快递取件区

二是引进优质商业综合体。为满足师生在学习、生活等方面的多样化需求，后勤中心积极推动传统校内超市迭代升级，引进两家优质商业综合体，内设有超市、阅读区、校园文创展览区、咖啡品鉴区、助农展示区等，生活功能互动组合，形成多功能、高效率的商务体系，为师生提供一站式服务。"学士生活空间""鹿田生活空间"的舒适环境成为校园网红打卡点和来访单位参观点（见图25、图26）。

图25　综合体农产品展示区　　　　图26　综合体红旗书屋休闲区

细微之处见风范，毫厘之优定乾坤。只有将学生服务工作放到心上、落到实处，才能实实在在树立"暖心"后勤的形象。

四、展望与思考

展望未来，后勤中心将以职业本科办学为契机，不断提高站位与标准，深化体制机制改革，不断提升服务保障能力，打造"精品后勤"，树立金职后勤品牌。

不断健全餐饮服务、物业服务、商铺管理、快递服务、住宿接待、能源管理、食品安全、基本建设等规范和标准等，通过质量标准化制度运行，展示服务新貌，提升服务效能。

持续探索流程再造，打破部门、科室职能界限，形成数据在业务流转中自动流转，后部门既接受前部门的事项移交，同时监督前部门的完成质量，建立起全程跟踪、实时预警、成果把控、同频共振的合力，提升精细化管理水平。

更加充分调研教职员工对衣食住行等服务的场景和痛点，以需求为导向，构建后勤服务"一站式"系统，从碎片化、非连续服务向整体化、连续性服务转变。同时，将用户回访、服务质量考评、成本核算、工作时效管理等内容纳入闭环管理，真正形成大后勤服务新生态，依托信息化平台提升后勤服务品质。

通过精细化管理，开启服务保障新篇章，基建布局更加合理化，就餐环境更加智慧化，物业基础更加夯实化，校园生活更加普惠化，能源监测更加数据化，努力构建与学校高水平建设发展相匹配的高质量服务保障体系。

专题报告四　企业典范

国际综合设施管理的中国实践
——爱玛客服务高校年度工作报告

一、企业背景

爱玛客成立于1936年，作为全球领先的多元化服务供应商，爱玛客为北美、南美、欧洲和亚太地区21个国家，提供备受赞誉的综合设施管理和餐饮服务，员工人数达28万人，年营业额超过163亿美元。

在国际上，爱玛客是美好校园服务的缔造者，为全球超过2 500所教育机构和逾500万学生提供基于价值和成果的解决方案及最佳实践。在中国，爱玛客自1998年发展至今，拥有约4万名员工为超过500家机构提供全方位的设施管理服务和餐饮服务。在校园的后勤服务中，爱玛客紧跟"三全育人""后勤思政""服务育人"等相关指导思想，为天津大学、西南交通大学、香港科技大学广州校区、北京大学医学部、复旦大学等学校，提供极具育人典范的优质服务，坚持服务育人，并遵循以人为本、做服务之星、每天都创新的理念，专注于师生及校园体验和服务提升，为建设高质量的后勤体系和世界一流大学保驾护航。

爱玛客发展的宗旨是致力于提供高品质、专业化的服务，以此满足校园发展的多元需求，助力校园的稳定发展。同时，旨在成为中国学校后勤物业的引领者，通过持续创新和优化服务，提升校园的运营效率和师生的生活品质。

二、服务师生工作

（一）安全生产

安全对于校园后勤做好服务师生工作至关重要，正如习近平总书记所指出的"人民至上、生命至上"，后勤工作必须将师生的安全和需求放在首位。在校园后勤工作中，始终将安全置于首位，才能为师生提供优质、可靠的服务，营造一个安全、和谐的校园环境。

安全护航案例：EHS 专项审计与根因分析培训

为进一步加强公司的安全管理工作及 EHS（环境、健康与安全）体系建设，爱玛客在西南交通大学项目部组织了一场由总公司 EHS 经理主导的 EHS 专项审计。这次审计旨在检查项目部的安全管理工作和 EHS 体系实施情况，以确保员工及环境的安全与健康。

EHS 经理听取项目部的汇报，包括现场勘查风险管理、培训沟通、现场管理、承包商管理、事故管理及应急管理等方面，并通过查阅资料、面对面访谈以及现场走访等方式，对 EHS 工作进行了细致的复核审计，随后与项目部安全官召开了会议，对审计情况进行了总结复盘，同时提出了相关建议，旨在进一步完善项目部的安全管理工作。

审计和培训的结果显示，西南交通大学项目在 EHS 建设方面取得了显著成效。项目部全员积极参与危险源辨识和环境风险识别工作，通过各种手段和作业规程，将职业健康安全与环境保护落实到每一个员工身上。这种专业的工作态度和系统的管理方法，为爱玛客在服务师生过程中确保安全生产提供了坚实的保障。

（二）信息化建设

在当今数字化时代，信息化可以提高工作效率，让后勤服务更加便捷、高效，数字化可以帮助后勤人员实时掌握师生的需求和反馈，及时作出响应和处理，还能实现资源的优化配置，提高资源利用率。后勤服务企业应充分认识到信息化建设的重要性，积极推进信息化建设，以更好地服务师生，提升学校的整体管理水平和竞争力。

信息化驱动案例：与校园共建智能后勤服务

随着信息化技术的迅速发展和普及，高等院校的后勤管理正面临着转型升级的挑战与机遇。天津大学作为中国著名的高等学府，面对庞大的师生规模和复杂的后勤服务需求，先进的信息技术是提高管理效能和服务质量的重要工具。爱玛客作为全球领先的综合性服务提供商，与天津大学合作推进信息化建设，共同打造了一套高效智能的后勤服务体系，旨在提高后勤服务的透明度、响应速度和用户体验，其中CSC（Campus Service Center）中心扮演了关键角色（见图1）。

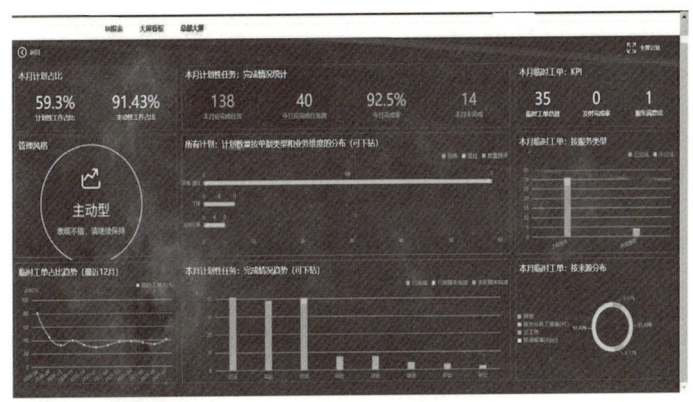

图1 信息化系统界面

CSC中心作为信息化建设的核心，利用先进的信息技术，整合了校园各个后勤服务部门的资源和信息，打造了一个统一的服务平台。CSC中心的主要功能包括信息集成与共享、智能化服务以及问题解决与反馈机制。

首先，CSC中心通过信息集成与共享，将校园内的各类后勤信息整合在一起，形成全面的数据网络，使校园内的服务信息能够实现实时共享和跨部门协作，提高了信息流畅度和工作效率。其次，借助大数据分析技术及相关智能技术，CSC中心对预测和优化后勤服务需求实现了智能分析服务，为校园师生提供更加个性化和高效的服务体验。此外，CSC中心设立了快速响应和解决问题的机制，通过在线平台，师生可以快速提交需求和反馈，后勤部门能够迅速响应和解决，提高了服务质量和用户满意度。

爱玛客在天津大学的信息化建设整合了先进技术与管理理念，构建了高效、智能的后勤服务体系，提升了校园管理水平和师生生活质量。未来，随着信息技术的不断演进，爱玛客将继续与天津大学合作，推动校园后勤服务朝着更加智能化、人性化的方向发展，为校园提供更加优质的服务和管理经验（见图2）。

图2 天津大学——爱玛客服务中心

(三) 节能减排

对于校园后勤而言,节能减排是落实加快发展方式绿色转型、实施全面节约战略的重要举措。节能减排对于校园后勤做好服务师生工作的重要性不仅是当下,更是未来实现可持续发展的必要手段。

节能新风尚案例:低碳减排,灯火辉煌

在高等教育机构中,尤其是大型校园,能源消耗和环境影响尤为突出。为应对这一挑战,西南交通大学与后勤服务合作伙伴爱玛客积极开展节能减排工作,并在教学楼LED灯更换和图书馆照明控制等方面,取得了显著成效(见图3)。

一方面,在节能减排工作中,LED灯更换是一项关键举措。传统的荧光灯耗电量大、寿命短,存在能源浪费和频繁更换的问题。爱玛客团队对西南交通大学教学楼的照明设施进行了全面调研和评估,提供了逐步将荧光灯替换为节能高效的LED灯具的方案。LED灯具具有寿命长、节能环保等优点,可以显著降

图3 修缮现场

低能源消耗和维护成本。爱玛客团队精心制定了LED灯更换方案,确保在保证照明质量的前提下,实现能源消耗的有效降低。

另一方面,针对图书馆等公共场所的照明管理,爱玛客提出了加装智能控制器的方案。通过安装定时控制器,合理调整照明设备的开启和关闭时间,避免无人区域灯光持续使用,进一步降低能耗。这种智能化的控制方式不仅节约了能源,还提升了照明管理的智能水平,为图书馆提供了更加舒适和节能的学习环境。

三、亮点工作

(一) 平安校园建设

平安校园建设是维护校园稳定的基石。校园物业后勤工作需要从校园建筑、设施、消防器械等物理层面,校园巡逻、治安管理等软服务方面,食品卫生、学生心理健康等各个角度去纵向剖析服务深度,横向链接每个服务模块,全方位地立体构建平安校园。

重大活动服务保障案例分析

随着校园规模的扩大和活动的增多,保障校园安全和顺利举办重大活动成为一项重要的挑战。除了门值保安、日常巡检外,每年也要举办各种重要活动,如学术会议、校庆活动、运动会等,这些需要精心组织和安全保障。爱玛客作为天津大学的后勤服务合作伙伴,在平安校园建设和重大活动服务保障方面也同样全方位助力。

爱玛客为天津大学重大活动提供全方位的后勤服务保障,主要包括安全巡逻与监控、人员调配、紧急应对机制以及联动服务的协调配合等关键措施。在活动期间,爱玛客增派安保人员加强校园巡逻和重要场所监控,确保安全隐患得到有效控制;合理调配后勤人员和资源,保障各项服务供应和活动进行顺利;制定完善的应急预案,针对可能发生的突发事件做好准备,保障校园安全和师生健康;与学校各部门密切合作,确保信息畅通和协调配合,提高应对突发事件的效率和水平。

在一场大型校园活动中,爱玛客将从秩序安全部门开始,进行活动的整体流程安全保障计划以及应急预案制定,并会联合设施管理部门对活动现场提前进行设施设备检查,保障活动现场安全及顺利开展;环境清洁部门会对现场进行卫生检查及排演后卫生保障的配合,保证场地清洁的同时,提高整体检查效率;而综合行政部门则是做辅助的活动支持联通,以及配合学校进行现场布置(见图4)。

图4 现场情况

爱玛客在平安校园建设案例中始终秉承"安全第一"的原则，通过专业的服务和应急能力，为学校创造安全、稳定的校园环境。

（二）绿色校园建设

绿色校园不仅仅是硬件设施的建设，更是一种全面的理念和行动，涵盖环境、能源、资源、教育等多个方面，旨在营造一个可持续发展、环保友好的校园环境。绿色校园建设有助于推动生态文明建设，落实国家节能减排政策，符合中共中央对于建设美丽中国、实现可持续发展的要求。

共创绿色未来案例

在当今社会，绿色校园建设已成为一项重要的发展战略，旨在提升校园环境质量，推动可持续发展。作为中国校园后勤服务专家，爱玛客深知绿色校园建设的重要性。爱玛客作为天津大学的后勤服务合作伙伴，也全心助力推动绿色校园建设，保障校园环境与卫生管理。

爱玛客团队在天津大学开展安全药剂的应用工作，选择无毒无害、环保高效的清洁剂和消毒剂，取代传统的化学药剂。这些安全药剂在使用过程中不会对环境和人体健康造成危害，符合绿色校园建设的理念。

青丝环保管理体系是爱玛客在天津大学推行的重要举措，该体系涵盖资源节约利用、废物减量化处理、环境监测和治理等方面，旨在最大限度地减少对自然环境的破坏和污染。这一管理体系的实施，有效提升了环保水平，为学校的可持续发展奠定了坚实基础（见图5）。

图5 爱玛客青丝体系

除了实际的环保措施,爱玛客还致力于校园环保宣传与推广工作。通过举办环保主题活动,开展宣传教育,提高师生们对环保意识的认识和重视程度。同时,爱玛客积极倡导绿色生活方式,引导校园成员改变生活习惯,共同参与环保行动(见图6)。校园环保宣传与推广工作的开展,加深了天津大学师生对环保重要性的认识,形成了良好的环保氛围和行动共识。

图6 爱玛客"垃圾寻宝"活动

爱玛客在绿色校园的建设中,践行了校园环境质量的提高,资源也得到了有效利用和节约,并大力促进师生们环保意识。绿色校园的建设不仅仅在于一个人,更是推进祖国生态化建设不可缺少的步骤,爱玛客会持续做好绿色校园建设与相关创新,为全社会的绿色发展注入更多践行及正能量。

(三)智慧校园建设

智慧校园建设有助于提升校园后勤服务的质量和效率,为师生提供更加便捷、高效、优质的服务。通过信息化技术,可以实现校园设施的智能化管理,包括能源管理、设备维护等,从而提高资源利用效率,降低运营成本;而新型智能设备的应用,则又增强学校智慧建设格局,与时俱进。

校园楼宇自控案例

校园楼宇自控服务是一种针对校园建筑设施的智能化管理系统。它通过集成各种先进的技术和设备,实现对楼宇内各类系统的自动化控制和高效管理。

爱玛客在对香港科技大学(广州)的服务中,全力支持学校实现楼宇自控,包括并不限于智能建筑BA、智能照明、能源计量与梯控等服务内容,旨在将物联网与信息化系统融合,使各个设备能够相互连接、协同工作,并对相关数据进行实时监测和分析。

如此一来，楼宇自控的智能布局优先强化了包括监控消防系统、门禁系统等楼栋安全管理，也加强了空调、电梯、照明等各种设备的设施监控，确保设备正常运行及维修的及时性；监控消防系统、门禁系统等关键安全设施的自动化控制，不仅提升了校园的安全防范能力，也为师生的人身安全保驾护航（见图7）。

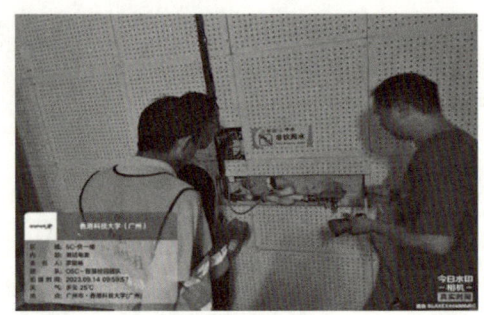

图7　现场

一方面，从信息化角度来看，通过对楼宇运行数据的汇总及分析，能为后勤服务乃至学校综合管理决策提供支持依据，并且在技术允许下，实现与校园其他管理系统进行集成共享的可能。同时，系统还实现了信息的互通有无，提高了管理效率和使用寿命。另一方面，精确监测和控制能源消耗，也能实现节能减排，降低运营成本，实现智慧校园的同时助力绿色校园建设，而能源的控制自然能减少人工操作和管理成本，提高工作效率。

在科技日新月异的现在，学校与科技接轨，与智能并行的方法和实践不仅能为师生提供更舒适高效的学习和工作环境，也为推动了教育创新和后勤创新，为学校树立起了现代化、智能化的品牌形象，进一步提高校园文化建设的新地标。

（四）服务育人

服务育人的意义在于它不仅是学校教育体系的重要组成部分，更是培养德智体美劳全面发展的社会主义建设者和接班人的关键环节。通过优质的后勤服务，爱玛客可以为学生创造良好的学习和生活环境，让他们感受到关怀与温暖，促进他们的身心健康发展，培养学生良好品德和社会责任感。

服务育人劳动第二课堂案例

在劳动节前夕，西南交通大学党委学生工作处展现了其教育创新的精神，联合后勤保障部（原后勤与基建管理处）以及校内各学院，精心组织了一场极具意义的校园劳动践行活动。

在此次活动中，爱玛客发挥了关键作用，展现出了极高的专业性。爱玛客负责劳动的专业培训，从教室墙面除胶的精细技巧、拖地的科学方法，到擦拭物品的注意事项，都进行了详尽的讲解与生动的演练。

在培训过程中，工作人员凭借丰富的经验和专业知识，耐心地向同学们传授各种实用技能，做到以身作则，亲自示范，让同学们清晰地了解每一个步骤和要点。对于教室墙面除胶这一复杂任务，保洁领班阿姨详细介绍了不同胶渍的特性以及对应的去除方法，同时强调了安全操作的重要性。

培训完成后，同学们积极投入到对教室、公共走道及公共设施的清洁打扫工作中。他们将所学的知识付诸实践，以认真负责的态度，努力创造一个整洁、舒适的学习环境（见图8）。

图8 现场

通过这次活动，爱玛客不仅展现了其在后勤服务方面的专业素养，更重要的是，以实际行动践行了服务育人的主题。让同学们在劳动中体会到团队合作的重要性，培养了他们的责任感和爱护公共环境的意识。这种服务育人的理念，将对同学们的成长产生深远的影响，使他们成为有社会责任感、懂得珍惜劳动成果的优秀人才。

四、总结与思考

回顾多年发展，爱玛客在安全管理方面做了大量工作，通过建立完善的安全生产制度和培训机制，确保校园内各项服务运作安全有序。在效率提升方面，爱玛客利用先进的信息技术，建设了智能化管理平台，实现了对校园各项服务的实时监控和数据分析，为学校提供智慧化的管理手段。通过技术创新和管理优化，爱玛客帮助学校降低了能源消耗和环境污染，积极响应国家的节能减排政策，为建设绿色校园作出贡献。

正如习近平总书记指出："教育的美，是让每一个学生在校园里都能感受到充满美好的氛围，这种美会潜移默化地影响他们的心灵。"精心的环境缔造工作、绿色低碳校园建设、师生精神世界和学校文化氛围的丰富、校园后勤智慧化建设，这些都与美丽校园建设息息相关，爱玛客在校园后勤工作中，将谨记服务育人的初心，结合我们的专业性与创新服务，为校园后勤服务可持续发展，为建设美丽校园，建设美丽中国，贡献自己的一份力量。

专注智慧餐饮建设，助力教育数字化升级
——中浦慧联信息科技（上海）有限公司年度高校服务总结

一、企业背景

（一）上市公司 科技实力雄厚

中浦慧联信息科技（上海）有限公司（以下简称"中浦慧联"）成立于2018年，注册资金1.13亿元人民币，是吉林吉大通信设计院股份有限公司（以下简称"吉大通信"）的全资子公司。母公司吉大通信成立于1985年4月，于2017年在深交所创业板上市（股票代码：300597），总部位于吉林省长春市，是吉林大学控股公司。吉大通信参与编制多项国家标准和行业标准，取得了百余项专利和百余项软件著作权，拥有吉林省信息通信技术科技创新中心。中浦慧联传承母公司吉大通信在信息技术集成领域三十余载的深厚技术沉淀和行业经验，致力于智慧食堂一站式信息化解决方案的研究与实施，是重点信用认证企业，专业从事智慧食堂产品的研发、生产、销售及实施维护等业务，目前服务范围已覆盖全国多个省、自治区、直辖市的高校、政府机关、企事业单位、社区食堂等多个场景。

（二）资质认证 引领行业标准

中浦慧联是中国教育后勤协会的会员单位，领衔制定业内首个科学指导高校智慧食堂建设的团体标准——《高校智慧食堂建设规范》（T/CAUI 003-2024）。截至目前，中浦慧联智慧食堂产品已获得6项实用新型专利、7项硬件外观专利和71项软件著作权证书，硬件产品全数通过3C认证。

（三）坚守社会主义核心价值观 助力教育数字化升级

中浦慧联始终秉持"明德、笃志、创新、共赢"的核心价值理念，其中"明

德"是根本，以德治企，肩负社会责任；"笃志"是信念，笃志前行，专注智慧餐饮建设；"创新"是方法，不断更新技术，升级智慧食堂系列产品；"共赢"是目标，立足实际，不断优化智慧食堂解决方案，推动智慧食堂走入更多校园，助力教育数字化升级。

二、服务师生

（一）响应国家政策 用科技改变校园生活

自党的十八大以来，党中央高度重视节粮减损工作，先后出台《中华人民共和国反食品浪费法》《粮食节约行动方案》等一系列重要政策措施，为强化粮食减损和制止食物浪费提供强有力的制度保障。

中浦慧联坚持问题导向，创新驱动，积极响应国家"节约粮食、反对食物浪费"的号召，精准定位粮食浪费现象高发、频发的餐饮消费环节。经过对食堂数字化运营模式开发和实践结果论证，确认智慧食堂可有效减少食物浪费。

相较于传统食堂，智慧食堂运用大数据分析与人工智能等手段为餐厅赋能，从前厅选餐、顾客就餐、后厨备餐等环节共同发力，多角度减少食物浪费。

智慧食堂可以有效解决高校传统食堂长期存在的排队久、选餐单一、结算不便、粮食浪费、食安隐患等问题，是满足师生诉求、引导健康饮食、践行绿色发展的新型数字化食堂，是科技改变校园生活的卓越成果。

（二）智慧食堂 开启校园就餐3.0时代

高校餐饮经过多年发展已迭代多次，截至目前大致可分为三个时代。1.0时代：采用人工打餐，刷卡结算模式，其显著特点是排队久、效率低、结算慢。2.0时代：采用小碗菜模式，相较以往，食堂用餐效率虽然有所提升，但小碗菜定量售餐模式仍无法解决营养摄入不均衡、菜品丰富度不高、粮食浪费频繁等问题。3.0时代：主要采用的是精准计量、无感支付模式，就餐者可按需选餐、自助控量，单餐摄入菜品丰富度极大提高，营养更均衡，有效减少食物浪费。无感支付功能取消了排队结算环节，就餐效率显著提高，深受就餐者喜爱。

智慧食堂3.0显著优势，主要体现在以下9个方面：取餐效率提高；用餐丰富度提升；顾客投诉减少；人均产能增加；订单数增加；人均单价提高；营业额提高；食物浪费减少；碳排放减少。

(三)智慧食堂 整体解决方案详细介绍

中浦慧联智慧食堂是一套基于物联网、大数据、云计算、AI智能的整体解决方案。针对传统食堂存在的选餐效率低、排队时间长、就餐种类单一、营养摄入不均衡、粮食浪费严重、运营成本高效率低、食品安全有隐患等问题,提供全覆盖就餐流程与餐饮后勤管理的一站式智能化整体解决方案。

中浦慧联自主研发的"智慧授权设备""智慧选餐设备""智慧管理系统"等系列产品构成了智慧食堂一站式解决方案的主体框架。

中浦慧联智慧授权设备(见图1),主要用于实现智能结算。该设备拥有自主专利,为一体机设计,配备高清AI识别摄像头和芯片读取模块,支持人脸识别、刷卡、扫码三种授权方式,可快速完成餐盘和就餐者的信息绑定,最终实现无感支付功能。

中浦慧联智慧选餐设备(见图2),采用自助称重模式实现菜品精准计量。该设备拥有两块基础显示屏(为业内首批双屏显示设备),可同时查看菜品信息和用户消费信息。此外,还配有防尘罩、口水罩,保障菜品不受污染;配备加热炉,长久保持菜品温度。通过传感技术采集数据与智能化数据分析系统的协同运用,达成自助选餐、自主控量、精准计量、减少浪费的效果。

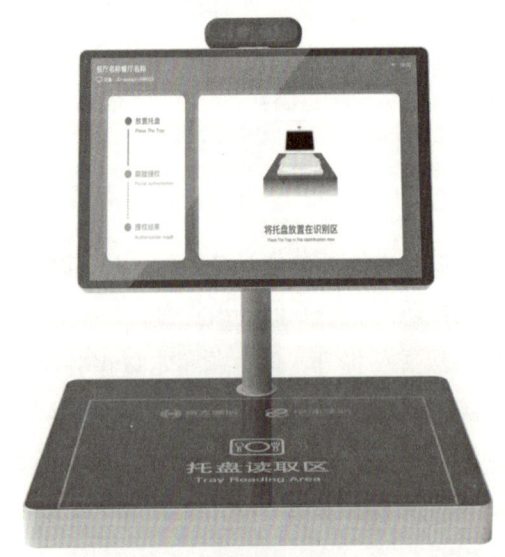

图1 中浦慧联智慧授权设备

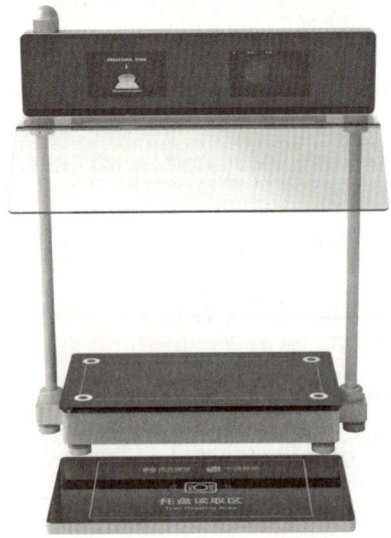

图2 中浦慧联智慧选餐设备

中浦慧联智慧管理系统(见图3)包括数据中台、多种应用功能模块、用户端和管理端。系统由中浦慧联自主研发,拥有多项软件著作权证书,代表了国内互联网数字管理平台的先进水平。其强大的数据处理能力能支撑中浦慧联智慧食堂全系列应用功能模块的平稳、顺畅运行。

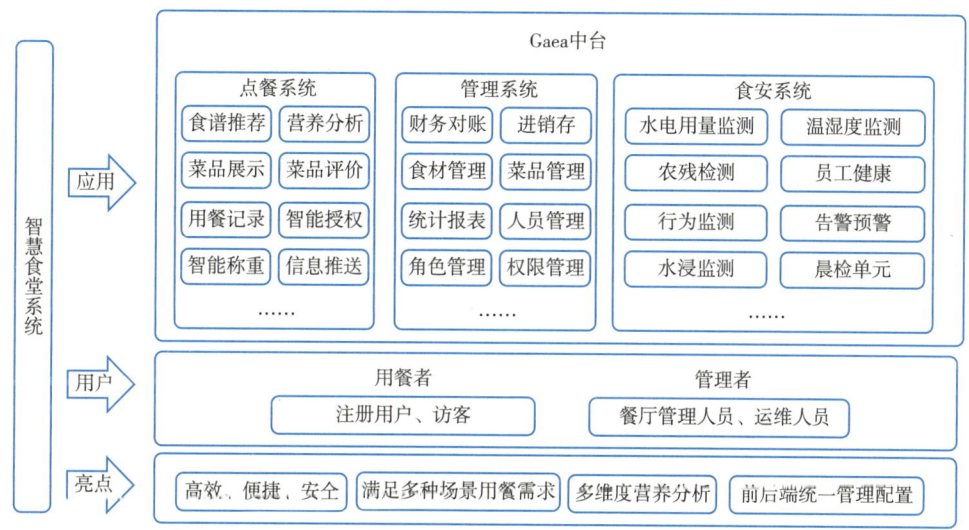

图 3　中浦慧联智慧管理系统概览图

中浦慧联智慧管理系统提供了食安监管、环境监管、明厨亮灶、健康管理、外卖管理、进销存管理、亲情号、智能运营分析等特色模块，食堂管理者及运营者可随时通过移动管理端 APP 或电脑 Web 端查看食堂日常经营管理情况，就餐者也可随时通过移动用户端 APP 或小程序查看订单、消费信息、营养分析报告、账号管理等信息。

中浦慧联智慧食堂 3.0 已广泛应用于高校、政府机关、企事业单位、社区、商业园区等多种场景。吉林大学、北京交通大学（威海校区）、上海外国语大学、哈尔滨师范大学等众多高校先后引入了中浦慧联智慧食堂系统。改造后的智慧食堂以高效便捷的服务和营养丰富的就餐体验，赢得了在校师生的一致好评。此外，中浦慧联智慧食堂系统在民政厅、烟草局、油田、电网、铁塔、顺丰园区、一汽园区、养老社区等场景也同样表现出色，赢得管理者、经营者和用餐者的广泛赞誉。

三、亮点工作

（一）助力吉林大学校园数字化升级

吉林大学是教育部直属的全国重点综合性大学，坐落于吉林省长春市。学校始建于 1946 年，1960 年被列为国家重点大学，1984 年成为首批建立研究生院的 22 所大学之一，是国家"211 工程""985 工程"和首批"双一流"大学建设高校。2021

年秋季，吉林大学正式引进中浦慧联智慧食堂项目，于2022年9月完成了朝阳校区和南岭校区的智慧食堂建设工作。

截至目前，已经完成包含中心校区、南岭校区、新民校区、和平校区、朝阳校区以及大学城校区，共计6个校区在内的食堂智慧化改造。吉大南湖校区规划于2024年完成建设，届时，吉林大学将完成在长（长春）所有校区智慧食堂的覆盖工作。吉林大学项目的成功实施，不仅为全校师生带来节约、便捷、高效、安全、舒适的用餐体验，更成为一张展现吉林大学校园数字化升级成果的亮丽名片。

（二）亮点案例 吉林大学南岭校区智慧食堂

1. 项目背景

吉林大学南岭校区坐落在长春市人民大街5988号，校园占地面积广，各种配套设施齐全。校区现有机械与航空航天工程学院、汽车工程学院、材料科学与工程学院、交通学院、管理学院、生物与农业工程学院、通信工程学院共七个学院。食堂就餐人数众多，就餐服务难度大，传统食堂模式排队久、结算慢、菜品单一，不再适应新时代师生的就餐需求，致使食堂客流流失，营业额下降，师生满意度也随之降低。

2. 项目概述

2022年7月，为适应新时期大学食堂建设的新需求，吉林大学与吉大通信&中浦慧联再次合作，对南岭校区食堂进行了整体升级改造。改造后的智慧食堂采用称重计量模式，展现了自主选餐、按量计价、自动结算、无感支付、安全高效、营养健康的新风貌。

3. 项目建设

项目于2022年7月启动，历时30天，于2022年8月交付使用。吉林大学南岭校区智慧食堂餐厅面积1 500平方米，配备中浦慧联智慧授权设备4台、智慧选餐设备80台，可容纳4 500人次就餐（见图4至图7）。

图4 吉林大学南岭智慧食堂内部实拍图

图5 吉林大学南岭智慧食堂内部实拍图

图6 吉林大学南岭智慧食堂内部实拍图

图7 吉林大学南岭智慧食堂内部实拍图

中浦慧联为吉林大学南岭校区智慧食堂提供了全面升级改造方案，不仅通过智能设备和管理系统解决了过往食堂排队久、菜品单一等问题，更为同学们提供了宽敞明亮的就餐环境、自由便捷的就餐流程，彻底改变了传统食堂严重依赖一卡通的就餐模式（见图8、图9）。

图8 吉林大学南岭智慧食堂用餐高峰实拍图

图9 吉林大学南岭智慧食堂学生选餐实拍图

中浦慧联自有交付实施团队，仅用30天时间便高质量完成项目建设施工，项目运行至今始终保持平稳顺畅，中浦慧联的服务工作也因此得到学校后勤管理者的高度评价。

4. 项目成果

吉林大学南岭校区食堂经过全面升级改造后，在客流量、经营管理效率、节约减排、师生满意效果等方面均取得显著效果：

（1）智慧食堂较改造前在营业额、客流量方面翻一番。

（2）由于工作效率的提高，智慧食堂人均产能显著提高，较之前增长90%以上。

（3）在取餐效率方面，改造前平均每人打一道菜需要65秒，改造后平均每人打一道菜只需要35秒，取餐效率提高45%以上。

（4）在用餐丰富度方面，改造前平均每人每餐食用3~4道菜，改造后平均每人每餐可食用6~8道菜，用餐丰富度提高80%以上。

（5）在餐余垃圾减排方面，改造前平均每天产生4桶餐余垃圾，改造后平均每天产生餐余垃圾不足半桶，食物浪费量减少90%以上。根据中浦慧联数据测算，以1 000人大学食堂为例，改造为称重智慧食堂后，每年可减排餐余垃圾约100吨。

（6）在师生满意度方面，改造后的吉林大学南岭校区智慧食堂客流大幅增加，顾客投诉减少。

四、总结与思考

（一）成绩代表过去 实力创造未来

中浦慧联始终坚信"人才培养"与"科技创新"是企业持续发展的关键，每年投入大量资金用于研发，为企业的创新发展提供源源不断的动力。同时，公司持续引进优秀人才，已建成一支近百人的研发团队，在行业内处于领先地位。

中浦慧联以智慧食堂为切入点，为客户提供全方位的综合解决方案。精研慎思，严格把关产品每一处细节，旨在为客户提供最优质的产品体验。在优化智慧食堂综合解决方案的过程中，中浦慧联充分展示了强大的研发实力和敏锐的市场洞察力，凭借卓越的建设成果，赢得了社会各界广泛好评。

成绩代表过去，实力创造未来！

中浦慧联将持续深耕，不断创新发展，持续优化智慧食堂综合解决方案，最大限度满足客户需求，为客户提供最前沿的技术支持与服务。

中浦慧联将持续与更多校、企开展线下交流，努力促进智慧食堂在更多领域落地。着力打通行业壁垒，整合行业资源，积极与上下游产业链开展合作，携手推进校园食堂数字化全面升级。

（二）坚持技术创新 助力教育升级

"道阻且长，行则将至。"中浦慧联将矢志不渝，坚持自主创新，持续优化升级智慧食堂数字化智慧产品，专注智慧餐饮建设，为餐饮信息化和教育高质量发展贡献力量，为我国教育事业全面实现数字化转型升级而不懈努力！

快递为基，服务为本，打造校园美好生活
——近邻宝科技有限公司年度高校服务总结

近邻宝科技有限公司是中科富创集团控股子公司，是一家基于移动互联网、云计算、大数据及智能终端技术，集技术研发、系统集成、投资运营于一体，富有创新性的资本和技术驱动型企业。

公司致力于为高校提供专业的物流最后一公里解决方案。自2014年开始为北京林业大学提供校园快递服务，从而开启了中国高校快递服务新业态。公司参与起草校园快递服务站建设与服务规范团体标准，历经十年的发展，探索出校园快递建设和服务的新篇章。

一、企业背景：近邻宝，打造高校快递服务品牌

公司自成立伊始，就以"让物流更顺畅、生活更便利"为使命，依托创始团队丰富的物流自动化和信息化研发、集成及项目背景，经历和引领了全国邮政、医药、图书、烟草等多个行业物流配送体系自动化、信息化建设，并在原有系统技术基础上，持续高投入研发以末端智慧物流、智慧校园应用为核心的技术及产品。公司已进入北京、上海、天津、河北、河南、山东、山西、辽宁、内蒙古、湖北、湖南、广西、广东、陕西、甘肃、四川、福建、新疆及贵州等20余个省市，并在上述省市设有子公司。

公司秉承快递为基，服务为本，全面打造"书香快递"的服务理念，为500多所高校提供了具有其学校特色的定制化物流解决方案。目前，近邻宝已服务清华大学、北京大学、山东大学、厦门大学、南京大学、东南大学、南开大学、天津大学、东北大学、中南大学、兰州大学、中国农业大学、北京师范大学、北京航空航天大学、中央民族大学、北京理工大学、哈尔滨工业大学、中国科学技术大学、西北工业大学等众多高校，是目前国内服务重点高校最多的第三方快递服务品牌。

二、服务师生：快递为基，打造后勤服务新业态

公司在山东大学（中心校区）按照后勤保障部提质增效要求，全力支撑学校"由大到强"历史性转变，献礼山东大学120周年校庆，提升校园快递服务质量，增强快递生活满意度、师生幸福感和获得感，秉承服务育人、环境育人、"三全育人"的理念，打造科技快递、书香快递、绿色快递、人文快递，建设校园快递综合服务新平台。校园快递综合服务中心占地面积1250平方米，功能布局分为200余平方米的快递服务大厅、智能柜体区域、接驳分拣大厅、物流实训体验基地、书香快递文化走廊、综合配套服务六大部分。

快递服务中心秉承"公共、公益、公平"原则，以科技为引领、以育人为导向，利用信息化管理手段，打造校园快递末端智慧平台，解决了校园物流配送"最后一公里"的难题，改善了校园快递生态，为师生提供了更安全、便捷、高效的快递服务，得到了媒体及社会的广泛关注。通过对中心校区校园快递综合服务中心升级改造，前瞻性瞄准快递综合服务、校园快餐外卖智能配送、校内二手书籍交换等后勤服务新业态的发展趋势，打造后勤服务新业态。凸显快递"安全·科技·绿色·育人"内涵，努力打造书香快递、科技快递、人文快递、绿色快递，积极创建高校校园快递综合服务旗舰店。

（一）综合服务大厅

近邻宝山东大学快递综合服务中心外形建设以山东大学校徽灵感而发。山东大学校徽以象形文字"山"字和"大"字为设计基本元素，运用现代变形手法进行变化。"山"字变形具有上升态势，寓意山东大学不断发展，努力创建世界一流大学；底部是"大"字变形，像浩瀚大海，寓意学海无涯。"山""海"一体，极易使人联想到"书山有路勤为径，学海无涯苦作舟"，表现山东大学师生勤奋求知，勇攀科学高峰的精神。同时，又强调"山之魂，海之韵"的大学文化。综合服务大厅内有接待前台、荣誉墙、循环时光角等布局（见图1）。

（二）无接触式智能快递柜

公司自主研发的近邻宝智能快递柜，为了满足校园场景的使用，现已升级至6.1版本，通过大数据进行分析校园同学快件使用情况，进行大中小格口的调整充分利

图 1　近邻宝山东大学快递综合服务中心

用。山东大学快递服务中心实现 95% 以上的快递进行投递智能快递柜，学生凭微信一键开箱取件，减少接触，无须排队（见图 2）。

图 2　无接触式智能快递柜

（三）书香快递文化长廊

公司为山东大学中心校区打造的书香快递文化走廊，师生取件的同时感受党建文化、校园文化、快递文化。通过文化长廊不同展板的展示，推动党史学习教育走深走实，积极引导广大党员干部切实把党史学习教育成果转化为推动工作开展的不竭动力，"学党史、悟思想、办实事、开新局"，让师生真切感受到党史学习教育给生活带来的新变化，体会后勤工作的新进步。科技创造效率，文化重塑快递（见图 3）。

图 3　书香快递文化长廊

（四）近邻益学主题生活服务区

近邻益学便利工坊响应了新业态服务综合建设、为民办实事的号召。近邻宝快递综合服务中心在规划中积极与师生沟通交流，想师生之所想，做师生之所愿。近邻益学便利工坊返聘原山大缝纫组阿姨为师生免费进行缝补衣物，提供青年志愿岗岗位学习制作奶茶冷饮，提供书吧角落，打造循环书籍流转大四毕业生的学习资料供学弟学妹们传阅，提供干洗服务平台传递干洗服务，线上水果选购，手机配件贴膜等服务（见图4）。

（五）近邻时光循环角——绿色快递回收

近邻时光循环角打造绿色快递，倡导绿色包装、绿色回收理念，将废弃纸盒、物资进行循环使用。学生利用小程序或手机号登录，投递纸品、纺织品、塑料和金属至设备对应的投口，设备自动称重，学生获得相应积分。积分可以兑换各类学习用品、生活用品；享受各类共享服务。分类领环保值，上传参与垃圾分类行动的照片，可获得2~100环保值。加入环保志愿者行动，可以根据贡献程度获得环保值。参与再生资源回收、商品循环使用活动，按照交易金额获得对应环保值。宣传垃圾分类，低碳生活行动，可获得环保值（见图5）。

图4 近邻益学主题生活服务区

图5 近邻时光循环角——绿色快递回收

（六）践行"三全育人"建设

校园快递提供实训体验基地，能积极构建第一课堂和第二课堂有机衔接的劳动教育体系，使其成为提升在校大学生劳动素养的生动载体。同时，在遵循学生成长规律、把握学生个性特点的基础上，将劳动教育与校园文化相结合，在校园快递服务开辟劳动育人示范岗，积极探索创造具有本地特征、校园特色和学生特点的劳动教育活动形式。

全面贯彻创新、协调、绿色、开放、共享的新发展理念，塑造富有文化内涵和历史传承的景观、地标，提高师生的审美和人文素养。

凸显快递"劳动育人"功能。拓宽劳动育人途径，培养学生勤俭、奋斗、创新、奉献的劳动精神，发挥快递树德、增智、强体、育美的综合育人功能，助力学生德智体美劳全面发展和成长（见图6）。

图6 践行"三全育人"建设

近邻宝与属地邮政管理局长期举办"邮来已久，绿动未来"活动，通过在校园快递综合服务中心投放智能回收箱，引导并宣传环保理念，鼓励学生使用可降解包装，倡导师生进行包装箱的回收与二次利用，建设绿色快递，共建绿色校园，让同学们树立绿色环保意识，助力全社会共同推进绿色低碳循环发展，从而对学生能较好地起到环保育人的教育作用（见图7）。

图 7 "邮来已久，绿动未来"活动

三、亮点工作：书香快递，共建平安绿色智慧校园

近邻宝自创业之初，就发自内心以信息化、自动化技术来改变快递这个劳动密集型行业，不断提高行业效能，以文化促进快递业态的改变，在校园建设带有书香味道的快递站，为师生提供有文明，有文化的服务，几年来初心不改，使命不忘。

书香快递：近邻宝一站式解决方案，集中解决管理快递校园最后一公里配送的问题，围绕校园安全、科技、人文、绿色、育人五大服务理念，与校方携手共同创造校园快递服务的新模式、新目标、新征程。

（一）校企密切合作，做好安全防控

校园安全是学校管理的重中之重，而快递服务也是校园安全当中必不可少的重要一环，其中涉及消防安全、寄递安全、信息安全、服务安全、反恐维稳、卫生防疫等多个板块和安全防护防控方向。

传统的摆地摊和货架模式，所有个人信息在没有任何保护措施的情况下可以随意被人获取，而通过统一的快递智能服务中心配合智能快件箱自提服务，快件与各快递公司登记交接并投递到智能快件箱，智能综合系统平台自动对每个收件人发送取件密码等信息，收件人凭密码自行随时领取，或者凭借收件人本人手机上的 APP 软件或微信公众号，实现"一键取件"的超便捷取件模式，杜绝信息泄露的风险，提升了个人信息的安全性和私密性。网络安全、系统数据安全与用户信息安全不仅关系到公司正常业务的开展，还将影响国家安全、社会稳定。公司研发的快递云平台管理系统，依照 IOS27001 信息安全管理系统认证，以其严格的审查标准和权威的认证体系，针对信息安全中的系统漏洞、黑客入侵、病毒感染等内容进行保护。为

确保系统数据安全以及用户信息安全，公司从问题根源上将企业信息安全分布于技术、人员和管理等多个层面，并将每一个层面进行统一规划，建立相应的公司内部信息安全体系，并最终落实到管理措施和技术措施方面。

通过信息安全体系的建立与实施，建立安全组织。从技术上进行安全审计、内外网隔离，通过智能快递柜、智能快递柜管理系统、公司业务系统、全国连锁店运营管理系统等多个安全产品的部署，以及信息安全体系和相应的物理环境建设和业务连续性的建设，公司已经建设成为一个注重管理、预防为主、防治结合、以流程为导向的先进型技术企业。公司与北京邮电大学成立联合实验室，进行智能快件箱及后台管理系统研发。公司也是国内首家将ISO9001质量管理体系、信息安全管理体系运用于高校校园快递管理的公司。

（二）科技创造效率，不断技术升级

"近邻宝校园物流服务中心"采用一站式解决方案，集中解决管理快递校园最后一公里配送的问题。快递运营管理全链路系统解决方案依托于快递公司的订单信息，通过与各家快递公司、电商企业系统平台数据打通，以及国家邮政局邮政业安全中心安易递管理平台数据对接，可以精准地实现校园快递每日大数据分析与全链路管理。

1. 快递行业数据分析与预测能力

通过对快递包裹的大数据分析和全链路系统管理，除可以对历年快递业务量及增长率作出准确预测以外，还可以针对校园快递包裹数量，作出历年来的数据分析与预测。随着各家快递公司纷纷上市，中小快递企业承载能力、覆盖能力、服务水平在愈加激烈的市场竞争中面临巨大挑战，一些规模较小的快递企业已经逐步退出历史的舞台。在校园包裹数量逐年提升的情况下，以加盟模式为主要经营思路的传统快递公司和以直营模式的顺丰和京东校园包裹数量递增也尤为明显。

2. 主流电商及快递企业数据互通、加大整合力度

通过近邻宝快递运营管理的全链路系统解决方案，公司以自身资源优势，作为校园快递服务第三方平台，不带有任何电商、快递企业标签，没有站队到上述三足鼎立格局中任意一方体系内，而是打造了一个公平、公正、公开化的校园快递服务平台，并且与拼多多、京东、顺丰、中通、韵达、圆通、申通、百世汇通全部做到系统打通，实现数据对接，实现快递全链路查询。目前，公司是校园快递第三方平台当中掌握校园快递数据最丰富的公司之一。

3. 可视化校园快递服务监测平台

经过因地制宜的本土化功能扩展，针对校园用户圈，提出具有有序集中管理、标准短信通知、批量投递操作、线上实时查询、网络寄件跟踪、线下一件开箱、送货上门平台等优势的全链路系统解决方案，并为服务的学校提供了可视化校园快递服务监测公共平台。

图 8 为公司为高校校园快递服务相关主管部门建设的可视化校园快递服务监测平台和校内办公室实景照片。

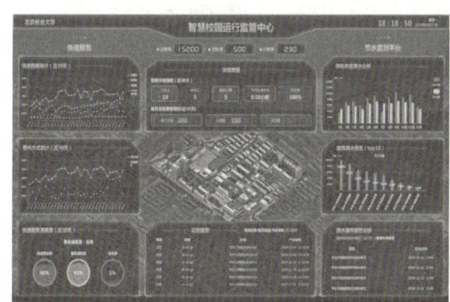

图 8　可视化校园快递服务监测平台

4. 移动端云监控平台

配合可视化校园快递服务监测平台，公司还为校方配套了移动端云监控平台。该平台是公司掌管各高校快递服务中心视频监控的核心，也是公司对分布在全国各个门店内，对日常服务情况监管的有效工具，能够实现远程店铺巡查。整套监控平台可以对进入学校的每一件快递进行全流程监控和视频追溯服务。快递包裹在进入快递服务中心之后，从包裹的接驳、分拣、投递到智能快递柜或者货架，到用户取走包裹会进行全流程监控，并且可以根据包裹单号进行检索查询该包裹的投递和取走的前后视频录像，方便门店对包裹因丢失破损所带来的客户投诉及时处理。

（三）关注资源保护，倡导节能环保

2018 年 1 月，《国务院办公厅关于推进电子商务与快递物流协同发展的意见》发布，强调强化绿色理念，促进资源集约，推广绿色包装，推动绿色运输与配送。近邻宝作为这项工作的践行者，运用"专业的服务人员 + 服务中心 + 快递自提柜"模式，整合绝大部分快递资源，为师生用邮提供了极大的便利。2022 年 "双十一" 期间近邻宝在北京大学、北京林业大学、邢台学院等高校开展了 "绿色快递百校行动" 活动（见图 9）。

图9　近邻宝参与协办首届绿色快递进高校活动

借"双十一"购物节的物流高峰契机,北京林业大学总务处与学生社团山诺会和绿手指协会合作,引入近邻宝包装品回收机,并于2022年11月19日、20日开展现场宣传活动,在近邻宝物流服务中心引导师生将快递包装投递进包装品回收机,并对顺利完成投递的参与者给予奖励,普及垃圾分类的知识、增强师生的环保意识(见图10)。

2022年11月27日,近邻宝河北子公司与邢台邮管局、邢台学院以及当地快递企业联合在近邻宝邢台学院店举办了"绿色快递宣传周"的宣传推广活动,并进行了现场签名,倡导"共建和谐绿色快递通道,节能减排、重复利用,从点滴做起"切实履行国家的指导政策。

图10　北京林业大学绿色快递宣传活动

（四）服务育人并重，实习实训创新

随着国民经济的飞速发展，以及移动互联网的迅速普及，电子商务逐渐成为经济增长的新亮点，并推动快递业持续快速发展。电子商务与快递物流协同发展的重要性日益凸显。与此同时，传统快递物流模式、业态和技术已无法适应新型电子商务的发展需要，随着大数据技术、移动技术、自动化技术、智能物流终端装备等现代物流信息技术手段和装备的成熟应用，快递物流正逐步朝着系统化、智能化、信息化的方向发展。

"互联网+物流"正在从技术、设备、商业模式等诸多方面改变传统物流业的运作方式和效率水平。在"互联网+"时代，"互联网+物流"必将创造出物流新业态，为快递物流业带来更多新机遇，同时也对"互联网+物流"人才提出更多新要求。具体而言，在校园指定位置建设以智能快递柜为依托的校园物流服务中心作为实训基地，构建电子商务和快递收发平台，为学生集实习、就业、创业于一体的一站式解决方案。

公司依托现有全国高校快递末端服务场景，帮助在校大学生在以智能快递柜为基础的校园物流中心，学生可以在校园电商快递平台开展实践演练，开展电子商务平台运营及快递公司货物接驳、分拣、投递、盘点、维护及问题件处理、店面人员管理等实际运营工作，使学生能尽早与现代化物流市场接轨，培养运营管理能力，提高就业竞争力，缩短工作适应期。

在实习就业方面，开办校园比赛、企业课堂、沙龙、投资路演、企业开放日、企业实习、种子计划、精英夏令营等多元活动和项目，使学生更早更深地接触企业、丰富经历和提升自己的职业素质。

在创新创业方面，开办创新创业大赛，鼓励学生开展系列创新创业活动，包括编制商业计划书、撰写创业报告、模拟企业商业运营、开发创新性产品或服务等，培养学生的创新创业能力，满足"互联网+"背景下创新型物流人才的需求。

四、总结与思考

（一）安全——安全重于泰山 共建平安校园

近邻宝对于安全一直遵行着安全无小事，防患于未然，做好校园快递安全的防火墙的宗旨。制定完备的消防、交通、人员、寄递、信息、疫情防控等安全制度和

应急预案。强化消防教育，定期进行消防演习。严格管理快递车辆，遵照学校规定的运送路径、时间、限速行驶。严格收寄信息保密制度，确保信息不泄露、不违规使用。配置全覆盖的视频监控系统，严格履行邮政、公安等管理部门要求的"三个百分百"寄递原则（实名寄递、开箱试检、全部安检），确保进入校园的每一件快递都是安全的，寄出的每一件快递都是合法的。

（二）服务——师生为重 服务为本

近邻宝对于服务秉承着师生至上、服务至周的原则。提供取件、寄件标准化专业服务，强化"6S"店面管理标准。实行规范化的工作机制，全面提高工作人员的工作积极性与主动性。配备专职人员和专属配送车辆，统一着装，规范服务，安全行驶。实行先行赔付制度，第一时间确保用户利益，针对开学季、毕业季、"双十一"等特殊时期，制定完备的预案体系，开展"极速取件"等活动，为师生提供贴心、便利的快递服务。利用大数据技术对用户精准画像，实现快递个性化服务。

（三）科技——科技创造效率 融建智慧校园

科技使校园快递更高效、更便捷、更贴心。近邻宝重视科研，不断创新。自主研发的智能快递柜、自动分拣设备、图像识别设备、高拍仪、智能货架、无人车等产品和业内首创批量开箱、批量投递、批量盘点、手机遥控一键开箱等领先技术，将科技元素融入师生服务中。用智能化、信息化手段，解决校园末端"最后一公里"快递配送问题，打造"智慧快递"。

（四）绿色——倡导环保理念 共建绿色校园

知山知水，环保先行，近邻有责。近邻宝一直倡导"绿色化、减量化、可循环、可降解"的快递绿色环保理念。配置自主研发的快递包装物、填充物回收箱，回收纸箱并重复利用。开展近邻宝"绿色快递百校行"活动，增强师生环保意识，共同践行绿色行动。循环利用一切可再生资源，建设绿色校园从近邻宝做起。

（五）人文——文化引领服务 打造"书香快递"

近邻宝树立"树木树人、以文化人"的服务理念。快递服务中心是同学们勤工俭学、实习实训的平台，还可为创新创业团队提供支持。作为校园快递行业的引领者，不断改善店面环境，提升快递服务中心工作人员素质素养。遵循管理育人、环境育人、服务育人原则，打造一个充满"书香快递"文化气息的校园快递服务中心。

服务双措并举　摹绘新宇长路
——浙大新宇集团年度高校服务总结

一、漫漫廿余载，自"拓荒"迈向"领跑"

浙江浙大新宇集团有限公司（以下简称"浙大新宇"）成立于 2000 年 1 月，是伴随中国高校后勤社会化改革成长发展的高校园区服务商。自成立以来，浙大新宇基于新时代校园生活新需求，秉持"智育美好 宇同行"的品牌理念赋能管理服务，创新校园服务管理模式，不断延伸服务内涵，致力于满足广大师生对校园生活的多样化需求，成功打造"宇林校园服务生态"，重点聚焦高校园区综合服务，构建以公寓服务、物业服务、餐饮服务、商贸服务的业务发展矩阵，全力构筑新时代美好校园生活。截至 2024 年 4 月，浙大新宇的业务版图已覆盖至全国 17 个省份、39 座城市、280 余个高校园区，为 200 余万师生及客户提供综合服务。

2023 年，浙大新宇专注高校赛道，坚持"一心、一轴、多点"的市场战略，成功实现以中国农业大学、中国矿业大学、苏州城市学院等高校项目为代表的有质量的规模增长，以持续向好的发展态势巩固高校、公建、园区等多元化服务业态布局并取得显著成果，荣膺"2023 中国学校物业服务领先企业 TOP1""2023 中国学校物业服务力 TOP1""政府采购百强物业管理服务商""中国物业服务企业综合实力百强""浙江省物业服务信用 AAA 级企业""中国团餐企业百强"等近三十项企业荣誉，收获来自政府、行业协会、行业权威机构与社会各界的一致认可，以高品质服务巩固了高校园区服务商的领先地位，社会影响力和品牌美誉度与日俱增（见图 1）。

走过从"专业化"到"多元化"的不凡历程，从"拓荒者"迈向"领跑者"的崭新征程，浙大新宇在时间的刻度里书写赓续奋进的荣光，以实干笃行承载可信可期的未来。

图 1　浙大新宇所服务的部分高校

二、双线并进，完善"管理"与"育人"并举

自成立之初，浙大新宇先后获取高校后勤服务以及高校餐饮业务资质，迅速开启多元业务发展。以倡导"管理"与"育人"并举作为高校后勤服务的价值依归，浙大新宇在立足高校、双线发展的征途中进一步推进面向师生的业务优化及产品建设，走出步履坚定、成绩斐然的"服务育人"之路。

（一）迭代服务产品，聚焦学生成长

2021年，浙大新宇焕新品牌，以"智育美好 宇同行"的品牌理念赋能管理服务，发布首个针对"校园后勤服务"研发的"宇林校园服务生态"，从住、食、行、知四大维度，为高校师生提供校园360度的全周期服务，全面满足师生多样化校园生活需求，构建了持续生长、自成闭环的校园服务生态价值链；形成以品质服务为基础、以"YU+成长"为核心、以多彩生活为特色、以智慧校园为驱动的全新服务生态。

根据教育园区属性，浙大新宇匠心打造"YU+成长"产品服务，将"全员育人、全过程育人、全方位育人"理念融入日常管理服务全过程，开创出一条育人服务与后勤保障相结合的管理模式。

2023年5月，浙大新宇以体系化、产品化、品牌化的思维持续打磨服务力，迭代升级产品，进一步丰富"YU+成长"产品的服务内涵，开创与学生素质教育、行为养成有效结合的运行产品体系和场景解决方案，推出包含"育人场景打

造、主题文明教育、行为养成教育、校园文化活动、文明评优评比"等系列的"育人升级服务产品",致力为师生营造更加温馨、温暖、温情的美好校园生活（见图2）。

图 2　宇林校园服务生态

1. 开展"YU+思想"系列活动

浙大新宇积极开展文明主题教育，其中包含安全教育、节能降耗、控烟禁烟、垃圾分类以及文明离校教育，将对人文素质培养等日常教育引导渗透到校园学习和生活的方方面面，培养学生的自我教育、自我管理、自我服务能力。例如，通过开设党建活动平台，在"党员之家"宣传社会主义核心价值观，完善学生党政教育、思政教育，为学生提供良好的实践基地；设立"学长风采"墙、文化墙等，宣传中华优秀文化典型事迹、安全案例等，促进学生良好行为的养成，传递正能量。

在此基础上，浙大新宇还积极响应教育部"学校垃圾分类知识普及率要达到100%"的目标要求，在学生公寓楼配备垃圾分类专门区域，带动学生一同倡导绿色环保；积极推进校园节能降耗工作和建立节约型校园建设，开展节能降耗主题的系列活动，大力宣传节约意识，举办专题讲座，组织科普活动，发放宣传资料，让学生深切地了解到节能减排、低碳生活的重要性和长远性。

2. 开展"YU+文化"系列活动

浙大新宇以"弘德、育己、求美"为宗旨，将管理服务寓于校园文化活动之中，通过将大型集中活动与分散活动相结合、主题活动与阶段活动相结合，每年与学生社团联合开展爱国卫生月、毕业生跳蚤市场、119消防安全宣传周、校园文化节寝室吉尼斯、新年游园会、楼间篮球赛等喜闻乐见的文化活动。

此外，浙大新宇还鼓励学生自主成立公寓自治组织，通过拓展学生沟通渠道，实现管理最优化，达到信访量逐年减少、师生满意度持续提升的优秀成果。

3. 升级发布"YU+智慧服务产品"

探索数智赋能下的校园后勤管理发展新路径，是拥抱时代机遇、锚定国家战略的重要议题。长期以来，浙大新宇持续追求以"顾客接受""顾客满意""顾客感动"为核心的三重服务境界，延伸打造具备"专业化""标准化"和"智慧化"的三项管理手段，进一步实现多场景赋能，为学校提供数字化、智能化的解决方案，构建包含云平台、网上自助、数字检测登记与考评系统等系列一体化数字化运营服务，同时增强数智技术对教学育人、资源循环的作用，完善智慧楼宇服务新模式、智慧水源循环系统等设施建设，以综合的全局思维提升高校后勤及餐饮业务综合管理的数字化水平。

（二）恪守工匠精神，铸造品质团餐

以运营浙江警官职业学院美食城为标志，自2002年起，浙大新宇正式步入餐饮业务领域。至2023年末，浙大新宇已凭借领先行业的综合实力、专业的团餐服务能力、前沿的数智赋能等优势位列"2023浙江年度团餐企业TOP7"，连续七年蝉联"中国团餐企业百强"，走出了一条打响"新宇"品牌的特色化、连锁化、规模化经营发展之路。

1. 蓄力突破，科技纵深赋能

遵循"深度融入数字化改革、教育数字化浪潮"的行业协会指导，浙大新宇将数字化、智能化、现代化作为新宇团餐业务的发展主线，大力构建以企业为主体、市场为导向、产学研相结合的技术创新体系，切实增强餐饮业务自主创新能力。

目前，浙大新宇在透明监督厨房、灵活手机移动支付、智能餐盘计价、快捷人脸识别结算等智慧餐饮的设施建设基础上优化革新智能备餐、食安监管、营养分析以及自动化洗消等数字化综合解决方案，代表着浙大新宇已在团餐方向上跨越"单业务环节数字化转型"逐步转向"全面数字化转型"，在夯实后勤服务的同时用科技手段为团餐行业升级增速。

2. 厚植食育，打响特色品牌

通过把握高校性质，浙大新宇秉承"以食启智，以食育人"的餐饮服务理念，

将具备指导性、多元性、趣味性与专业性的食育内容寓于日常餐饮管理服务中,培养高校学生良好的饮食习惯。以在食堂醒目位置张贴"厉行节约、反对浪费""光盘行动"等宣传标语为基础,通过陆续展开针对学生思想教育的餐饮资源节约倡导举措,形成包含"绿色团餐""残食分类""绿色生活"的有效宣传路径,浙大新宇倡导师生积极参加"光盘打卡"活动,营造高校餐饮勤俭节约的良好社会风气。

此外,积极开展以传统节日为时间线的各项美食活动,组建面向校内学生的餐饮制作"一日体验",各项目管理团队以行动熏陶学子,建立健全"节约粮食"的宣传教育途径和形式,将"绿色低碳、节约资源"的宣传教育纳入餐饮常规工作,运用"劳动育人"协同工作丰富学生日常课外生活与"食育"文化品格,加强对其的身心健康培育深度。

3. 品质为重,完善安全体系

常年以来,浙大新宇始终严格部署"标准、精细、规范"一体化式管理,建立横向"餐前预先控制—餐中现场控制—餐后反馈控制",纵向"总部—区域—食堂"三级安全监控体系的"双轴式"运营管理内控评价体系,为真正实现前中后台一体化管理的餐饮高质量发展持续领跑。

目前,新宇餐饮已落实"5常、6T、7S现场管理"以及色标管理,集成HACCP食品安全体系、ISO质量、环境、职业健康等30余项体系认证,全面贯彻餐饮从原料到生产成品的专业检验管控;创设"运输—入校—上桌"三点盖面的严格进校机制,多维统筹出品质量,全覆盖式检测食品安全风险直至生产链末端,真正成就了"新宇式"放心校园餐。

三、深耕行业,尽显高校服务中坚力量之风采

(一)创新校园服务生态,构筑"YU+服务产品体系"

秉持"体系化、产品化、品牌化"的业务运营思维,浙大新宇纵深迭代,全面升级服务产品,在已有"YU+智慧校园服务产品""YU+育人升级服务产品"的基础上开展系统性搭建,逐步推行"YU+增值服务产品""YU+公寓服务产品"等全新产品内容,构建覆盖校园生活全周期、全方位的"YU+服务产品体系",进一步拓宽"YU+"服务产品框架,实现多场景赋能的一站式校园服务解决方案,为师生带来更美好的校园生活(见图3)。

图 3　YU＋服务产品体系

（二）护航杭州亚运保障，以品质服务共建城市美好

2023 年 9 月，杭州国际亚运会开幕，浙大新宇作为此次亚运会的后勤保障单位之一被委以重任，协助管理支持多项亚运会保障项目，其中包含杭州亚运会安保联勤指挥部以及多所高校使用场馆的安保运营、校区与生活区的运动员住宿保障以及亚运志愿者安排工作，校园物业团队、工程维保团队、运营团队也全程投入各项赛事服务和保障中，根据赛时、动线、人员数目安排等打造的全面计划。

为落实"迎亚运"环境品质提升行动总体部署，浙大新宇各亚运后勤服务小组对维护场馆进行类别划分，按照"从严从紧、一丝不苟"的原则分区清扫；同时，浙大新宇安保卫队看齐"部队"标准，具备及时处理突发事件、系统保障物资安全、定点定时严格开展巡逻的高素质、高效率；根据各项突发事件应急备案，针对各保障区域的排水、用电、消防等设备进行多次测试、反复演练，确保赛事期间设施设备运行通畅；浙大新宇还从接待、场地改造验收、方案制定、应急演练、物资搬运与发放、消杀、转运等环节为"小青荷"志愿者保驾护航，并提供全方位、多元化的贴心服务，营造良好的学习与体验环境。

此次亚运会保障工作成为了赛事背后奋勇的中坚力量，浙大新宇两大服务项目获得第五届杭州市"最美物业人"称号，展现出"奉献社会、创造价值"的社会使命、"共建城市美好"的责任与担当（见图 4）。

（三）深耕后勤行业建设，充分履行社会服务职能

身兼中国教育后勤协会学生公寓管理专业委员会副主任兼秘书长单位、中国物业管理协会产学研专委会副主任单位、浙江省餐饮行业协会团餐委员会副理事长单

图4 第五届杭州市"最美物业人"颁奖现场

位等多项协会职务,浙大新宇在2023年主动投身各项行业建设,积极参与中国教育后勤博览会、中国物博会等国际性行业展会,携手各界链接产业链资源,共同搭建"双碳"目标下的行业新布局;牵头组织全国高校公寓高质量发展论坛、全国寓专会二届二次委员大会等大型行业会议,举办全国高校学生公寓标准化与创新研修班、全国高校学生公寓安全管理培训班等行业培训;参与浙江省餐饮行业协会开展"浙江团餐新力量2023大调研""浙江团餐发展大会"等活动及会议,探寻新时代团餐发展新道路。

同时,浙大新宇深入行业调查研究,充分落实资政辅政、标准研制、学习交流等一系列行业工作。2023年9—12月,浙大新宇作为全国寓专会秘书处,受教育部发展规划司委托,开展面向全国高校学生公寓行业调研,如期提交出《全国高校学生公寓行业调研报告》。该报告不仅获得教育部的肯定,更为国家发改委、教育部等七大部门联合印发《关于加强高校学生宿舍建设的指导意见》提供了有力的数据支持和决策依据(见图5)。

图5 国家发改委等部门《关于加强高校学生宿舍建设的指导意见》

物业、餐饮等不同领域取得的诸多成效，彰显了浙大新宇为促进行业高质量发展所贡献的、源源不断的内生动力。

四、砥砺前行，迈入高校后勤育人管理新阶段

随着高校后勤服务的不断变革，校企合作不再止步于数字化转型、复合型人才协同培育等阶段性升级，而是通过落实定制化精准服务的业态需求，进一步深化与校方达到高度一致的价值认同，建立与高校同频共振的"命运共同体"，携手共进高质量发展新征程。

（一）践行高校后勤管理企业新时代的使命与担当

作为高校育人工作的重要载体之一，高校后勤服务企业应有伴随着时代发展而不断革新的使命担当和责任意识，通过锚定高等教育现代化建设大体趋势，牢固树立"三全育人"意识，建立健全"协同育人"举措，主动发挥在学生德育教育、劳动教育、绿色教育等方面独特和重要的作用，实现校企文化深度融合，构建并完善资源共享、文化融合、信息技术支撑的平台，探索实现育人成果的有效途径。

（二）走向高校后勤综合设施管理新阶段

通过打造以 IFM 服务为核心概念的高校后勤综合设施管理服务，浙大新宇将进一步聚焦"六化"（服务多元化、场景化、碎片化、精细化、差异化、定制化）提升，围绕多种专业整体人员、场所、流程和技术，蓄力发掘在高校研究院、高校产业园等不同高校项目中的综合服务潜力，致力于形成能够适应差异化业态的全方位、全链路定制化、一体化升级，为高校注入具备后勤服务活力的新鲜血液。

专题报告五　行业之声

坚持立德树人，以后勤的高质量发展服务学校"双一流"建设

季益洪[*]

到 2035 年，建成教育强国是党中央作出的重要决策部署。党的二十大报告首次作出教育、科技、人才"三位一体"战略部署，将建成教育强国摆在首要位置，赋予教育前所未有的使命责任。高校后勤历经 40 年的改革、发展、创新，管理体制和运行模式发生了深刻变化，不断创造后勤新质生产力，后勤的管理水平、运行效率和保障能力得到显著提升，有力地支撑了高等教育事业的快速发展和高校的安全稳定，用实际行动回答了"教育强国、后勤何为"的新时代之问。

同时，我们也要认识到，新时代中国特色社会主义的新战略、新部署、新举措对高校后勤改革发展提出了新的更高的要求，高校后勤改革发展亦面临着诸多新的矛盾与挑战。因此，要持续加强高校后勤服务保障体系建设，用后勤的高质量发展为高校实现教育强国目标和创建世界一流大学提供坚强有力的支撑与保障。

一、着力构建积极奋进后勤文化生态

（一）服务理念引领后勤

习近平总书记指出，"必须坚持以人民为中心，不断实现人民对美好生活的向

---

[*] 季益洪，合肥工业大学党委常委、副校长，安徽省高等院校后勤协会会长，中国教育后勤协会后勤研究院学术委员。

往"。高校后勤的一切工作都是围绕广大师生的工作、学习、科研、生活开展，必须牢固树立以师生为中心的服务理念，把后勤人的思想和行动统一到为广大师生的工作、学习、科研、生活做好服务保障上。

（二）文化生态浸润后勤

通过党建引领、文化浸润，弘扬"后勤一家人、总务一家亲"的后勤团队精神，丰富后勤"师生为本、用心服务、精益求精、敬业奉献"的文化氛围和服务宗旨，整体推动后勤人员服务技能、职业素质的全面发展，为后勤事业改革发展汇聚众力。

（三）多措并举激励后勤

当前高校后勤普遍存在的问题就是后勤服务人员普遍学历层次低、懂技术会管理人才少，普通工人多，技术人员少。常态化的技能培训、技能比拼竞赛，不仅能够提高员工技能水平，还能浓厚比先进、学先进、超先进的工作热情；通过挖掘后勤一线典型、感人事迹，传播好后勤声音，讲好后勤故事，选树典型、学有榜样，增强后勤人的归属感和认同感，鼓励后勤人不断地开拓创新、勤勉工作。

二、不断优化便捷高效后勤体制机制

（一）坚持问题导向

师生的需求及诉求就是后勤工作的方向，通过在工作中找问题、找真问题，以问题为导向，健全完善"责权明晰、制度完善、管理精细、服务规范、监督有效、保障有力"的后勤管理服务体系，让后勤管理服务工作运行更加规范、精准、高效，师生满意才是检验后勤的试金石。

（二）坚持团结协作

后勤工作覆盖在校园各个角落，保障着学校各项工作的正常运转，要牢固大局意识，强化一盘棋思想，建立服务联动、问题联处工作机制，主动发现问题、解决问题，推进后勤协同发展、特色发展、融合发展，做好师生的服务保障，提升为师生服务的品质。

（三）坚持巡查检查

通过多渠道多途径了解师生急难愁盼，了解师生个性化、多样化需求，完善和优化后勤管理服务举措；养成主动查找问题、解决问题的习惯，善于在巡查检查中补短板强弱项，做专、做精、做实、做细每一件事，凝练后勤"工匠精神"，创品牌出亮点。

三、健全完善严谨务实后勤服务标准

（一）细分服务领域

高校后勤服务领域涵盖面广，管理模式也有自主运营与服务外包共存。随着后勤社会化改革进程不断深化，学校对后勤每个细分服务领域的要求也越来越高。通过引入市场化竞争机制，模拟企业运作模式，以项目化、团队化运营自主管理服务领域，培养一支后勤自己的高素质专业队伍，打造后勤核心竞争力；设计科学的制度规定、服务标准、服务流程，引入社会优质服务企业，加强管理监督，强化考核问效，实现优质服务，为师生提供一流的服务体验。

（二）明晰服务标准

后勤服务涵盖师生生活学习方方面面，一套完善的、标准化的后勤服务标准体系，既可以规范后勤工作流程和行为、明确服务内容和标准，还能提升后勤工作的管理水平和服务质量，满足师生所需。高校后勤应当结合自身实际，以师生需求为导向，掌握师生所想所需，明确后勤服务的内容、责任，对标一流企业的服务，建立后勤服务的标准与规范，提升师生对美好生活的获得感和幸福感。

（三）持续改进提升

后勤服务点多、线长、面广，在后勤服务标准化、规范化的运行中引入科学全面、灵活有效的监督评价机制，能够对工作的进展进行及时检查、督促落实，发现问题及时改进，展现后勤人的付出与劳动成果，持续激发后勤队伍活力，积极主动地创造性开展工作，不断地提升服务质量。

四、发挥后勤资源优势彰显育人功能

（一）挖掘育人资源

高校立身之本在于立德树人、为党育人、为国育才。高校后勤服务于教育事业这一本质特征，决定了高校后勤工作具有服务和育人的双重功能，是服务部门，更是育人的窗口。师生的吃、住、用、学各方面都蕴含着丰富的育人资源和有利条件，开展宿舍个人内务整理可以培养学生良好的生活习惯，参与校园环境维护能够强化学生的社会责任意识，组织水电巡查能够提升学生节约意识，通过劳动，可以使学生正确理解和形成马克思主义劳动观，引导学生树立正确的劳动价值观。

（二）开发育人课程

坚持课程导向，立足后勤工作实际，结合学生需求实际，对符合学生劳动要求、具有共同实践形式的劳动资源进行整合归并，按照主题板块设计课程，从崇尚劳动、增强技能、强身健体、美好生活、主动劳动上教育引导广大学生尊重劳动，懂得劳动最光荣、劳动最崇高、劳动最伟大、劳动最美丽的道理，激励学生在成长的过程中能够辛勤劳动、诚实劳动、创造性劳动。

（三）推动育人实践

后勤人是不上讲台的老师，但后勤人的一举一动、一言一行都时时刻刻对学生产生潜移默化的影响，后勤人对师生所需所求时时放在心上的执着、事事放心不下的倔强，对每一项工作默默无闻地付出、精益求精的追求，都能成为学生提升精神境界的指引，帮助学生养成忠于职守和正直善良的道德情操，帮助学生成长为忠于祖国、志存高远、兴趣广泛、全面发展的时代新人。

建设一流大学，必须有"一流后勤"作服务支撑；一流后勤必然要求后勤实现高质量内涵式发展。高校后勤的公益性、社会性、政治性，决定了要实现与"一流大学"相适应的"一流后勤"，要以师生需求为导向，推进后勤精细化发展、特色发展和创新发展，走内涵式发展道路；处理好"管"与"办"的关系，切实为师生用心服务，不断提高后勤服务质量；调和后勤供需矛盾，调动后勤各方的积极性，追求精益求精，持续提升后勤保障能力；加强党建引领，发挥先锋模范引领作用，浓厚敬业奉献精神，营造风清气正、干事创业的工作环境，促进后勤提质增效，从而更加有力地支撑高校内涵式发展、"双一流"建设，为教育高质量发展提供坚强有力的保障。

关于教育后勤高质量发展的思考

张永生*

在新时代背景下,随着中国全面建设社会主义现代化国家进程的加速,高等教育事业被赋予了新的历史使命,即培养更多高素质人才以支撑国家的高质量发展。教育后勤作为高等教育体系的重要组成部分,不仅是学校正常运转的保障,更是提升教育质量、培养优秀人才的重要支撑。因此,建立与快速发展的教育体系相适应的高标准后勤服务体系,对于推动教育事业的发展和建设教育强国具有不可忽视的作用。

一、教育后勤高质量发展的重要意义

党的二十大报告指出,高质量发展是全面建设社会主义现代化国家的首要任务。高校作为教育、科技、人才的重要交汇点,承担着为全面建设社会主义现代化国家提供强大支撑的重要使命。

当前,教育后勤事业经过多年的改革,已经实现了飞跃性的进步,取得了显著的成果,为高等教育的持续发展、营造和谐稳定的校园环境提供了重要的支撑。然而在科学化、规范化、精细化、智能化的背景下,高校后勤事业仍然可以大有作为,即通过深化后勤社会化改革、强化后勤服务品质的提升、加强后勤管理服务团队的建设等途径,全方位提高教育后勤的管理服务水平,推动后勤管理服务治理体系和治理能力迈向现代化。

二、教育后勤高质量发展的内涵

教育后勤高质量发展的内涵丰富且多维,主要包括以下几个方面:

---

* 张永生,中国农业大学校长助理、中国教育后勤协会后勤研究院学术委员。

第一，服务品质的卓越化是教育后勤高质量发展的核心追求，这意味着要超越传统的基本服务标准，提供更加细致、周到、个性化的服务体验。例如，在餐饮服务方面，不仅要保证食品的安全卫生，还要注重营养搭配的科学性和菜品种类的多样性。根据不同季节的特点以及学生需求，制定合理的食谱，提供个性化的餐饮选择。在住宿服务方面，打造温馨、舒适的居住环境，提供及时、有效、便捷的服务。校园环境维护方面，要注重校园景观的设计和打造，为师生创造一个优美、宜人的学习和工作环境。

第二，资源配置的科学化是实现教育后勤高效运行的基础，这要求对人力、物力、财力等资源进行全面、精准评估和规划。尤其在人力资源方面，要根据学校的规模、服务需求和工作特点，合理确定后勤人员的数量和岗位设置。选拔具备专业知识和技能、责任心强的人员，并通过培训和激励机制，提高后勤员工的工作积极性和业务水平。加强成本核算和效益分析，通过优化资源配置，确保经费的合理使用和安全运行。

第三，管理模式的创新化是推动教育后勤发展的动力源泉。在完善管理制度的基础上，引入先进的管理理念和方法，如精细化管理、标准化管理等，通过制定统一的服务标准和操作规范，加强过程监控和质量控制，提高管理效率和服务质量。如，利用信息化技术手段，搭建智能化的后勤运行管理平台；通过大数据分析，了解师生的需求和服务满意度，为决策提供科学依据。同时，鼓励后勤部门与社会企业合作，引入优质的服务资源和先进的管理经验，激发后勤服务的活力和创造力。

第四，绿色环保的可持续化是教育后勤发展的必然趋势。在校园建设和后勤服务中，要始终将"双碳"目标视为重要方向和根本遵循，通过引入新技术、新模式，减少资源消耗和环境污染，推动后勤服务向数字化、智能化、绿色化方向发展。如，加强能源管理，推广使用节能设备和技术，降低能源消耗；优化水资源利用，推广节水器具和雨水收集利用系统，减少水资源浪费；加强垃圾分类，实现垃圾的减量化、资源化和无害化处理等。

第五，安全保障的严密化是教育后勤工作的底线和红线。建立健全全方位、多层次的安全管理体系，确保校园的安全稳定。加强食品安全管理，严格把控食品采购、加工、储存等环节的卫生标准，建立食品安全追溯机制。保障校园设施设备的安全运行，定期进行检查和维护，及时消除安全隐患。建立健全应急预案体系，加强应急演练，提高应对突发事件的能力。同时，注重网络安全和信息安全，加强对后勤管理系统和数据的保护，防止信息泄露和网络攻击。

三、教育后勤高质量发展的路径

（一）加强组织领导和制度建设

制定科学合理的后勤发展规划，与学校整体发展战略相匹配，明确短期和长期目标，并分解为具体的行动计划。不断建立健全后勤管理制度，涵盖服务标准、工作流程、绩效考核、监督问责等方面，确保后勤工作有章可循、规范有序。

（二）推进智慧化建设，提高服务效率

高质量的教育后勤需要先进的管理理念和模式，通过引入现代信息技术，实现后勤管理的智能化、数字化，提升管理的精准度和时效性。

1. 开发和应用后勤管理信息系统，实现后勤业务的数字化管理，如水电管理、餐饮管理、维修服务等，提高工作效率和透明度。

2. 利用物联网、大数据、人工智能等技术，实现校园设施设备的智能化监控和管理，如智能水电表、智能安防系统、智能环境监测等，及时发现和解决问题。

3. 建立移动端的后勤服务平台，方便师生随时随地提交服务需求、查询服务进度、进行满意度评价等，提升服务体验。

（三）强化人员培训，提升服务质量

要加强后勤人员的素质培养，打造一支专业、敬业、富有创新精神的后勤团队，不断提升他们的业务能力和服务意识，以更好地满足师生的需求。同时，注重人才的引进和培养机制，吸引更多优秀的人才投身教育后勤事业。

1. 制订系统的培训计划，定期组织后勤人员参加业务培训、技能培训和职业道德培训，不断更新知识和技能，提高服务意识和水平。鼓励后勤员工考取专业资格证书，深化和拓展专业技能。

2. 建立先进典型选树激励机制，对在岗位表现优异、创新成果显著的优秀后勤员工给予表彰和奖励，从而激发全体后勤管理服务团队内生动力和创新活力。加强后勤文化建设，营造团结协作、积极向上的工作氛围，增强后勤队伍的凝聚力和归属感。

(四) 建立监督评估机制

1. 成立专门的监督评估小组，定期对后勤工作进行检查和评估，确保各项工作按照标准和要求进行。

2. 制定科学合理的评估指标体系，涵盖服务质量、工作效率、资源利用、师生满意度等方面，对后勤工作进行全面、客观、公正的评价。

3. 建立健全师生参与的监督机制，通过问卷调查、座谈会、意见箱等方式，广泛听取师生的意见和建议，及时改进工作，以适应教育事业发展的新要求和师生的新期待。

(五) 加强与社会的合作与交流

1. 积极参与教育后勤行业协会的活动，与其他学校和机构交流经验，了解行业最新动态和发展趋势，借鉴先进的管理模式和服务理念。

2. 与社会企业、机构合作，通过合作经营、委托管理等方式，引入优质的后勤服务资源和先进的管理经验，提升后勤服务的整体水平。

3. 与相关单位开展产学研合作，共同研发和应用新技术、新产品，加强后勤服务与其他领域的融合创新，推动教育后勤的创新发展。

总之，后勤服务应始终以师生需求为导向，不断优化服务流程，提高服务效率，强化服务意识，提升服务质量。在高质量发展的引领下，教育后勤有着广阔的发展空间和重要的使命担当。我们要以积极的态度和行动，努力打造高质量的后勤服务体系，助力高等教育事业迈向新的辉煌！

新质生产力视野下高校后勤高质量发展的路径探索

张胜群[*]

1999年高校后勤社会化改革以来，高校后勤发生了很大变化，取得了很大成效，社会化程度日益提升，高校在后勤管理和服务方面的相关投入日益减少，为我国高等教育的发展作出了重要贡献。在新时代，党的二十大报告明确提出，高质量发展是全面建设社会主义现代化国家的首要任务。高等教育要以自身高质量发展支撑社会的高质量发展和强国建设，这对高校提出了新要求。随之而来，建设与高等教育高质量发展相适应的后勤管理和服务体系，是高校后勤面临的新形势、新任务、新挑战，促使后勤工作进一步创新变革。同时，2024年政府工作报告对于新质生产力的解读，又为高校后勤的高质量发展提出了新的思路和方向。

一、新质生产力与高校后勤高质量发展

2023年9月，习近平总书记在黑龙江考察调研期间首次提到"新质生产力"。2024年3月5日，"新质生产力"被正式写入政府工作报告。习近平总书记在中央政治局集体学习时，非常鲜明而深刻地阐述了新质生产力和高质量发展这个"新时代的硬道理"之间的紧密关系。他指出，发展新质生产力是推动高质量发展的内在要求和重要着力点。新质生产力的提出是马克思主义与中国智慧的又一次结合和创新，凝聚了我党经济社会发展的深刻理论洞见和丰富实践经验。

高质量发展是各个领域的发展基本要求和重要指向，高等教育的高质量发展是促进社会发展、全面建设社会主义现代化国家的重要基础。围绕新质生产力和高质量发展的新要求，对高等教育进行的改革和创新，不仅需要从教学模式、教学水平、

---

[*] 张胜群，北京大学总务部部长。

教学设施以及办学能力等多方面进行科学、合理、可行的改革，还需要从与教学、科研和师生的学习生活紧密相连的高校后勤入手，使后勤的管理和服务为高校高质量发展提供强有力的支撑保障。

新质生产力，顾名思义就是新的高水平现代化生产力，即新类型、新结构、新技术、新动力、新模式、高水平、高质量、高效率、可持续的生产力。相比于传统生产力，其技术水平更高、质量更好、效率更高、更可持续。具体到高校后勤工作中，就是新的运行机制、新的管理和服务模式，充分利用新技术、新方法、新动力，提高工作效率和服务效能等。

二、高校后勤管理和服务体系现状和存在的主要问题

1999年在教育部主导下进行的高校后勤改革，使高校后勤发生了很大变化，随着社会不断进步和国家迅速发展，高校后勤的管理和服务体系也在不断调整和优化。当然，因校情不同、地域不同等多方面因素的影响，各高校情况也存在着差异，总体来说，还是比较符合高校发展要求的。但从当前对新质生产力和高质量发展的要求来看，高校后勤管理和服务体系与要达到的发展目标之间还存在一些差距。

第一，后勤管理和服务体系的运行机制有待改革创新和调整完善。目前，高校后勤的管理和服务体系仍属于传统运行机制，虽然有些高校已经进行了大幅调整，但调整是在传统生产力基础上进行的，与新质生产力发展的要求还存在一定差距，如全校统一的数智化管理和服务平台还没有建立；普遍存在的信息孤岛现象导致信息化整体水平有待提高；后勤系统重管理轻服务现象依然存在，主动服务、精准服务师生需求的机制需要完善；高校后勤管理和服务水平不高导致师生对后勤的不满情绪时有发生等。

第二，员工队伍整体素质有待进一步提升。长期以来，后勤工作性质决定了后勤员工队伍整体素质不高，员工的文化水平、技能水平、管理水平、服务水平参差不齐，很难适应新质生产力和高质量发展对后勤管理和服务工作的更高要求。

第三，规章制度建设有待进一步加强。高校后勤都有根据本校实际情况制定的规章制度，但制度不是一成不变的，要随着社会发展变化和上级主管部门的新要求以及后勤实际运行情况及时制定、废止、修订。新质生产力对高校后勤的管理和服务工作提出了新要求，现行规章制度体系难以满足新要求和新目标的实现。

第四，后勤管理和服务的质量标准和监督考核机制有待进一步完善。任何行业

都有其质量标准和监督考核机制，而且要随着时代的变化和服务对象要求的变化而调整。从新质生产力和后勤高质量发展的纬度来看，现行的高校后勤管理和服务的质量标准和监督考核机制与高校高质量发展和师生追求美好生活的愿望之间仍存在一定差距。

三、高校后勤高质量发展的几点思考

围绕新质生产力和高质量发展的新要求，结合上述高校后勤管理和服务工作中存在的四个方面的主要问题，今后要在以下四个方面进行改革创新、调整完善和融合发展：

第一，打造高效率运行机制系统。新时代高校高质量发展需求对后勤提出了更高的要求。管理和服务运行机制要具备高效性、专业性、精准性、服务性；后勤系统的机构设置和运行机制必须符合高质量发展的新要求；后勤工作要主动适应这样的大趋势，积极将现代信息技术融入学校后勤保障工作的各个环节，把智慧后勤建设作为提高管理水平和服务质量的重要载体，实现由传统后勤运行模式向现代新型后勤模式的转型升级、提质增效。同时，设置大一统的管理部门，管理、协调、监督后勤其他相关部门的工作，消除部门之间的管理壁垒；设计科学、合理、顺畅、高效的运行模式，采用代表着新质生产力特点的新技术、新动力、新模式，建设后勤统一的数智化平台，畅通信息传递，统一管理、分析和运用各种系统的运行数据，高质量、高水平、高效率地开展后勤管理和服务工作。

第二，建设专业型服务保障队伍。新质生产力推动高校后勤高质量发展，对后勤员工队伍提出了更高要求，其知识和技能水平的高低，直接影响工作效率和服务质量，只有具备更高的知识和技能水平，才能熟练掌握和运用新技术、新工艺、新质生产资料，熟练融合新的生产要素。按照管理水平高、业务技术精、创新意识强、服务质量优的总体要求，加强员工劳动教育，提高员工劳动精神、技能水平和创新能力，建设一支能够满足新质生产力要求和高质量发展的高水平、高素质、高效能的员工队伍。

第三，建构高质量规章制度体系。符合实际情况且完善的规章制度体系是做好后勤管理和服务工作的根本保障。发展新质生产力，推动高校后勤高质量发展，需要建构一套与新质生产力和高质量发展相适应的高质量规章制度体系。高校后勤要根据本校的实际情况和新质生产力的新要求，梳理现行规章制度，对不适应新形势、

新要求、新任务的规章制度进行废止、修订和完善，对于新技术、新动力、新模式、新产品等新质生产要素，要制定新制度予以规范并执行。

第四，完善全方位监督考核机制。高校后勤的管理和服务工作为高校的建设发展和师生学习生活提供支撑保障，工作的实绩和评价要通过监督考核机制来衡量。监督考核工作是一把标尺，是助推高校后勤高质量发展的"指挥棒、风向标、助力器"。

根据新形势、新任务、新要求，围绕后勤新质生产力和高质量发展工作，构建科学合理、因地制宜的全方位监督考核体系。将高质量发展任务具化、量化为可操作的考核指标，发挥监督考核的牵引和撬动作用；坚持以高质量发展为依据，对高质量考核指标及权重进行结构性调整，按照"基础工作、重点工作、中心工作、创新工作"进行分类，确定合适的权重因子，在后勤系统内部进行上级评价、同级评价、下级评价考核，对外请师生对后勤工作进行评价考核；深入分析评价考核结果，找出后勤管理和服务工作中的优点和不足，发扬优点，克服不足，推进后勤工作不断进步和完善，努力提高管理和服务水平，满足学校和师生对高质量后勤服务的新要求，助推学校高质量发展。

打造一流后勤服务保障体系，为建设新时代教育强国保驾护航

刘雄军[*]

教育兴则国家兴，教育强则国家强。党的二十大报告指出，高质量发展是全面建设社会主义现代化国家的首要任务。新时代新征程对高等教育事业发展提出一系列新要求。进入新时代，广大师生对高校后勤工作的期盼更多、要求更高，对学习环境、工作条件和生活质量的要求越来越高，对服务品质的需求不断提升。后勤工作，事关教育改革发展，事关师生切身利益，事关校园和谐与稳定。因此，高校要深入贯彻新发展理念，注重运用新科技、探索新模式、适应新业态，规范、开放、多元办后勤，形成优质高效完善的新型后勤保障服务体系，为建设新时代教育强国保驾护航。

自2021年起，北京林业大学结合自身实际积极探索推进后勤大部制改革，以符合学校发展需求为导向，实现标准化、精细化管理和人性化服务，深入构建新型后勤保障体系，促进学校后勤均衡发展。经过三年多的改革发展，学校服务保障和育人功能得到极大提升，已初步构建起"1+6"的新型服务保障体系，即"构建1套科学的后勤保障服务体系，打造一流后勤党委、一流绿色后勤、一流智慧后勤、一流服务后勤、一流安全后勤、一流后勤学校"，为学校事业高质量发展提供坚强保障。

一、构建科学服务保障体系，提升后勤管理服务水平

后勤工作是一项系统工作，提高后勤管理服务水平必须构建标准化的后勤管理

---

[*] 刘雄军，北京林业大学综合保障部党委书记、雄安校区规划建设指挥部副指挥长、北京高等教育学会后勤研究分会常务副理事长兼秘书长。

体系，这是提升高校后勤治理效能的关键。要加强后勤管理标准化建设工作，探索、推进学校后勤工作标准化、规范化管理。要通过标准化建设，完善部门职责、规范工作规程，加快形成具有科学性、规范性的后勤服务保障工作机制，促进后勤保障工作有章可循、有法可依，促进后勤工作更加标准更加规范。制度建设是标准化建设的基础性要求，也是后勤管理能力再上新台阶的必然要求，其核心是绩效评价和考核机制的创新。

通过三年的实践，北京林业大学综合保障部已初步构建起"小机关、大中心"的工作格局，通过"管办分离"实现管理体制的变革。设立计划办、安全办、师生办等五大内控机构，抓住招标管理、合同管理、资金管理、安全管理、服务监督等运行过程中的关键节点和重点环节，对各中心进行"全流程、全口径"管理。将制度建设贯穿始终，推进管理科学化规范化，快速搭建起权力安全高效运行管理的制度体系，为全面提高后勤服务质量奠定了坚实的基础。加强自身建设，打造过硬后勤队伍，积极引进优秀人才，逐步改善和优化人员队伍结构；坚持加强培训，提高全体职工专业技能。注重建立科学合理的干部职工选拔、培养、使用、考评和激励机制，引导和激励广大干部职工干事创业。

学校后勤工作连续两年荣获百所高校后勤服务"动态竞争力指数"综合排名第一的优异成绩，这是对学校后勤服务整体软实力持续高质量发展的充分肯定。

二、全面加强党的领导，建设"一流后勤党委"

后勤党建工作是学校党建工作的重要组成部分，加强后勤党建是新形势下做好高校党建工作的需要，后勤党委要发挥引领和支撑保障作用，推进政治思想工作到位，推进党委领导和运行体制机制到位，推进基层组织制度执行到位，推进政治把关和推动改革发展作用到位，助推后勤事业高质量发展，为高校党建工作提供有力支持和保障。

通过三年的实践，北京林业大学综合保障部将党的建设作为坚持和加强党的全面领导、贯彻落实新时代党的组织路线的重要实践，推进基层党组织全面进步、全面过硬。健全加强党的领导体系，严格执行民主集中制，健全长效常态管理机制，压实党风廉政建设主体责任和监督责任，强化对权力运行制约和监督，防范廉政风险。充分发挥部党委的政治功能，疫情期间，组织干部职工克服多种困难，实施多项暖心举措，守护师生的"医食住学"，充分彰显了部党委的政治领导力，体现了"大服务，大保障"的组织优势。持续夯实党支部战斗堡垒，把支部建在实体中心，将部班子成员组织关系全部下沉到各中心支部，增强发挥引领带动作用。

2022年，部党委获评校级"先进党组织"，成功申报学校2023年标杆院系培育创建单位，部党委书记获评2023年"北京市高校优秀党务工作者"。

三、聚焦可持续发展，建设"一流绿色后勤"

高校面对新时代生态文明建设的新形势、新任务和新要求，必须主动作为、积极谋划，结合高校发展的特点和规律，加强能源管理，全面推进绿色校园建设。要高度重视能源管理工作在后勤工作中的重要作用，始终抓住建设节约型校园和绿色校园这条主线，全面贯彻生态文明建设理念和要求，落实节能减排、低碳环保要求，提高能源管理智慧化水平。要加强能源监管平台建设，推广使用节能改造新技术，努力构建完善、科学、可持续发展的适应新型后勤服务保障体系的能源管理模式，通过先进节能技术和手段、建立有效的节能监管制度，提升校园能源管理水平。

通过三年的实践，北京林业大学综合保障部深入贯彻落实习近平生态文明思想，加强组织领导，强化顶层设计，创新开展节能减排、垃圾分类、后勤信息化等工作，顺利通过北京市首批绿色学校创建验收，为北京市高校绿色学校创建提供了示范样板，工作案例入选国家发改委优秀案例。有效推动雄安校区建设，参与研究编制食堂、校医院、公寓、物业环卫、绿化、节能等多个领域规划建设专项报告，在建设方案确定后及时提供相关调整建议，为"一校两区"建设保驾护航。紧盯学校办学条件紧张的掣肘问题，深入调研挖潜，想方设法为学校新增办学空间21万平方米，极大改善办学条件。关注师生关心的服务"热点"和保障"难点"问题，先后为家属区加装电梯、打造多处网红景观，升级改造食堂，增设书香快递超市，极大提升师生生活幸福感、满意度。

四、推动数字化智能化转型，建设"一流智慧后勤"

后勤服务保障现代化是实现教育现代化的基础，通过信息技术实现保障服务模式的提质升级，提升效率、提高服务水平，是我们亟须解决的一个问题。高校后勤工作要主动适应这样的大趋势，积极将现代信息技术融入学校后勤保障服务工作的各个环节，把智慧后勤建设作为提高管理水平和服务质量的重要载体，实现由传统后勤运行模式向现代新型后勤的转型升级、提质增效。

通过三年的实践，北京林业大学综合保障部积极推进后勤信息化建设，通过平台建设和数据融合的方式，为师生提供更多应用场景的数字化后勤服务。积极探索"互联网+后勤服务管理"模式，构建了 PC 端、移动端、微信端、客服电话和线下服务大厅"五位一体"的全覆盖服务保障格局。建立 24 小时一站式服务大厅，及时响应和处理异常问题。倾力打造"1+N"智慧后勤管理系统，做到智慧平台与管理系统深度集成，为广大师生提供全方位、集成式智慧后勤服务。建设智慧校园运行监管中心，实现各平台的数据融合和集中监测值守，在提高后勤管理效率的同时，也更加便捷地为管理者决策提供大数据支撑。

五、提高服务保障能力，建设"一流服务后勤"

随着经济的飞速发展和社会的不断进步，高等教育越来越受到重视，高校学生数量不断增多，师生的需求也日渐多样化。在此形势下，高校后勤服务内容也有了更深层次的内涵和外延。高校后勤部门必须具有良好的大局观，系统地组织、指挥和协调后勤保障各项活动，为学校各项职能工作的顺利开展形成强有力的支撑。

通过三年的实践，北京林业大学综合保障部后勤服务内涵从单一服务向多元化服务发展。坚持问题导向，通过服务监督，倾听师生合理诉求。建立接诉即办快速反应机制，挂单销账、日清日结、每日调度，力争做到未诉先办，建立了公寓和物业中心主动发现问题、师生办分配问题、建修中心解决问题、安全质量办公室考核评价的现代工厂流水线式的工作机制。树立"主动向前一步"的工作作风，主动谋划暖心服务举措。开学季、毕业季，主动组建后勤职工志愿服务队，为学生搬运行李物品，提供绿豆汤。加装无障碍坡道、图书馆安装插座、卫生间安装置物架、离退休处设置馒头售卖点等。疫情期间，学校精准施策主动作为，强化组织保障，为离退休职工代开药、为教职工提供蔬菜包、为封控楼宇赠送食品、公寓免费送电、商超打折优惠等暖心举措，全力做好核酸检测、物资调配、环境消杀、餐饮保障等各项工作，全力守护师生身体健康与生命安全，多项暖心举动获得师生在朋友圈点赞转发。

六、提升后勤安全管控能力，建设"一流安全后勤"

要坚持底线，强化安全意识，做到警钟长鸣，常抓不懈。要切实加强对学校安全工作的领导，坚决落实安全主体责任。学生食品安全事关学生健康成长、事关校园和社会的和谐稳定，是关系高校安全稳定工作的重要方面，要全面推进校园食品安全守护行动、全面实施膳食营养提升工程、全面加强学校周边食品安全监管、全面强化学校及校园周边食品安全教育，全方位抓紧抓实学校食堂食品安全工作。要将消防安全放到重中之重的位置，特别是要关注学生密集的宿舍楼、教学楼、食堂等建筑物及场所。要针对新的问题，及时建章立制，确立规范、明确责任，建立长效安全管理机制，营造良好的安全氛围，构建平安后勤。

通过三年的实践，北京林业大学综合保障部牢固树立系统思维，整体谋划，逐步建立健全责任体系、制度体系、培训体系、监督体系、考核体系等五大体系和领导小组月检、工作专班周检、监督员日检的三级监督检查机制。结合新形势下后勤安全管理与质量监督的发展和需要，积极推动管理服务规范化、安全隐患可控化、责任落实机制化、监管手段智慧化、考核体系科学化等五项工作见行见效，为校园安全保驾护航。

七、落实立德树人根本任务，建设"一流后勤学校"

高校后勤工作承载着立德树人的使命，要充分发挥后勤工作的育人功能和作用。文化建设在高校后勤落实立德树人工作中具有先导性、引领性作用，要结合本校后勤工作实际，与时俱进、开拓创新，将后勤文化深度融入校园文化，讲好后勤故事、传递后勤声音，不断丰富后勤的文化内涵，提升后勤的文化品位。建立全员、全程、全方位育人体制机制，将立德树人根本任务落实到后勤工作的衣、食、住、行上，落实到人与自然和谐相处的举手投足之中，使学校后勤成为社会主义核心价值观在教育系统落地生根、开花结果的重要阵地。

通过三年的实践，北京林业大学综合保障部成功获批首家"后勤服务育人劳动教育实践示范基地"。坚持用"课程"的形式开展劳动教育实践，探索开设岗位体验类、生活技能培训类和专业生产类三大类课程，全方位培养学生创新精神和实践能力；选出、表彰一批"最美综保人"，让劳动文化进校园，使劳动最光荣、劳动最崇高、劳动最伟大、劳动最美丽的理念深入人心。深化劳动教育教学课程体系建设，强化劳动教育队伍培训，构建劳动教育考核激励体系，适时打造"北京林业大学劳动学校"，更加专业化地开展学生劳动教育及后勤员工教育培训。

专题报告六　荣誉体系

"2022 年度最美后勤人"推举活动

党的二十大报告指出，教育、科技、人才是全面建设社会主义现代化国家的基础性、战略性支撑。办好新时代人民满意的教育，建设高质量教育体系，离不开高质量教育后勤服务，离不开辛勤奉献的教育后勤工作者。为深入贯彻落实党的二十大精神，全方位展现教育后勤领域在立德树人中的先进人物和感人事迹，体现教育后勤人作为"不上讲台的教师"，拥有"匠人"觉悟、弘扬"匠心"精神、铸就"匠品"服务，扎根后勤一线，践行"时时、事事、处处育人"的理念。中国教育后勤协会在全国教育后勤系统开展以"贯彻落实党的二十大精神·讲好后勤工匠故事"为主题的"2022 年度最美后勤人"推举活动。

作为中国教育后勤协会全力打造的教育后勤系统精神的品牌栏目、面向全行业的"荣誉体系"建设工程，充分发挥各地方教育后勤社团组织、各分支机构及各院校的作用，推荐的个人及团体必须拥有担做"匠人"觉悟，即干一行、爱一行、专一行，务实肯干、坚持不懈的工作精神，牢记初心，勤勉奋进，厚植育人情怀，对学校后勤事业发展作出突出贡献与成绩；怀揣弘扬"匠心"精神，即够专注、讲合作、促和谐，协作共赢、完美向上的工作风气，热情周到，优质高效，具备甘为人梯，无私奉献的后勤精神；品质铸就"匠品"服务，即守专长、求极致、重创新，持之以恒、开拓创新的工作态度，积极主动、团结他人，体现新时代教育后勤人的特质；致力于管理体制创新，践行服务育人理念，对标行业发展最新业态，更好满足广大师生对美好校园生活的期盼的"最美服务团队"。

此次活动开展以来，征集到了来自全国 28 个省市、165 所高校、53 名中小学后勤代表以及 27 家企业的 321 份申报材料，涉及 244 名个人及 77 支团队。为保障推举活动的公平性、公正性、代表性和权威性，协会专门设立领导小组和专项工作组，严格依据推举条件，以被推举对象的优秀事迹为基础，进行了材料审核、分支机构评议、中期推举等多轮审议。充分考虑被推举对象地域分布、所在岗位分布和人员结构及曾受过表彰和媒体报道的多维度的综合评定，突出基层工作者，最终推举出高校领域的52项个人、28项团队，中小学领域的20项个人与团队入围"2022年度最美后勤人"。

2023年11月，第六届中国教育后勤展览会在深圳举办。开幕式上进行了全国教育后勤系统2022年度"最美后勤人"授予仪式。

共同的身份、共同的记忆、共同的荣誉，每一年度的教育后勤战线都会涌现出感人至深的模范人物和团队，"最美后勤人"已经成为全国教育后勤系统共有的精神家园。共盼全国教育后勤系统要以"最美后勤人"为榜样，扎根学校后勤一线工作，勇于担当、甘于奉献，大力弘扬后勤工匠精神，作为"不上讲台的教师"坚守立德树人初心，为构建以"育人"为中心的高质量现代化后勤保障体系，为建设教育强国作出新的贡献。

现场图片见图1～图5。

图1　刘建平会长、于洋处长为大家颁发荣誉证书

图2 协会（原）程天权会长、王芳监事长为大家颁发荣誉证书

图3 牛维麟常务副会长、苏华委员为大家颁发荣誉证书

图4　高聚慧副会长、张柳华副会长为大家颁发荣誉证书

图5　黎玖高副会长为大家颁发荣誉证书

全国教育后勤系统"2022年度最美后勤人"名单

【个人】

北京
  赵奇光 北京中医药大学后勤处餐饮服务管理科科长
  崔学孟 北京科技大学后勤管理处饮食中心万秀园副食组班长
  张 丽 北京航空航天大学后勤服务中心学院路物业公寓部部长
  侯俊鹏 北京林业大学综合保障部基建与维修中心日常维修科科长
  王化麟 中国矿业大学（北京）总务处餐饮服务中心主任
  苏 东 北京语言大学后勤服务集团副总经理

天津
  王春雷 南开大学学生生活指导中心科员
  罗丽婷 天津大学资产与实验室管理处科长

河北
  高志强 河北农业大学后勤服务中心伙食管理科副科长
  张 松 石家庄工商职业学院总务处处长

山西
  常玉霞 山西财经大学后勤管理部公寓服务中心副主任

内蒙古
  聂瑞良 内蒙古医科大学学生工作部（处）公寓管理科副科长

辽宁
  左 顾 大连理工大学后勤处西山学生公寓服务中心主任
  董丽梅 大连海事大学后勤服务集团接待运输中心总经理
  郭丽华 辽宁龙源教育产业投资管理集团有限公司沈阳农业大学项目楼长

吉林
  梁迎春 吉林大学后勤服务集团饮食服务中心拉面师傅

黑龙江
　　于　春　黑龙江大学后勤管理处安全生产管理科科长
　　张会增　黑龙江外国语学院公寓管理中心主任
　　贾　超　黑龙江中医药大学后勤管理处党总支书记
上海
　　高　翔　复旦大学总务处处长助理、能源办主任
　　富琴军　上海同济后勤产业发展有限公司副总经理
　　宋飞飞　上海教育超市连锁有限公司党支部副书记、副总经理
江苏
　　范旭东　南京大学资产管理处公用房与土地管理科科长
　　冯莉莉　东南大学总务处学生公寓服务中心主任
　　张　亮　南京师范大学节能办副主任
　　仲　懿　江苏电子信息职业学院后勤管理处办公室主任
浙江
　　应晓彬　杭州师范大学后勤服务中心饮食服务中心恕园3号餐厅厨师长
　　洪银娇　宁波大学后勤管理处饮食服务中心主任
安徽
　　邹　杰　铜陵学院总务处餐饮中心主任
　　朱　磊　安徽大学后勤保障处物业监管办公室主任
山东
　　翟亚锋　山东省教育发展服务中心学校后勤部部长兼山东省学校后勤协会监事长
河南
　　阴志伟　郑州大学后勤集团公司新校区校园环境服务中心主任
　　赵焕东　河南中医药大学后勤服务中心主任
湖北
　　熊　蕾　华中科技大学总务后勤处物业服务中心学生公寓物业服务部经理
　　任　旺　武汉华工后勤管理有限公司高校事业部食堂经理
湖南
　　黎　浩　湖南大学后勤保障部学生公寓财院校区主任
　　任　阳　中南大学后勤保障部综合管理办公室主任

严忠德　湘潭大学后勤保障处副处长

广东
　　林雯洁　广州城市理工学院后勤处膳食管理科科长
　　莫婷婷　珠海市丹田物业管理股份有限公司西大分公司综合管理部宿管员

广西
　　黄胜柱　贺州学院后勤服务处副处长

重庆
　　何淑珍　西南大学后勤集团学生宿舍服务中心楠园13舍值班员
　　马　勇　重庆理工大学基建后勤处校园管理科园艺技师

四川
　　赵　刚　四川师范大学后勤服务管理中心饮食保障部春华餐厅经理

贵州
　　汪汝珍　贵州财经大学后勤集团宿舍管理员

云南
　　谢凤军　昆明理工大学后勤保障服务中心饮食中心主任
　　杨国锋　大理大学后勤服务中心校园绿化服务部部门主任

陕西
　　郭　强　西安电子科技大学后勤保障部南校区社区服务中心部长

青海
　　王桂兰　青海大学后勤管理处学生公寓服务公司公寓楼长

宁夏
　　孙　斌　宁夏大学后勤保障部修缮维修科主任

新疆
　　伊米提·阿吾提　新疆师范大学后勤服务中心校园服务部安全员
　　张　琦　第三师图木舒克职业技术学校总务科负责人

【团队】

北京
　　北京交通大学　　后勤服务产业集团劳动育人团队
　　中国人民大学　　后勤集团健康驿站服务保障团
　　"中央民族大学服务中心"　　山东明德物业管理集团有限公司

"北京师范大学昌平校园项目部" 浙江浙大新宇物业集团有限公司北京分公司

辽宁

东北大学 后勤服务大厅

黑龙江

东北林业大学 后勤保障部

哈尔滨工程大学 后勤集团公寓中心

上海

上海交通大学 后勤保障中心

江苏

南京航空航天大学 "南航滋味"厨艺课堂教学团队

"苏州大学本部楼宇环境物业服务团队" 东吴服务产业集团（江苏）有限公司

浙江

浙江农林大学 后勤服务中心"章学青名师工作室"

浙江大学 后勤集团紫金港智慧邮递服务团队

山东

中国海洋大学 学术交流中心团队

河南

河南大学 后勤集团总公司

湖北

湖北经济学院 公寓服务部

中国地质大学（武汉） 后勤能源管理团队

湖南

湖南师范大学 能源管理服务中心

广东

华南农业大学 饮食服务中心

广州美术学院 后勤管理处

"中山大学南校园项目" 中航物业管理有限公司

广西

广西大学 学生公寓管理服务团队

重庆
　　重庆城市职业学院　基建后勤处
四川
　　电子科技大学　后勤保障部宿舍管理中心
　　四川轻化工大学　后勤基建处办公室
贵州
　　贵州大学　后勤管理处饮食服务中心
云南
　　云南财经大学　后勤产业集团餐饮服务中心
陕西
　　陕西师范大学　学术活动中心
甘肃
　　兰州大学　后勤保障部

【中小学·个人/团队】

北京
　　王　佳　北京市学校基建后勤管理事务中心后勤科学生就餐管理岗科员
　　琚　磊　北京市第八十中学望京校区总务处一级教师
　　北京中关村中学食堂管理部
河北
　　马　磊　唐山市开滦第一中学总务处教师
吉林
　　胡丽敏　吉林省学校后勤管理指导中心主任
　　盖　阔　长春市学校后勤管理中心副主任、副书记
黑龙江
　　穆　琳　穆棱市教育体育局局长
　　王国斌　哈尔滨市松北区对青山镇第一中学副校长
上海
　　张中林　上海师范大学附属中学总务处主任
江苏
　　朱　军　苏州市第五中学副校长兼总务主任

浙江
　　钱科研　宁波市同济中学总务处主任
　　麻晓琨　温州第二高级中学副校长
　　卢红旭　杭州市教育发展服务中心后勤服务部副部长
江西
　　黄爱文　南昌二中高新校区副校长
山东
　　纪克宁　青岛西海岸新区黄山初级中学正校级干部兼区教体局机关党委负责人
湖南
　　朱　灿　长沙市望城区教育局规建科科长
四川
　　陈　浩　内江市第十五中学厨师长
　　马里且　雷波县锦城镇海湾小学副校长
贵州
　　陈碧浪　贵州省仁怀市教育体育局副局长
新疆
　　蒋建峰　第三师图木舒克市教育资助和后勤服务中心主任

（名单排名不分先后）

第一批"后勤服务育人劳动教育示范基地"遴选活动

　　党的二十大报告指出,要全面贯彻党的教育方针,落实立德树人根本任务,培养德智体美劳全面发展的社会主义建设者和接班人。作为高校"三全育人"的重要环节,劳动育人对于建设高质量教育体系、落实立德树人根本任务起到重要作用。为深入贯彻落实党的二十大精神,中国教育后勤协会在高校后勤系统开展"后勤服务育人劳动教育示范基地"遴选活动。

　　历时5个月,从高度重视劳动教育、科学开展劳动教育、劳动教育师资力量雄厚、劳动教育成效显著、劳动教育社会反响较好以及未造成负面影响等六个维度中,在各高校申报的基础上,充分考虑学校地域分布和类型,由中国教育后勤协会后勤研究院组织专家评审,经协会驻会会长办公会议审定,授予28所院校作为第一批"后勤服务育人劳动教育示范基地"。树立高校在后勤服务领域开展劳动教育的标杆,促进形成实践育人、服务育人、文化育人长效机制,为高校开展后勤服务劳动教育工作发挥示范引领作用。

第一批"后勤服务育人劳动教育示范基地"名单

（排名不分先后）

中国人民大学	江苏理工学院	北京化工大学
兰州大学	北京交通大学	南京理工大学
北京农业职业学院	上海交通大学	北京师范大学
武汉大学	大连理工大学	西北工业大学
大连艺术学院	西北农林科技大学	电子科技大学
西南财经大学	广西大学	中国地质大学（武汉）
河北工业职业技术大学	中国海洋大学	合肥工业大学
浙江大学	湖南农业大学	浙江农林大学
江汉大学	浙江师范大学	江南大学
浙江树人学院		

授牌现场见图1。

图1 刘建平会长为到会院校代表授牌